U0910832

连接更多书与书、书与人、人与人。

VIDEO
MICRO CLASS
ACTUAL COMBAT QUIDE

视频微课实战胜经

移动学习时代微课教学设计、拍摄录制、剪辑制作完全指导手册

张　海　范国玉　著

— 引爆移动学习的新引擎 —

中华工商联合出版社

图书在版编目CIP数据

视频微课实战胜经 / 张海，范国玉著. -- 北京：中华工商联合出版社，2017.7（2019.5重印）

ISBN 978-7-5158-2040-8

Ⅰ. ①视… Ⅱ. ①张… ②范… Ⅲ. ①多媒体课件－制作 Ⅳ. ①G434

中国版本图书馆CIP数据核字（2017）第149088号

视频微课实战胜经

作　　者：张　海　范国玉
责任编辑：于建廷　效慧辉
营销企划：王　静　万春生
封面设计：尤际广
责任印制：迈致红
出　　版：中华工商联合出版社有限责任公司
发　　行：中华工商联合出版社有限责任公司
印　　刷：北京宝丰印刷有限公司
版　　次：2017年9月第1版
印　　次：2019年5月第2次印刷
开　　本：710mm×1000mm　1/16
字　　数：330千字
印　　张：21
书　　号：ISBN 978-7-5158-2040-8
定　　价：59.90元

服务热线：010－58301130
团购热线：010－58302813
地址邮编：北京市西城区西环广场A座
19－20层，100044
http://www.chgslcbs.cn
E-mail:cicap1202@sina.com 营销中心
E-mail:gslzbs@sina.com 总编室

推荐序
探幽“发”微：为有源头活水来

培训方兴未艾，学习正在进行！

时代呼唤培训创新、企业期待真正的“明师”。

古之明师，皆有“六正”，即“正教、正育、正情、正理、正听、正行”。其言有物、其述有理、其行有故、其观有度。

所谓明师，就是要明事理、明物理、明心理、明情理、明道理、明治理；因人而异，因材施教，使学生能承其技，更能得其意。

是以“择明师而优学，得造化而育成”。

明师肩负使命。师者为尊，受人敬仰。当前培训界还有相当一批老师，抱着“教会徒弟，饿死师傅”、“同行冤家，势不两立”、“君子自重，文人相轻”等旧观点、旧思想、旧习惯而不自知，不愿意与其他老师沟通交流，取长补短。凡此种种，在一定程度上，阻碍了整个培训业的良性、有序发展。

明师常怀敬畏。虽勇于开放、乐于接纳、热衷分享，但也在不断反思、雕琢、尝试，通过各种方式来改变、改善、改进。正所谓“行至水穷处，坐看云起时”。

明师也是创意无限。

张海和范国玉就是肩负使命、常怀敬畏、创意无限的明师代表，这二位培训行业年轻的“老将”，用自己五六年的实践、感悟、500 多个微课设计与制作的经验，用心、用情、用力写就了《视频微课实战胜经》（以下简称《胜经》），真正是顺时应势，来得正是时候。

拿到《胜经》样稿，在细读静想、掩卷体味之余，我的内心涌现一个词语：探幽发微！同时，想到两句话："问渠那得清如许，为有源头活水来。"

《胜经》通篇都是用手脚在思考、用心眼来探索，如果用一个字来概括，非一个"发"字难以尽述。

一、发心开显。《胜经》的起心动念立意高远，善莫大焉。

《胜经》囊括微课教学设计、拍摄录制、剪辑制作、微课评价等方方面面，揭示了好微课的三大标准和五大基因，直击诸多似是而非，树立元认知，去除伪命题，重新定义，绝对是破天荒、开先河。

二、不悱不发。子曰："不愤不启，不悱不发。"

《胜经》以实战经验为魂，帮助学习型组织及企业理智工程的实施者直面碎片化与系统化的矛盾，探究本源到无能为力，反思常识到无以复加，把已理解转化为可理解，启发多多，变化无数，特别论证情境、实操、案例、影视以及有声图文微课的内容与表现形式的平衡，真是举一反三、一语破的。

三、发即中节。恰到好处、适时适度。

《胜经》真切把握客户期待和用户需求，独创主题、目标、结构、大纲、脚本的"五定"教学设计流程，阐述微课作用，引导制作过程，把握实务节点，环环相扣，步步推进，一气呵成。同时，通过影响微课效果的因素等模型构建，虚实结合，让我们耳目一新、醍醐灌顶。

四、奋发向上。古之立大事者，不惟有超世之才，亦必有坚韧不拔之志。

常言说："只问耕耘，不问收获。"《胜经》运用大量实战案例，告诉我们如何绘制微课地图，编写微课脚本，准备微课素材，剪辑制作微课等，也交流了微课对企业员工、经销商、客户如何培训，尤其是如何实施移动学习，不纵不枉，着眼和发力于实操性、指导性，让学习者携使命出发、依责任行事，为组织学习、发展殚心竭智，谋篇布局。

《视频微课实战胜经》可谓变在变之先，比早还更早！

朋友们，还等什么，开卷岂止有益，收获难以言表！

祝所有企业理智工程的实施者、所有学习型组织，妙用微课，决胜未来！

TTT&SCD 版权所有人

明师讲习所校长、启能师院院长

培训老兵：刘子熙

2017 年 5 月于上海

自序
引爆移动学习的“3W1H”

为什么写这本书?

2007 年，我开始使用 E-Learning 学习平台，10 年来主流的平台几乎都用过，每一个平台都有自己的特色，功能也都堪称强大。但在与很多培训同行交流之后，我发现了一个很有意思的现象：很多企业花巨资购买了 E-Learning 学习平台，开通第一个月在线学习的人数还挺多的，随后便开始递减，半年之后仍然在线学习的寥寥可数，平台也慢慢陷入停滞状态。造成这种情况的原因，我们当时不太理解，一度用“学分制”来进行管理，但现在我们都知道根本原因不在于平台本身，而在于平台上的课程大都是从外面引进的通用课程，缺乏针对岗位技能和业务问题的专业课程，员工认为跟自己的关系不大，所以没兴趣看。这种“强平台，弱内容”的尴尬情况使得企业在线学习成了鸡肋，食之无味弃之可惜。

10 年间，中国从 PC 互联网时代进入了移动互联网时代，我们的学习理念和学习方式发生了许许多多的变化，同时，科技发展也带来了培训技术的进步。过去，在线学习是通过 PC 端进行的；现在，是在移动终端上学习。过去，一门 E-Learning 课件标准时长是 45 分钟；现在，碎片化学习要求微课时长为 5 ～ 8 分钟。过去，开发 E-Learning 课件要用到摄像机；现在，随便一台智能手机就可以拍摄微课。过去，E-Learning 课件是讲师在台上讲，是知识信息的灌输；现在，视频微课是员工在真实场景中演，是情境化的教学。

尽管培训已经发生了如此之多的变化，但是，在线学习的“强平台，弱内容”的局面仍旧没有太大的改观。过去两年移动学习呼声虽高，却始终不温不火，究其原因还是学习内容无法满足员工的学习需求，根源在于企业内部课件开发能力不足，自有课件数量太少。

我写这本书的目的就是想分享低成本、易操作、高效率开发微课的方法、工具和技术，让每个人都可以学会开发微课，帮助企业快速建立自有学习内容资源库，从而引爆移动学习。

这本书主要讲了什么？

本书第 1 章介绍了微课的基本概念，包括优秀微课的基因、作用、分类、特点与开发工具等，让大家对微课有一个基本的了解。

第 2 章从宏观层面阐述了绘制微课地图的工具和方法，帮助培训管理者规划微课课程体系。

第 3 章介绍了学习理论的发展阶段和教学设计的含义，重点解释了教学策略和教学方法。

第 4 章用理论结合大量案例对微课“五定”教学设计流程进行了深度剖析，旨在教会大家编写不同类型视频微课的脚本。

第 5 章讲解不同微课素材的准备方法，着重示范了拍摄情景剧视频、录制电脑屏幕、录制旁白等的方法与步骤。

第 6 章讲的是微课剪辑制作技术，从素材规范管理、素材格式转换、音频素材剪辑与视频素材剪辑等方面展示了微课剪辑制作的相关软件和操作步骤。

第 7 章分享了利用微课实施培训的案例，同时也给出了利用微课实施移动学习的建议。

这本书可以给谁看?

本书的阅读对象颇为广泛，凡是对微课开发有兴趣的朋友都可以阅读本书，细分下来本书的阅读对象可分为以下几类：

第一，培训专员和管理者。本书可以帮助培训专员和培训管理者了解在移动互联网时代，微课对于企业人才培养与知识管理的意义和价值，掌握经验萃取与微课开发的流程、方法、工具和技术，为实施移动学习做好理念和内容准备。

第二，内训师和课程开发人员。在开发微课时，可以参考书中总结的微课教学设计流程、方法、工具和案例，运用书中介绍的软件和技术，快速开发高品质微课。

第三，业务部门主管和骨干。业务部门主管负有培养业务人员的职责，阅读本书可令业务主管找到培养业务人员的最佳方法：利用微课分享优秀业务经验和岗位技能。与此同时，业务主管也会要求业务骨干学习和掌握微课开发技术，大量开发针对本部门和本岗位的微课，用来培养优秀业务人员。

第四，教育工作者。国内教育领域很早以前就在运用微课进行教学，每年都举办微课大赛，也出版了一些针对学校教育的微课开发专著。我和范国玉老师也有幸多次为高校教师朋友分享过微课开发的经验，从我们了解的情况来看，教师朋友们的微课有三个特点：①内容偏重对知识的讲解；②表现形式以有声 PPT 为主；③开发工具相对比较简单。本书是企业微课开发实战经验凝聚而成的，阅读本书可以让教师朋友们在知识的情境化设计、内容的多种表现形式，以及多工具联合开发高品质微课等方面获得一些有益的借鉴。

除此之外，凡是对微课开发有兴趣的朋友，都可以从书中获得微课教学设计与脚本编写、音频素材录制与视频素材拍摄、素材剪辑与微课制作的全套方案。

如何使用这本书?

本书是一本工具书，而非理论书，读者朋友要想掌握视频微课设计与制作的精髓，仅仅阅读是不够的，最好跟着书中的案例和示范练一练，再独立开发几个微课试一试。如果您这样做了，将会有意想不到的收获。

如果您想搞清楚微课究竟是什么，那么，第 1 章微课的基本概念会告诉您答案。

如果您担忧微课“碎片化”的问题，那么，第 2 章绘制微课地图提供了解决方案。

如果您想系统研究微课的教学设计，那么，第 3 章教学策略和教学方法、第 4 章的微课“五定”设计流程和 18 个微课脚本实例，将是您的最佳学习教材。

如果您不知道该如何录制旁白、画面及拍摄视频，那么，第 5 章将向您展示使用手机录音、拍摄和电脑录屏的相关技巧。除此之外，画面构图的原则、机位运用的方法、表演基本的要求、导演简单的口令等都有深入浅出、通俗易懂、图文并茂的阐述。

如果您纠结于使用什么样的软件剪辑制作视频微课，那么，第 1 章的视频微课制作工具从软件选择方面给您最专业的建议，第 6 章视频素材剪辑从剪辑技术方面以图解的方式教您一步一步练习软件操作。

如果您想了解微课的评价标准，那么，第 1 章微课的三大标准与五大基因从宏观层面告诉您好微课是什么样的，第 7 章验收微课作品给出了更为细致的微课评价要素，供您参考。

如果您要在企业推行移动学习，那么，第 7 章利用微课实施移动学习对此有详细的论述，为您答疑解惑。

张　海

2017 年 5 月于上海

目录
CONTENTS

第 2 章　绘制微课地图

第 3 章　教学设计是什么

第 4 章　微课的教学设计

第 5 章　视频微课素材的准备

第 6 章　视频微课素材的剪辑

第 7 章　微课在企业培训中的应用

引言

在移动互联网时代，可汗学院、翻转课堂、慕课、微课等这些在线教育词汇经常一起出现，很多人不清楚它们的区别。那么，我们究竟该如何理解呢？

可汗学院是2006年由孟加拉裔美国人萨尔曼·可汗创立的非营利性教育组织，旨在利用视频课件进行免费授课，学院使命是加快各年龄段学生的学习速度。

翻转课堂最早出现在2007年，是指老师将学生需要掌握的知识、技能制作成视频课件，发给学生课前学习，课堂不再讲授而是专注于练习和解答疑问。

慕课（MOOC）出现于2008年，直译是“大规模开放的在线课程”，几乎涵盖了世界各大高校名师的视频课程，通常一节课45分钟，其中绝大多数课程是免费的。

微课是一种时间短、内容单一的电子化课件。可汗学院、翻转课堂基本都是使用微课进行教学，而不是慕课。微课诞生之初依然通过PC互联网传播，但如今微课主要在移动互联网上观看。

微课还是个新生事物，微课的设计与制作还处于探索阶段，市面上虽然有一些关于微课设计理念和方法的书，但缺少真正实操性、指导性的教程。本书旨在分享我在5年多时间里超过500个微课设计与制作的经验，主要包括微课教学设计、微课拍摄与录制、微课剪辑与制作、微课评价四个方面，以期为微课开发人员及广大读者提供专业性的与实操性强的微课开发指南。

本书是一本关于微课设计与制作的实战型书籍，关于微课的作用、微课给企业带来的价值、企业如何运用微课进行培训等方面的内容将在最后一章略作研讨。

第1章 微课的基本概念

微课产生与发展的时代背景

历史上任何大事件的产生都有其特定的时代背景，微课也是如此。微课一开始出现时只是一段短视频，但是经过几年的演化，时至今日微课俨然已自成一体。这期间发生了什么变化？

第一，微课从学校进入企业。翻转课堂在教育界取得成功后进入企业界，微课也随之从学校跨入企业。后来人们发现对学校来说很容易的翻转课堂，在企业实施起来却困难重重，这是因为学生学习和员工培训的性质不一样，前者必须无条件预习翻转微课，后者通常以工作忙为由拒绝预习。尽管企业培训的课堂没翻起来，但微课进入企业界后却开始野蛮生长，并迅速发展出诸多形式，比如纯粹的图文、卡通风格的Flash、简洁的语音、复杂的有声图文、真人演绎的情景剧。这些微课形式各有各的用处，有的适合呈现知识，有的适合演示技能；也各有各的技术，有的制作简单，有的需要使用比较专业的技术。总之，微课进入企业之后出现了井喷式和百花齐放式的发展。

第二，移动互联网时代的到来。移动互联网时代的到来需要两个前提条件，一是以智能手机为代表的智能终端设备的普及，二是第三代移动通信技术（3G）的大规模应用。中国是从 2009 年 1 月开始进入 3G 时代，而第一款支持 3G 网络的智能手机是苹果公司 2008 年 7 月发布的 iPhone3G。可以说，中国的移动互联网时代始于 2009 年，此后随着移动终端的快速更新迭代，APP 应用的不断丰富完善，移动互联网终于给人们的生活带来了翻天覆地的变化。这个变化主要体现在两点：一是人们随时随地互联互通，各种应用随时服务于生活，非常便利；二是时间碎片化，据统计都市人每天花在手机上的时间超过 4 个小时，但该做的事情一点没减少，所以花在每一件事情上的平均时间减少了。从此，中国人过上了移动式、碎片化的生活。

第三，传统课程向微课转型。自从进入移动互联网时代以来，人们发现以往 2 天或 3 天的企业内部面授课程缺勤率更高了，以往 45 分钟或 1 小时的 E-Learning 课件点击率更低了，以往可以专注学习 20 分钟，现在 10 分钟就已经开小差了。为顺应移动互联网那不可逆转的大势，不得已，传统课程纷纷向微课转变，企业内部面授课程改成 3 小时，E-Learning 课件改成 10 分钟。一时间微课开始大行其道（本书所指的微课均为 E-Learning 课件或称电子化课件，而非面授课程），并在企业实践中融合传统教学设计、多媒体制作技术与移动互联网技术后自成一体走向大成。

好微课的三大标准和五大基因

什么是好微课？好微课应该符合成人学习心理、教学设计原理和大脑记忆规律；好微课能够做到让人“一看就懂，一学就会，一用就好”；好微课必须具备五大优秀基因。

第一，有目标。认知主义学习理论认为在教学时告知学习目标，能够引起学习者对学习结果的预期，激活学习者记忆中的相关知识，从而引发学习兴趣。所以，好的微课应该在学习伊始就告知学习目标。

第二，有情境。建构主义学习理论提出：知识不是一套独立于情境的符号，而是存在于具体情境和可感知的活动中，人的学习应该在情境化的活动中进行，否则，其所掌握的知识、技能均是死板的认知。有情境要求微课不能只讲解知识是什么、为什么，更重要的是演示知识在什么场合下用，以及如何运用。有情境的微课才能让学习者“看得懂，学得会，做得到”。在微课中创设情境的最佳方式是真实场景真人演绎，其次是图文并茂讲故事或案例。

第三，有问题。我们看书时要带着问题思考，开会的时候要围绕问题讨论，可见探索问题，寻找答案是人的天性。好的微课在开始之初就能激发学员学习动机，引起学员学习兴趣，而问题就是最好的激发方式；好的微课注重实效，能够解决工作或生活中的真实问题；好的微课以问题为导向展开，以解决问题为目的。问题是课程最好的引导，当然，问题也要在情境中呈现。

在呈现问题之后，还要简要分析问题产生的原因，或指出问题造成的后果，让学习者知其然，并知其所以然。好的微课，分析问题有法度，始终紧扣主题，不会偏离主题；好的微课，分析问题联系实际工作，直言不讳，切中要害，不会避重就轻；好的微课，分析问题突出重点，言简意赅，不会长篇大论。

第四，有对策。对策是解决问题的方法、技巧、步骤，是微课的核心内容。好的微课，对策是经过验证的，能够有效地解决问题；对策是经过提炼的，讲最有用、最重要的三四条，不求大而全；对策是结构化的，按第一、第二、第三的方式罗列，条理清楚；对策是情境化的，在具体场合中呈现，如何运用一目了然。

在给出对策以后，还需要分别对每一条对策进行详细解读。对策讲的是解决问题我们要做什么（What），解读讲的是为什么要这样做（Why）以及具体怎么做（How）。

第五，有总结。由于人的短时记忆力差的缘故，一个课程在结束的时候，前面讲了什么，学习者可能已经记不全了。好的微课会在结尾作一个总结，把问题和对策的要点做一个简明扼要的回顾。这样做，既呼应了主题，使微课前呼后应结构完整，又强化了学习者对内容的记忆，提高了学习效果。

总的来说，好微课应当符合“一看就懂、一学就会、一用就好”的三大标准，并具备“有目标、有情境、有问题、有对策、有总结”的五大基因。

微课开发的理念

关于微课开发理念，可能每个人都有不同的理解，有人认为微课一定要有趣，有人认为微课一定要有料，还有人认为微课一定要有效。在长期的微课开发和运用实践中，我们发现微课开发要遵循以下三个原则：

第一，以问题为导向开发。任何事物只有被使用，才会不断地被改进和创新，才能有旺盛、持久的生命力，一旦被束之高阁也就离死不远了，微课也是如此。只有能解决工作中的问题，尤其是业务部门一线员工面临的实际问题，微课才会被广大员工真心喜爱；只有解决工作中的实际问题，促进员工能力和绩效改善，微课才会获得经营层重视和管理层支持。偏离了解决问题的核心理念，一切形式上的美观、酷炫或者娱乐效果，都经不起时间的检验，迟早会被员工抛弃。

第二，低成本开发。我和范国玉老师都亲自执导过精品情境微课，算下来每一集的成本在一万元上下，主要包括摄像设备使用费、演员片酬、化妆费用、场地租金、后期剪辑等几项成本。企业对微课的需求不是一个两个，而是成百上千，那么，有没有低成本开发微课的模式呢？当然有，在辅导学员开发了上千门微课之后，我们发现遵循以下几点要求就能做到低成本开发。

· 基于真实工作场景。使用企业内部的办公区、生产车间、公共区等这些场所拍摄微课，不用付租金，负面影响是有点儿干扰工作。

· 真人演绎。招募内部员工作为演员参与微课表演，是一件大家喜欢又不用付片酬的事儿，当然啦，可能要多走几遍戏，折腾一番才有好的效果。

· 使用手机拍摄。使用手机拍摄没成本，但是配备手机支架要花点小钱。

· 自己剪辑。自己剪辑不花钱，但学习剪辑技术有可能要花点培训费。

第三，全员开发。倡导全员开发的原因有两个：①全员开发能促进创新思想的萌发。创新往往需要来自他人经验的刺激，每个人都可能有自己独特的经验，全员开发就是每个人分享自己的经验供他人参考，从而促进创新。②全员开发能让微课产生威力。一个微课的能量很有限，只有在数量上形成一定的规模和体系，让微课的触角深入到生产、研发、销售等企业经营活动的各个领域，才能产生强大的威力。

微课的基本概念

微课界有句行话是这么说的：微课出现得太晚，又发展得太快，以至于理论界还没有来得及进行界定。的确，微课是个新生事物，2013 年才逐步在企业界传播开来（之前一直在教育界缓慢发展），至今不过三年多的时间，还处于快速发展阶段，没有定型。因此，每一位微课专家都是从自身实践出发来界定微课的。

在我看来，首先，微课是一门课程，既然是课程就必须要有教学设计；其次，微课的“微”体现在：①内容单一，②时间短；最后，微课要通过网络传播，必须是电子化课件。结合近 500 门微课开发的实践经验，我对微课的定义如下：

微课是在教学设计的基础上，为解决一个问题而制作的 5 分钟左右的电子化课件。

这个微课的定义完全是从企业培训和微课开发实践中总结出来的，要真正理解这个定义的内涵，我们可以从以下四个方面着手：

第一，微课的教学设计是指课程内容要按照一定的结构展开，通俗地讲就是内容的逻辑顺序，专业术语叫作教学策略或教学步骤。

第二，对问题的理解不能狭隘，问题可以是工作中的一个真实问题，可以是一个知识点、一套操作技能，也可以是一个优秀案例、一项成功经验等。

第三，课程时长 5 分钟左右是指 3 分钟至 8 分钟，时间太短内容讲不透，时间太长学员看不完。

第四，电子化课件有很多种类，图文的、纯音频的、图文声并茂的、H5 的、Flash 的、视频的等等都是电子化课件，其中图文的和纯音频的是单媒体，其他是多媒体。

微课有什么用

在给客户培训微课的时候，我经常会问客户两个问题：您公司为什么要引入微课这个课程？您清楚微课对企业和员工有什么作用吗？这两个问题其实是一个问题，回答了第二个问题就能回答第一个问题。在我 15 年的职业生涯中，有三段完整的 E-Learning 课件和微课开发经历，所以我对于这个问题认识得尤为深刻，总的来说我认为微课对于企业和员工有四方面的重要作用。

第一，微课是培训员工的利器。微课的诞生就是为了培训，微课这种培训形式发展迅猛，与移动互联技术结合后，微课在企业培训中的应用会经历三个发展阶段。

第一阶段，微课培训被认为是传统培训的一种补充，也就是说传统面授培训为主，微课培训为辅。在这一阶段，大家只是尝试着将一些简单的知识，比如新员工培训应知应会的内容，制作成图文或有声图文微课。目前，国内绝大多数企业处于第一阶段。

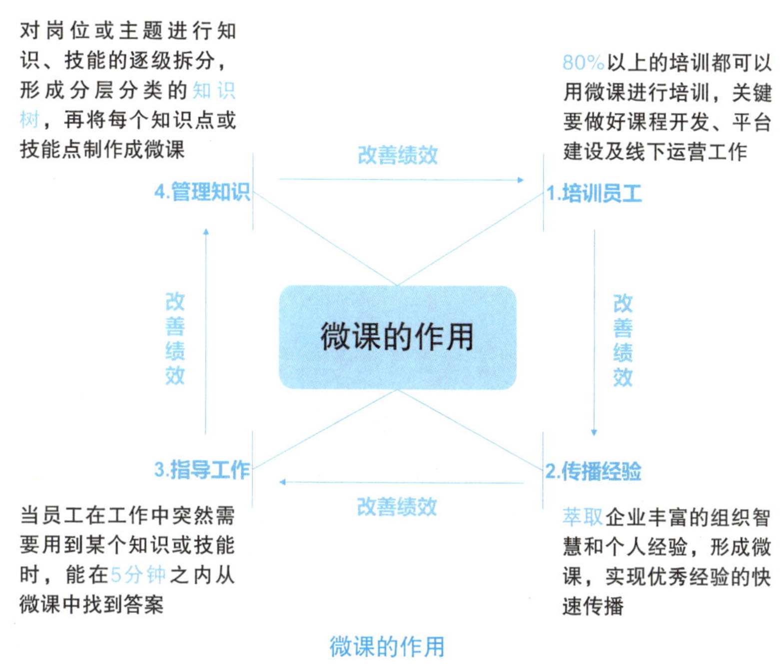

微课的作用

第二阶段，微课培训与面授培训并重。通信、银行、保险等少部分企业已经进入第二阶段。内部讲师被要求将面授课程拆成一个一个小的微课，不仅如此，企业培训部门还在力所能及的范围内，将新员工入职培训的大部分面授课程微课化了，并且已经将触手伸到业务部门，有计划地组织内部讲师、业务骨干开发一线岗位专业技术和服务微课。

第三阶段，微课培训成为主流的培训形式。经过前面两阶段的微课培训实践，业务部门发现基于手机移动式、碎片化学习的微课，对于一线员工来说既方便又有用，于是要求培训部门深度参与业务部门岗位知识、技能微课的开发。第三阶段是微课大生产和微课培训大发展的时期，在这一阶段，我们会逐渐发现 80% 以上的课程可以做成微课，80% 以上的培训可以用微课的形式来实施。不仅如此，微课还广泛应用于优秀经验传播、现场工作指导、企业知识管理、业务流程改善等诸多方面。由于微课的广泛应用，培训部门的价值得以充分发挥，地位得到提升，与业务部门的关系也从后勤服务型转变为战略合作型。

【案例分享】

2014年我在上海一家上市科技公司就职，作为管理层的一员，我主要负责员工培训。公司以年轻人为主，有研发、销售、技术等三大主要团队，总部位于漕河泾开发区，研发基地在松江，销售人员经常在外面跑业务，技术人员长期驻扎全国各地项目现场。当时，除了每月定期一次的新员工入职培训外，其他培训不成体系。

企业这样的情况对于培训管理者来说是巨大的考验，如何利用有限的资源对时间不集中、地域也分散的员工实施有效的培训呢？结合过去的工作经验，我为公司量身定做了一套员工培训运营方案，2014年已经进入了移动互联网时代，而我的这套方案就是建立在移动互联网之上的。

事有轻重缓急，首先我要制定新员工入职培训方案。新员工入职培训课程主要分为公司概况、企业文化、行业概况、产品介绍、生产课程、营销课程、技术课程等七大类，其中前四类为通用课程，所有新员工都要学，后三类为专业课程，按岗位学习。接下来就是为课程匹配讲师，由于老板的大力支持，各部门负责人都比较配合，师资配备没有什么阻力。实施了两期以后，我们将前四类通用类课程全部录制了视频，剪辑转化成25个视频微课。从第三期开始，除了企业文化由老板亲自授课外，其他通用课程我们全部采用视频微课授课，减少对讲师时间的占用，因为公司人少，大家都很忙。

在新员工入职培训方案筹备期间，我启动了技术类微课开发项目——产品安装与调试微课。这个项目耗时两个月，我带着一位同事与技术部两位高级工程师共同设计开发。我负责协调资源，总体规划，教学设计，审核课件，并参与拍摄视频；我同事主要负责后期剪辑制作；两位高工负责操作和解说。这个项目最终产生了17门微课，两个月后我们就将技术部门员工专业能力培训做到了手机微信上，大家可以在微信群里学到这17门微课。这意味着技术部的同事们即使分散在各处，也可以随时学到最专业、最权威的技术课程。当然，这17门微课也被收录到新员工入职培训课程库中，所有新入职的技术员工必须在入职培训期间学完这17门微课，并通过考核，原先技术课程的面授培训被取消。

技术微课成功应用于培训后，销售总监主动找到我要求开发销售微课，以拓展销售人员的产品知识和向客户推荐产品的能力，这正合我意。我入职的第三个月销售微课项目启动，为了让销售微课项目做得更有成效，也让销售的同事更快接受这种新课程和新学习形式，我们对销售同事进行了一次产品知识考核。考题是由销售总监出的，10 道常用的行业和产品基本知识。考核结果很不理想，10% 的合格率。销售微课开发的第一步是确定微课主题，课题由销售总监和老板一起商讨，定了 120 多个，我对课题进行了分类，形成了销售微课课程体系。第二步是认领课题，从老板、销售总监到资深销售经理都作为讲师，每人认领一部分课题。第三步是写微课脚本，制作讲解 PPT，这部分由我协助各位讲师完成。第四步是协调时间拍摄视频，每位讲师对着镜头讲解一个课题，模拟向客户介绍的情境。最后一步就是每周剪辑制作 5 个微课，持续不断直至完成。

当销售微课开发到 50 个的时候，我们开始实施销售人员学习计划。销售人员分为 3 个团队，每个团队有一名销售经理，我们从制度层面规定每位销售人员每周学习 5 个微课，每周日、周一参加在线考核，团队全部成员都考核合格则奖励销售经理 200 元，否则扣罚 200 元，每周统计，月底兑现。这一做法达到了三个目的：第一，让辛苦开发出来的、凝聚企业智慧的微课真正用于学习，而非束之高阁；第二，让培训从“培训部门的事”转变为“业务部门的事”，因为没有谁愿意让自己的顶头上司经常被罚；第三，销售人员利用碎片化时间，通过手机移动学习，既合理利用了员工的时间，也节约了企业的时间。经过半年的持续学习，公司又组织了一次销售知识考核，这次合格率达 90%。

与技术微课一样，我们从 100 多门销售微课中抽取了 20 门收录到新员工入职培训课程库中，新入职销售人员必须学习并通过考核。我们的培训活动在微信群运作了一段时间后，我们又请第三方公司定制开发了一套手机学习 APP，把所有 200 多门微课搬了上去。至此，我们用了一年时间就基本建立起了涵盖新员工入职培训、技术培训、销售培训等在内的移动学习生态圈，而这一切都有赖于微课这一培训利器。

第二，微课是传播经验的载体。古人云“三人行必有我师”，这句话放到现在应该理解为每个人都有一技之长。一家企业从老板到员工，必然蕴藏着丰富的组织智慧和个人经验。很多企业都在做着同一件事，就是把企业的优秀经验萃取出来，在内部传播、分享，以促进企业快速成长。经验萃取的过程是对经验全面梳理、调整逻辑、重新编排的过程；也是探究经验背后事物本质规律，去伪存真、去粗存精的过程。做过这项工作的人都知道萃取的过程非常辛苦，但其结果价值非凡。

那么，如何以及用什么工具将企业的优秀经验萃取出来，又通过什么方式在内部传播和分享呢？这是大家一直以来都在努力探索和实践的课题。过去，我们分享经验的一种方式就是开报告会，优秀员工在台上讲述，大家在台下聆听，又或者编写成案例手册供大家阅读，这两种方式前者分享成本太高，后者传播范围太小，并且效果都不太好。

相比而言，使用微课来呈现经验，再通过移动互联网传播和分享，二者结合在传播效果和范围上就具有无可比拟的优势。第一，经验经过教学设计，符合成人学习规律，大家一看就懂，一学就会；第二，用真人情境来演绎经验，生动形象，有吸引力，大家有兴趣学；第三，微课给出了应用经验的条件和具体环境，大家一看就知道什么时候用，用在什么地方，以及怎么用。

【案例分享】

2011 年我在一家连锁酒店集团总部任管理学院院长，主管培训工作。其中一项重要职责是建设网络学院，就是要将酒店前厅、客房、工程、销售、财务等岗位的操作手册全部转化为 10 分钟一个的电子课件。

在开发电子课件的过程中，我们遇到很多问题，最主要的问题是岗位操作手册上只有一部分工作有详细的操作步骤，比如前台登记、打扫房间等；其他大部分工作只讲了做什么，没有讲怎么做，比如销售手册关于酒店协议客户开发、工程手册关于淋浴间渗水处理等都没有具体的操作步骤。而我们开发电子课件的目的就是要教会员工怎么做，这就逼着我们访谈了大量的一线同事，把他们的优秀经验萃取出来形成操作步骤和技巧。

就拿《如何开发酒店协议客户》这个例子来说，手册上分了三步：获取潜在协议客户信息，拜访潜在协议客户，与客户签订用房协议。

我们和上海江浦店、深圳南山店的销售经理访谈后，提炼出获取潜在协议客户信息的三个方法。第一，记录附近每栋商务楼里的所有公司的地址和联系方式，每三个月进行一次商务楼公司复查，看是否有公司搬迁及新开业公司，同样记录地址和联系方式。第二，前台准备客户信息登记本，记录客人姓名、房号、公司、联系方式。第三，上网按照行业搜索公司排行，筛选出 3 公里范围内的公司，并用黄页查找地址和联系方式。

在和上海豫园店的销售经理访谈后，我们总结出拜访潜在协议客户的技巧。第一，拜访前先与客户电话联系，约定时间、地点；出门前注意检查自身的仪容仪表。第二，为潜在客户准备小礼物，如指甲护理套装、签字笔、马克杯、免费体验券等。第三，每次拜访都要做好充分准备，准备好酒店的材料、图片、新的价目、新的服务项目等，了解清楚客户的需求和职业特点，做到知己知彼，有的放矢。

关于与客户签订用房协议，按照以下步骤基本上是无往不利。第一，见面招呼之后，先送上一份小礼物，拿人手软，客户就不好直接拒绝。第二，当客户委婉拒绝时，赠送免费体验券，以图后进。第三，当客户说已经和别家签订协议时，建议客户多合作几家酒店，这样为客户自己提供更多的选择，有比较才知道谁最符合心意。第四，客户犹豫时，展示酒店精美图册，强调性价比，赠送协议客户免费早餐等。

另外两个印象深刻的课件是《如何处理淋浴间渗水问题》和《如何解决酒店卫生间异味问题》，我们访谈了多位酒店资深工程人员，对渗水原因和异味产生原因进行了彻底地分析，对多套解决方案也进行了反复试验，然后从试验结果中分别找到了成本低、效果好的方案，最后问题原因和解决方案被制作成两个微课。

按照这种方式，经过两年的持续奋战，大量的优秀经验被萃取出来形成了250多个10分钟以内的电子课件。这些课件不仅深受公司员工的喜爱，也受到加盟商的好评。

第三，微课是指导工作的帮手。自从有了搜索引擎以后，我们的生活和工作便利了很多，有什么问题都会在网上搜一搜答案。网上甚至流传一句话：“内事不决问百度，外事不决问谷歌。”然而，这其中存在两个风险：第一，答案太多，需要花费不少的时间去筛选；第二，未经亲自验证，不敢完全相信别人的方法。而且，遇到工作中的专业技术问题时，网络搜索常常就失灵了，此时我们又该如何去做呢？

我们在工作中遇到某个问题想要解决或突然需要用到某个知识或技能时，能在5分钟之内找到答案，这种状态虽然理想化，但绝不是不能实现的，微课与移动互联网就能让理想变成现实。当然，这也不是轻而易举的，需要做到以下四点：

1. 选定关键部门的关键岗位。任何时候企业的资源都是有限的，先从关键岗位开始，再扩展到其他岗位。

2. 解构岗位所需具备的知识点、技能点，以及常见的问题点。知识点和技能点可以从岗位任职资格说明书中提炼，问题点需要访谈资深员工和部门经理。

3. 将岗位知识点、技能点、问题点等开发成微课。通常知识适合用有声图文微课呈现，技能适合以实操微课呈现，问题则通过情境微课呈现。如果想要形式更新颖一些，那就采用混合式微课，图文、情境、实操等各种形式混搭，更加生动、有趣。

4. 按岗位将所有微课上传至学习平台。这样一来，无论我们在哪里，只要打开学习平台，输入关键词，就能快速找到解决问题的答案。

【案例分享】

2014年我们针对技术岗位开发了50多个微课，针对销售岗位开发了150多个微课，基本涵盖了这两个岗位所需的知识、技能及常见问题。这些课程都被链接至手机学习平台，同事们可以迅速查找到自己所需的信息。

第四，微课是管理知识的工具。这里的知识是指广义的知识，包括知识、技能、经验、案例等一切信息。知识管理的目的在于系统地存储知识、便捷地查询知识和高效地利用知识。过去我们使用纸质文档存储知识，建立档案库，知识存储和管理的成本较高，查询起来也很不方便，知识的再利用率自然不高。进入计算机时代以后，我们利用 Word、PPT、PDF、图片、视频等文档存储知识，存储和管理成本较低，还可以备份以防损坏，利用搜索功能查询起来也很方便，但知识形态以文字为主，获取方式以阅读为主，这造成知识的再利用率也不高。

知识只有被再利用才能促进知识共享和知识创新，知识管理才有价值；反之，知识被束之高阁不被利用，知识管理就失去了意义。过去没有足够的需求让我们把知识做到以生动、形象的形态呈现，但现在我们开始不得不这么做，压力来自移动终端越来越“有意思、有趣味”的各种信息，它们时时刻刻都在吸引着我们的注意力，让我们对传统的学习提不起兴趣。

微课的表现形式多种多样，经过精心设计的微课，能将趣味性、知识性、实用性等诸多特性融为一体，使学习知识成为一件“有意思、有趣味”的事。松下幸之助曾说：“松下电器是培养人才的公司，顺便也生产电器产品。”如果我们以微课来呈现知识，那么，知识管理是不是可以这样说：“我们给大家带来快乐，顺便提供点知识。”

【案例分享】

2011 年我在酒店连锁集团建立的网络学院，2014 年我在科技公司建立的移动学习生态圈，都是以微课的形态来呈现知识，并按部门和岗位将庞大的知识内容分门别类地管理起来。尽管当时我们只是一心打造在线学习平台，没有联想到知识管理，但现在来看微课学习平台也是一种知识管理，而且是领先的知识管理模式。

近十年以来，企业内训师（TTT）培训持续火热，在为企业培养了大量内训师的同时，也极大地促进了内部知识、技能、经验的标准化、系统化和规模化传播与分享。随着内训师队伍的不断成长，为员工能力培养做出的贡献越来越大，培训部门的价值也日益凸显，地位也水涨船高，但这些成绩在移动互联网这个全新的时代降临以后，已显得远远不够。新的时代，移动式、碎片化学习似滚滚洪流席卷而来，短短几年微课程、微学习就迅速发展成为重要的学习形式，未来一定是主流的学习形式。这就要求培训部门要有战略眼光去迎接和推动这种学习形式，同时也要求内训师加快学习和掌握微课开发技术，运用微课这种新的课程形式传播知识，分享经验。

可以预见，不久的将来企业全员都将会成为微课的开发者和参与者，培训部门的职责范围也不仅仅再局限于培训本身，将会随着微课深入到经验传播、工作指导和知识管理等各个方面，并与业务部门形成战略合作伙伴关系。

微课与视频微课的分类

一、微课的分类

微课有很多种类型，按照表现形式与技术手段的不同大体上可分为六种：

图文微课。图文微课通常是 JPG 或 PNG 图片格式，内容以图片、图形、图表和文字为主，一般通过 PowerPoint 进行制作，也有使用 Photoshop 或 Illustrator 制作的（此图文微课特指静态图文，不包含下文所提的有声 PPT 或有声图文微课）。

音频微课。以 mp3 和 WAV 格式居多，用麦克风、录音笔或 iPhone 录音，然后通过 Audition、GoldWave 等音频软件剪辑制作。

H5 微课。H5 格式，展现内容为图文并茂，配以动画、背景音乐，一般用易企秀、炫页、微学宝等 H5 微课软件制作。

Flash 微课。视频格式，内容以卡通风格人物和场景为主，用 Flash 软件制作，由于苹果手机不支持 Flash 格式，所以现在的 Flash 课件大都转化为视频格式。

互动式微课。互动式微课是能够与学员交互的电子课件，符合 SCORM 标准，即可基于 PPT 转换进行制作，也可直接使用软件场景素材进行制作，软件包括 Articulate、iSpring 和 StoryLine，主要通过电脑网络传播，暂不支持手机传播。

视频微课。MP4、MPEG、WMV 等视频格式，视频主要有两种来源，一种是拍摄真实场景的视频，另一种是录制电脑屏幕的视频。视频微课一般使用 Sony Vegas Pro、会声会影、Camtasia Studio 等软件剪辑制作。

二、不同类型微课的优缺点

图文微课、音频微课的优点是制作简单、快捷，容易传播，缺点是课程内容通过视觉或听觉单媒体呈现，生动性不足。

H5 微课表现形式新颖，内容富有动感，符合“90 后”、“00 后”学员的审美观，容易吸引学员眼球，缺点是模板固定，形式单一，容易造成审美疲劳，且无法表现真实情境。

Flash 微课卡通风格，动感十足，节奏感强，深受学员喜爱，缺点是涉及编程和建模等专业技术，开发难度大成本高，一般需要专业团队制作，个人很难独立开发，难以普及推广。

互动式微课图文声并茂，人课交互，互动性强，缺点是没有针对手机学习进行研发，暂不支持手机学习。

视频微课以真实工作场景，真人演绎来呈现问题、技能、方法、步骤等，配合有声图文视频强调要点、重点、难点等知识点，形式多元，生动形象，易学易懂。另外，使用手机拍摄和影视软件剪辑，既可个人独立开发，也可团队协作开发，易在企业内部普及并形成规模。缺点是跨界运用教学设计和影视技术，开发制作有一定的难度。

三、视频微课的种类

本书不谈其他五种类型的微课，仅就视频微课的设计与制作与大家做个分享。依据微课内容的特点和视频素材的来源两个维度，我将视频微课划分为五种类型：

情境微课。情境微课的视频素材来源于拍摄的情景剧，强调在真实的工作场景中由真人演绎来诠释课程内容，对知识类、态度类、案例类、软技能类的课程内容都能够很好地呈现，适用于各行各业、各岗位、各领域，但凡需要真人演绎的课程主题都可以用情境微课来呈现。

实操微课。实操微课的视频素材来自于拍摄的操作视频，主要演示一套操作步骤，对操作技能类（硬技能类）的课程内容有最佳的呈现效果，可广泛应用于生产、品管、技术、服务等部门的SOP（标准操作程序）类课程主题。

案例微课。案例微课的素材主要来自于拍摄的演讲视频或情景剧视频，萃取企业管理智慧或员工优秀经验，并快速传播给其他人，适合各部门最佳实践转移类课程主题。案例微课有两个类型，第一种是讲解式案例微课，即当事人对着镜头讲述案例经过、结果和启示；第二种是情境式案例微课，即通过真人表演再现案例经过、结果和启示。在实践中，前一种案例微课由于成本低、制作快，更受开发者青睐；后一种案例微课由于生动、形象，有情景感和代入感，更受学习者欢迎。

录屏微课。录屏微课的视频素材是录制电脑屏幕获得的，因此，录屏微课也可以细分为两种类型，第一种是有声PPT或称有声图文微课，在PPT图文并茂的基础上配上旁白，做到音画同步，比较适合呈现知识、分享经验；第二种是软件微课，能很好地呈现软件操作的步骤、技巧及注意事项。

影视微课。影视微课的视频素材来自影视作品的片段，对于视频素材与课程主题的匹配度要求较高，因此视频素材的获得比较困难。如能找到适合的影视素材则能完美呈现知识类、技能类和态度类的课程内容，适合管理、沟通、团队建设、领导力等类型的课程主题。

从2013年发展到现在，企业培训实践中运用最多的三种微课是有声图文微课、情境微课和H5微课。其原因一言以概之，有声图文微课易开发，情境微课效果好，H5微课形式新。

视频微课的特点

提到微课的特点，大家脑子里马上闪现出来的就是“短小精悍”这四个字。这个说法没错，但比较模糊，不够具体，而且还不足以涵盖微课所有的重要特征，仅从视频微课的角度来看，微课就有以下特点：

吸引力。影视微课具有致命的吸引力，因为人都喜欢看电影、电视剧，尤其是在学习的时候。影视微课将影视素材与课程主题进行完美融合，利用影视素材来论证课程中的观点。比如，有个微课是讲授权式领导的，我们用《亮剑》中李云龙和赵刚政委的一段对话，揭示出旅长对李云龙采取领导方式是授权式领导，再通过李云龙和骑兵连连长孙德胜的一段对话，显示出李云龙对孙德胜同样用的是授权式领导。用这两段影视素材来解释什么是授权式领导，论证对什么样的下属使用授权式领导，导出使用授权式领导的技术要点，这样的微课想不吸引人都难。另外，基于真实工作场景，真人演绎的情境微课，对学员来说一样具有强烈的吸引力。

情境感。情境微课以真人在真实工作场景中，演绎真实问题和解决对策，具有很强的情境感和代入感。我们有个微课是讲服装导购技巧的，拍摄场地就在服装门店，演员就是门店的优秀导购，这样的微课已经把导购技巧运用的环境和场合都真实展现出来了，学员一看就懂，一学就会，因为在看的过程中已经全身心地融入课程营造的情境中了。

指导性。实操微课最具指导性，它展现的是具体的操作步骤、操作要点和注意事项。有一个微课是关于酒店客房卫生间五金件清洁与保养的，我们请了一位客房经理来进行标准化示范，边操作边讲解，我们拍摄下来，然后根据她的讲解整理操作步骤、要点和注意事项，再重新配音。这样的微课能够为学员提供准确的、详细的操作指导。

短小。通常实操微课、有声图文微课和软件微课的时长控制在3分钟左右，情境微课、案例微课、影视微课为7分钟左右，总的来说5分钟左右。

聚焦。一个微课只讲一个点，从头至尾逻辑线只能有一条，所以紧扣主题，脉络清晰，内容聚焦。

实用。微课以解决问题为目的，所以能做到实用、有用、好用、易用。

扩散。视频微课在手机、Pad、电脑等各种终端都可以播放，能不受时空限制随时随地自由传播。

视频微课开发的三个阶段

视频微课的开发包含教学设计、素材准备和剪辑制作三个阶段。在教学设计阶段，我们要确定微课的主题，设定教学目标，设计内容的结构顺序，构思微课的大纲，编写微课脚本。在素材准备阶段，根据脚本可能需要拍摄视频素材，录制有声PPT素材，录制旁白音频素材，寻找图片素材等。在剪辑制作阶段，要对各种素材分别进行编辑处理，最后渲染成为一个mp4格式的视频微课。如图所示：

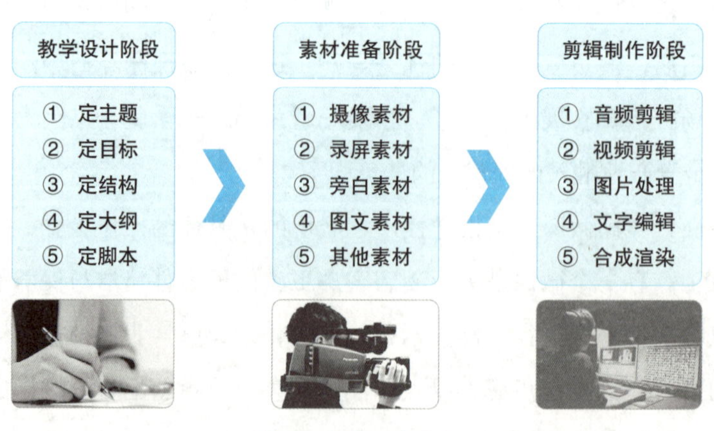

微课开发的三个阶段

视频微课制作的工具

视频微课的制作工具包括两个方面：设备和软件。

一、设备

视频微课制作设备包括：拍摄设备、录音设备和电脑。

（一）拍摄设备

拍摄微课视频的目的在于教学，不需要像电影、电视剧那么专业，因此手持式家用摄像机就是最好的选择了，再能搭配一台三脚架那就堪称完美了。当然了，并非每个人都有摄像机，毕竟这种设备平时用的次数不多，如果没有摄像机怎么办呢？不用担心，手机也可以摄像，其中以iPhone摄像效果最佳，近距离拍摄与摄像机相差无几。安卓手机最好选择高端机型，并且拍一段导出来看看效果行不行，主要看画面颜色、清晰度和音质。总之，有条件的用摄像机和三脚架，条件不允许的用手机拍摄。

摄像机

三脚架

手机

（二）录音设备

录音设备是用来采集声音的，主要用于两方面：一是录制视频同期声，二是录制旁白（或称配音）。真正拍戏或做访谈节目的时候会用挑杆话筒或定向话筒收声，拍摄微课视频使用手机或录音笔即可。我更建议使用手机录音，因为手机人手一部，音质足够好，拍情景剧时还可以作为道具巧妙隐藏在场景中。

录音笔

（三）电脑

电脑是用来将音频、视频、文字、图片以及其他素材进行剪辑、合成与渲染的。配置当然是越高越好，配置越高预览的清晰度越高，剪辑的流畅度越顺，渲染的速度越快。那什么是高配置呢？通常CPU要i7的，显卡要独立的，这就算高配了。次一点的i5配集成显卡，也就是常见的办公电脑也行，只是剪辑的时候清晰度调低点，渲染的时候多等十几分钟而已。

电脑

*预览的意思就是播放。

*渲染的意思可以这么理解，就是将影视剪辑软件中的各种素材压合并导出成为一个纯视频，没渲染之前的素材只能在影视剪辑软件中打开预览，渲染后的纯视频可以在手机、iPad、电脑上打开观看。

二、软件

以下软件都是安装到电脑，而非手机或其他终端设备上。视频微课制作软件包括：音频剪辑软件、录屏软件、视频剪辑软件及格式转换软件。

（一）音频剪辑软件

使用手机或录音笔录制的旁白需要经过音频软件剪辑后，才能导入到视频剪辑软件中使用，不剪辑的话旁白中可能有错误。音频剪辑软我使用的是 Adobe Audition，这是一个专业音频编辑与混合软件，原名为 Cool Edit Pro，2003 年被 Adobe 公司收购后，改名为 Adobe Audition（以下称 Audition）。Audition 专为在照相室、广播设备和后期制作设备方面工作的音频和视频专业人员设计，可提供先进的音频混合、编辑、控制和效果处理功能。当然，由于该软件出色的人性化设计，即使没有任何基础的人也能在 10 分钟之内学会剪辑音频。

2003 年至今 Audition 发展出了很多版本，每个版本的基本使用方式相差不大，无论使用哪个版本都可以，本书将以 Adobe Audition CS5.5 为例进行讲解。

Adobe Audition CS5.5

（二）录屏软件

录屏软件顾名思义就是录制电脑屏幕，这对于很多课程开发人员来说都不陌生，相信很多人都曾经录制过软件操作或者 PowerPoint 演示。录屏软件可供选择的有很多，名气较大的就有 Camtasia Studio、Evercam、屏幕录像专家、会声会影，这么多款软件究竟选哪一款呢？对新手来说的确是个问题。在实际使用中，我发现 Camtasia Studio 和会声会影这两款软件录制视频的清晰度最佳，Evercam 的录屏的功能比较丰富。个人认为录屏微课视频清晰度是第一位的，所以，本书将以 Camtasia Studio 8 和会声会影 X7 这两款软件为例来介绍录屏软件的使用方法。

Camtasia Studio 8

会声会影 X7

（三）视频剪辑软件

视频剪辑软件常用的有四款，其中入门级的是会声会影，专业级的有 Adobe Premiere、Edius 和 Sony Vegas Pro。这几款软件我都使用过，现在用得最多的是 Sony Vegas Pro，其次是会声会影。

四款软件中 Sony Vegas Pro 在剪辑操作效率方面有比较明显的优势，其次是会声会影，这两款软件非常适合微课开发人员等非专业人士使用。相比之下 Adobe Premiere 和 Edius 的功能更强大，与此同时操作也更为复杂，需要花更多时间练习才能熟练使用，更适合影视剪辑专业人士使用。微课开发人员只需使用基本的视频剪辑技巧，因此选择简单、易用的软件很关键。值得一提的是，会声会影自带大量模板，可以直接套用，省时省力。

本书将以 Sony Vegas Pro 13 和会声会影 X7 为例讲解视频剪辑技巧。

Sony Vegas Pro 13

会声会影 X7

（四）格式转换软件

5 分钟左右超清格式（1080p）的视频微课大概 350M，这样通过手机流量观看就太奢侈了，所以需要将超清格式转换成普清格式（360p）。格式转换软件操作都比较简单，属于一看就会的，著名的有三款：格式工厂、狸窝全能视频转换器、魔影工厂。我使用的是格式工厂，因为它转换后体积小、清晰度高，即使从 350M 变成 20M 在手机上播放依然很清晰。本书将以格式工厂为例讲格式转换操作技巧。

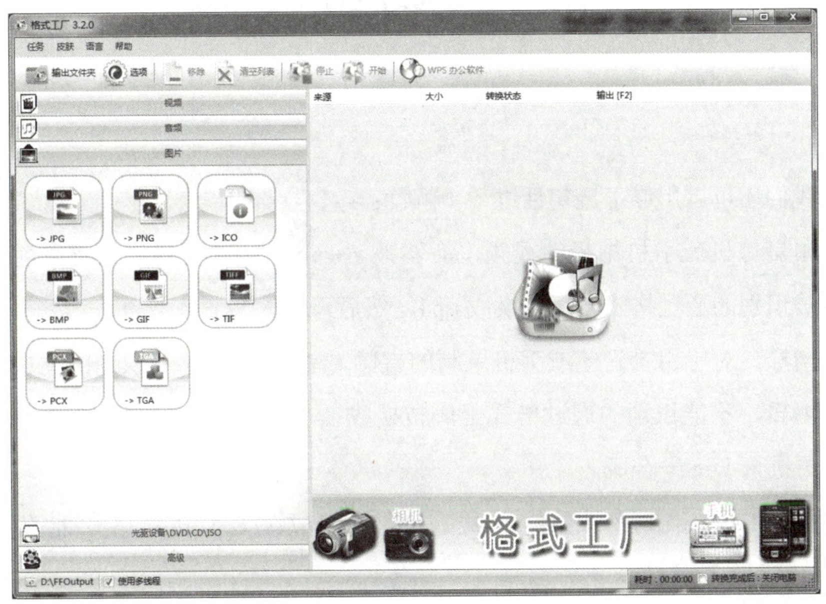

格式工厂

视频微课制作的过程

视频微课的制作过程可以用下面这张图来诠释。

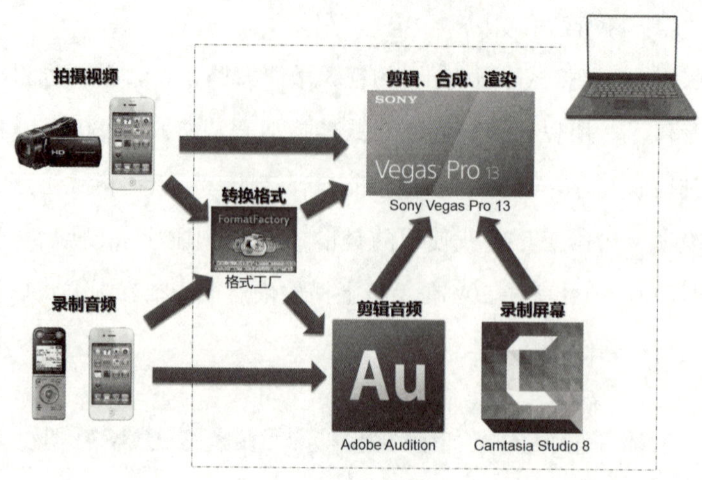

视频微课制作过程

我们还可以用以下五句话进一步解读：

用摄像机或手机拍摄的视频，能够被 Vegas 识别的直接导入进去剪辑，不能被识别的通过格式工厂转换成 mp4，然后再导入 Vegas 剪辑。

同样，对于用录音笔或手机录制的音频，能被 Audition 识别的直接导入进去剪辑，不能识别的通过格式工厂转换成 mp3，然后导入 Audition 剪辑，最后再进入 Vegas 合成。

使用 Camtasia 录制屏幕生成 avi 格式视频，无需转换格式能直接被 Vegas 识别和剪辑。

所有的素材最后都需要导入 Vegas 进行剪辑、合成，并最终渲染导出 mp4 格式视频。

拍摄视频和录制音频的工作在电脑以外进行，而转换格式、录制屏幕、剪辑、合成、渲染等工作在电脑中进行。

第2章 绘制微课地图

碎片化与系统化矛盾

微课刚出现时，很多培训管理者眼前一亮，欣喜不已，但仔细思索却发现一个严重的问题：微课是5分钟左右的短课程，一个课程只讲一个点，非常碎片化，而员工的能力是由系统化、结构化的知识和技能组成的，碎片化的微课怎么能满足系统化学习的要求？这就是大家比较关注的碎片化与系统化矛盾的问题。这个问题的确困扰着很多培训管理者和内训师，也使得大家在学习微课开发技术时心存疑虑。我们该如何解决这个问题呢？答案是绘制微课地图，也就是规划微课课程体系。

什么是微课地图

微课地图（微课课程体系）是以某个岗位、某项能力或某一课题为中心主题向下逐级分解，每级按照“相互独立，完全穷尽”的原则分类，生成子主题、孙主题，通常孙主题就是知识点或技能点，同时也作为微课主题，每一级主题都按照一定的逻辑顺序排列，最终构成一个树状结构的学习路径图。

我曾经系统开发过销售、生产、服务等行业的微课，下面就其中的几个岗位举例说明微课地图究竟是什么。

案例 1：《服装导购微课地图》文字表格版、思维导图版。如下：

子主题	微课主题
建立信任	开场白怎么说
	非销售话题说什么
	接近顾客的最佳时机
	接近顾客有哪些好的方式
	如何接近拒绝沟通的顾客
	怎样与顾客沟通更有效
	如何给顾客提建议
	如何记住顾客的名字
	维护品牌形象导购能做什么
探询需求	如何让 VIP 顾客重复购买
	店里没有顾客打算买的衣服该怎么办
	顾客购买的动机有哪些
	如何通过发问诱导顾客
推荐产品	如何让顾客相信你的产品介绍
	你在销售的第几个层次
	介绍产品应当包括哪些内容
	如何介绍产品更能抓住顾客
	如何通过顾问式服务达成销售
试穿 & 连带	如何引导顾客体验商品
	搭配销售的三个技巧
	当顾客不想买连带商品时怎么说

（续表）

处理异议	顾客说先试试，等打折了再来买该怎么说
	当顾客要求打折时该怎么说
	当顾客说我是你们的老客户了，能不能给点优惠时该怎么说
	当顾客说别的品牌都打折，你们怎么不打折时该怎么说
	当顾客抱怨产品比别家的贵时该怎么说
	如何处理顾客对价格的异议
	顾客说这款与他去年买的款式差不多该怎么说
	当顾客抱怨说是去年的款式时该怎么说
	顾客问这种面料有没有其他款时该怎么说
	顾客说这个款式设计得不好该怎么说
	顾客觉得衣服显胖该怎么说
	顾客抱怨衣服穿起来不舒服该怎么说
	当顾客问某某品牌与你们相比哪个好时该怎么说
	顾客没听过这个牌子该怎么说
	顾客说这个风格不适合我该怎么说
	当顾客说这衣服需要干洗，太麻烦，我不要了时该怎么说
	顾客抱怨尺码不全该怎么说
	顾客喜欢而同伴不喜欢该怎么办
	遇到挑剔的顾客怎么办
	顾客要求把模特身上的配饰送给他该怎么说
达成销售	如何用减法销售成交大单
	有效把握三个最佳成交机会
	如何将商品卖给缺乏主见的顾客
售后服务	当顾客因洗涤不当造成褪色来要求退还应该怎么办
	如何妥善处理顾客的投诉
	顾客的原因造成衣服损坏，但坚持退货该怎么处理
	有效处理顾客抱怨的三个关键

以上每个子主题下面的微课主题数量并不一样，这是因为一方面当时我们的课程仍在持续开发当中，会不断更新；另一方面是在员工能力薄弱的模块多开发一些课程，能力强的模块少开发一些课程，这很正常。

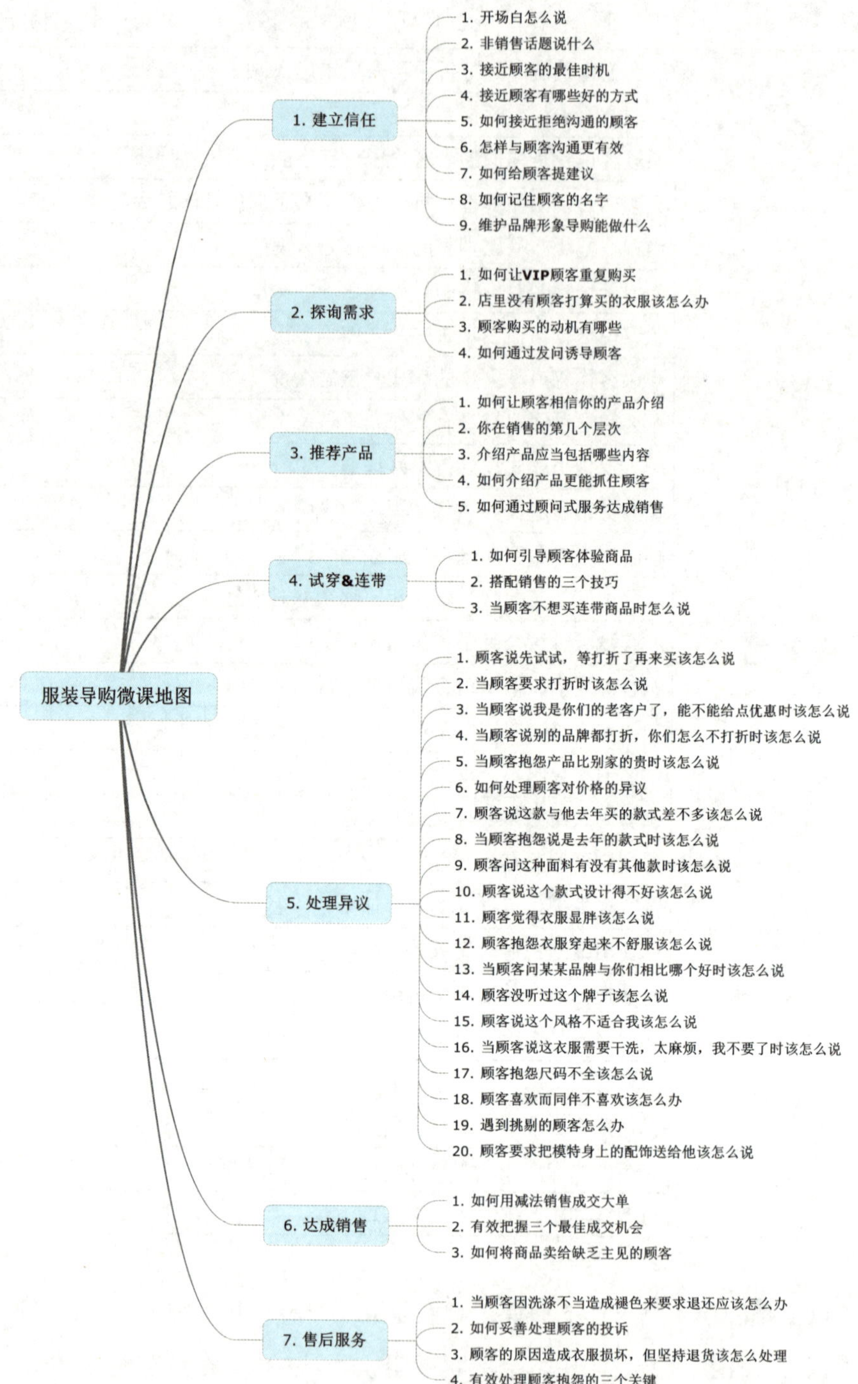

《服装导购微课地图》思维导图

案例 2：《销售知识微课地图》思维导图版图片过大，此处省略，仅显示文字表格版。如下：

<table>
<tr><th colspan="2">子主题</th><th>微课主题</th></tr>
<tr><td colspan="2" rowspan="21">自控行业</td><td>实验室建设通常包含哪些内容</td></tr>
<tr><td>家具厂商为何在中国占主流</td></tr>
<tr><td>控制厂商基本情况介绍</td></tr>
<tr><td>实验室控制部分包括哪些内容</td></tr>
<tr><td>实验室控制目标</td></tr>
<tr><td>实验室控制的发展趋势</td></tr>
<tr><td>为什么暖通控制系统极为重要</td></tr>
<tr><td>为什么暖通控制系统极为复杂</td></tr>
<tr><td>为什么暖通控制系统最容易被忽视</td></tr>
<tr><td>国际实验室控制市场情况</td></tr>
<tr><td>国际实验室控制市场情况 - 欧洲市场</td></tr>
<tr><td>亚洲地区品牌的介绍</td></tr>
<tr><td>中国控制市场（上）</td></tr>
<tr><td>中国控制市场（下）</td></tr>
<tr><td>美国 T 公司情况介绍</td></tr>
<tr><td>美国 S 公司情况介绍</td></tr>
<tr><td>英国 T 公司情况介绍</td></tr>
<tr><td>什么叫自控</td></tr>
<tr><td>楼宇自控是什么</td></tr>
<tr><td>通信协议</td></tr>
<tr><td>电动控制与气动控制</td></tr>
<tr><td colspan="2" rowspan="3">房间控制</td><td>房间控制的目的</td></tr>
<tr><td>常用的 3 种房间控制方式</td></tr>
<tr><td>你们推荐哪种房间控制方式</td></tr>
<tr><td rowspan="6">产品介绍</td><td rowspan="6">阀门</td><td>阀门的定义与基本原理</td></tr>
<tr><td>阀门的分类</td></tr>
<tr><td>阀门材质</td></tr>
<tr><td>阀门的尺寸、连接、气密性</td></tr>
<tr><td>阀门的特殊性</td></tr>
<tr><td>文丘里阀</td></tr>
</table>

（续表）

产品介绍	蝶阀	文丘里阀和蝶阀的区别
		中国使用环境与国外差异性（上）
		中国使用环境与国外差异性（下）
		不同阀门在实验室的使用
		压力无关性
		文丘里阀选型（上）
		文丘里阀选型（下）
		关于文丘里阀的标定
		文丘里阀工作压力区间
		文丘里阀会漏风吗
		文丘里阀的防腐
		什么是蝶阀的快开特性
	默控	默控的优势
		通风柜及气流控制系统
		默控控制产品可与进口控制系统兼容应用
		实验室塑料设备
		实验室塑料工程
		尾气处理系统
		实验室管道系统
		塑料材质介绍
		默控与 TEL 比较
		默控和进口品牌
		默控和国产品牌（上）
		默控和国产品牌（下）
		默控价格
		默控质量
		默控的稳定性、可靠性、故障处理
		默控是 VAV 还是 PLC
		默控的服务
竞争对手		妥思通风柜和房间控制原理
		妥思产品的问题
		德国 S 公司控制原理及问题
		美国 P 公司通风柜产品及控制原理
		美国 P 公司产品优缺点及房间控制原理
		德国 S 公司产品及存在问题

（续表）

实验室	行业介绍	实验室行业成熟市场格局
		实验室行业中国市场格局（上）
		实验室行业中国市场格局（下）
	设计规划	设计的重要性，为什么要从设计着手（上）
		设计的重要性，为什么要从设计着手（下）
		实验室的建筑结构的模数介绍
		实验室的建筑结构的层高介绍
		实验室走廊的宽度、样式
		实验室门的选择
		实验室吊顶的选择
		实验室地面的选择
		实验室项目组成
		实验室项目阶段的介绍
		实验室设计阶段的介绍
		实验室整体布局的设计——设计的准备工作
		实验室整体布局的设计——总平面布局及原则
		实验室整体布局的设计——楼层垂直布局设计
		实验室整体布局的设计——楼层平面布局设计
		设计推进建议
	实验室家具	实验室家具类材料介绍
		实验台的结构类型
		实验台的模数
		实验台的台面
		通风柜介绍
		储存柜介绍
		生物安全柜与超净工作台的区别
		局部排风设备
		安全设备与实验室配件
		化学分析实验室
		高温室
		精密仪器室——环境要求、通风设施
		精密仪器室——工艺供给、配电
		天平室
		化学合成实验室（上）

（续表）

实验室	实验室家具	化学合成实验室（下）
		微生物实验室——洁净室等级
		微生物实验室——培养
		微生物实验室——镜检、清洗灭菌
		生物安全实验室、HIV 实验室
		PCR 实验室
		中试实验室
		物理实验室
		微生物实验室——储存、准备间
		微生物实验室——无菌室
		微生物实验室——洁净室
市场工具	论坛	未来实验室论坛介绍
		未来实验室论坛报名方式
		2015 未来实验室安全年会介绍
	官微	公司微信公众号介绍
		英国 T 公司官微介绍
		上海 M 子公司官微介绍
		上海 Z 公司样本介绍与礼品管理
	展厅	展厅设备设施介绍
		展厅信息流——流程介绍
		展厅参观——流程介绍
		展厅演示区 SOP 介绍
		展厅产品及资质区介绍

案例 3：《酒店质检微课地图》文字表格版、思维导图版。如下：

子主题	微课主题
外围	酒店外立面质检标准
	酒店店招质检标准
	酒店停车场外围绿化质检标准
	旗帜、雨篷、门灯质检标准

（续表）

大堂	大堂门窗质检标准
	大堂地坪质检标准
	大堂墙面顶面质检标准
	大堂及公共区域照明质检标准
	大堂烟筒质检标准
	大堂展架、报架质检标准
	公共区域标识质检标准
	大堂迎宾台仿真花壁炉质检标准
	大堂及公共区域绿植质检标准
	大堂及公共区域空调质检标准
	大堂空调质检标准
	大堂及公共区域家具质检标准
	大堂及公共区域背景音乐质检标准
	大堂及公共区域质检标准
	大堂吊灯质检标准
	大堂上网区域质检标准
服务	商务中心质检标准
	健身房质检标准
	洗衣房质检标准
	公共卫生间质检标准
	餐厅质检标准
	厨房质检标准
	餐厅管理质检标准
安全	电梯质检标准
	楼层走道质检标准
礼仪	着装规范质检标准
	行为语言规范质检标准

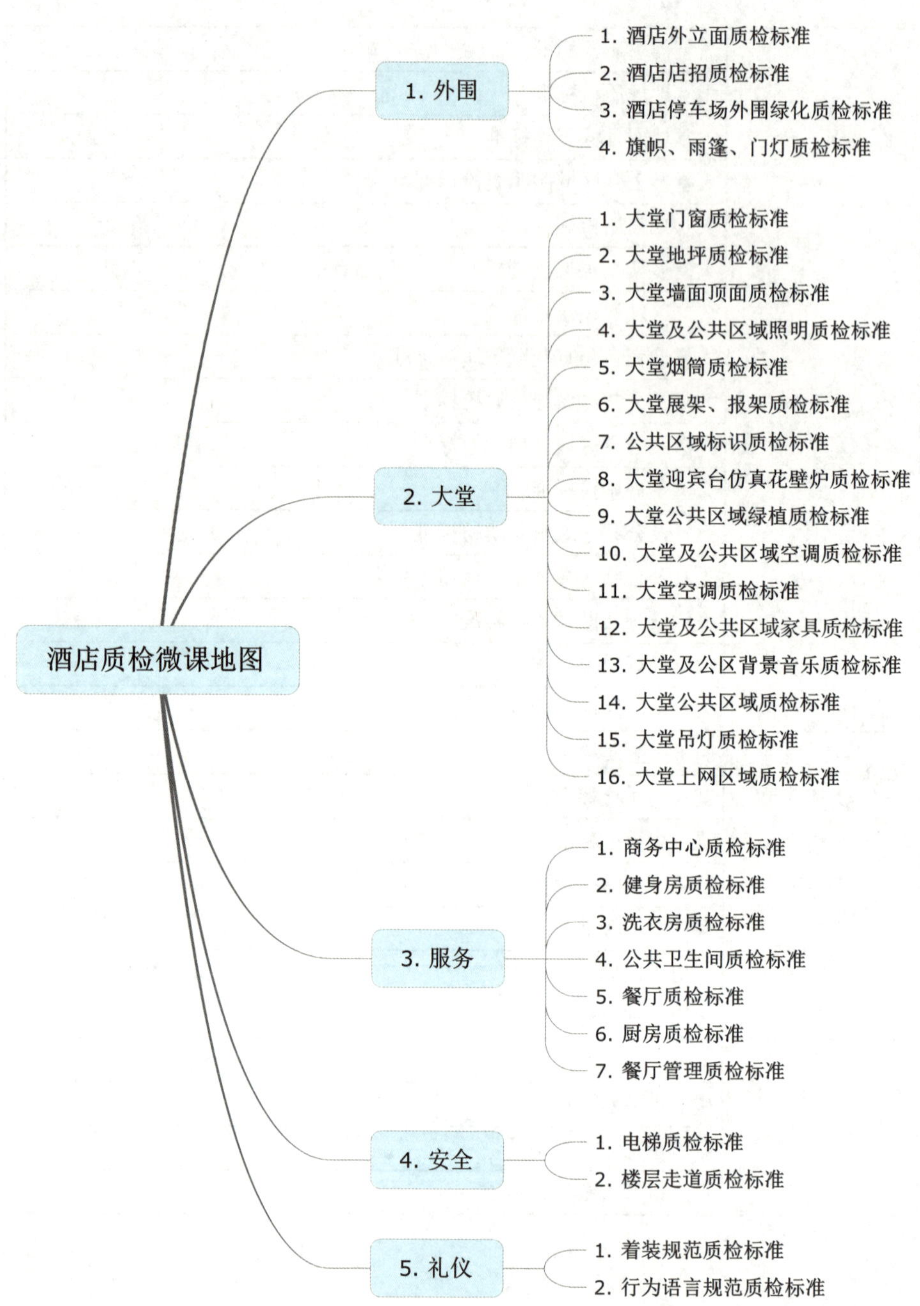

《酒店质检微课地图》思维导图

案例 4：《新员工入职培训微课地图》文字表格版、思维导图版。如下：

子主题	微课主题
公共课程	新员工日常生活指南
	Outlook 邮箱及签名设置
	公司介绍
	企业文化
	品牌介绍
	行业概况
	为什么学华为
	公司商业计划
销售课程	如何使用产品手册向客户介绍产品
	如何向客户介绍展厅通风柜
	实验室分类及功能
	如何运用 3D 模型演示向客户介绍通风柜
	如何运用 3D 模型演示向客户介绍文丘里阀
	TEL 通风柜控制系统介绍
	向客户介绍实验室设备怎么说
	向客户介绍化学实验室工程说哪些
	妥思通风柜和房间控制原理
	妥思产品的问题
	房间控制的目的
	常用的 3 种房间控制方式
	你们推荐哪种房间控制方式
	德国 S 公司控制原理及问题
	美国 P 公司通风柜产品及控制原理
	美国 P 公司产品优缺点及房间控制原理
	德国 S 公司产品及存在问题
	实验室建设通常包含哪些内容

（续表）

技术课程	通风柜面风速开孔要求
	安装面风速导气管安装及穿线
	通风柜面风速传感器安装
	通风柜位移传感器安装
	电源模块安装及接线
	双阀体安装
	三阀体组装
	蝶阀执行器安装
	蝶阀执行器安装注意事项
	蝶阀与管道对接安装
	文丘里阀与管道对接安装
	文丘里阀电路板旧版烧录程序
	变频器控制调试
	AFA3000 控制面板及常用参数介绍
	AFA3000 控制面板调试
	电脑设定房间控制器参数
	LDU70RM 触控面板调试

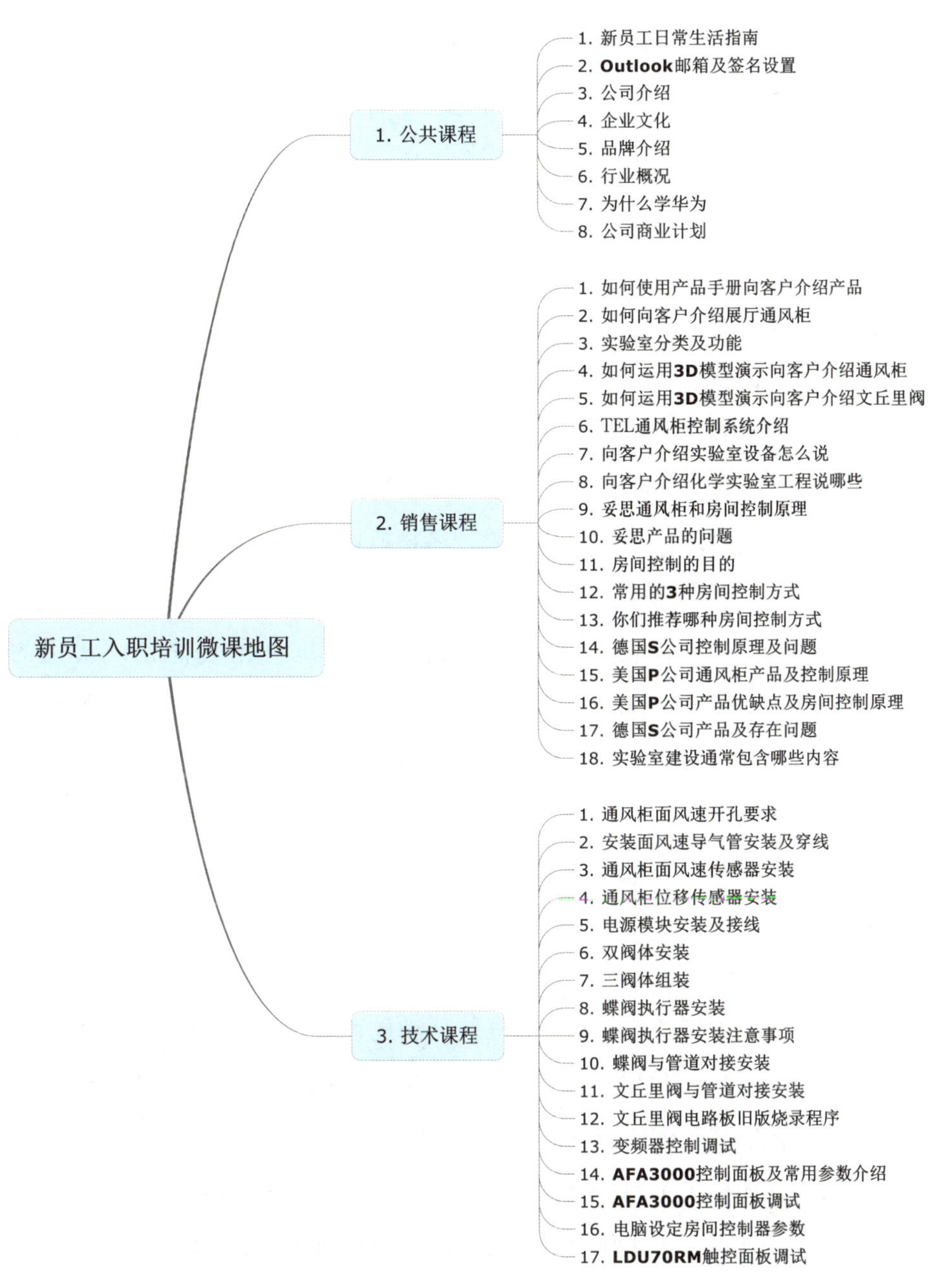

《新员工入职培训微课地图》的思维导图

如何绘制微课地图

微课地图（微课课程体系）在分解时要遵循金字塔原理的梅切原则，并运用思维导图工具来实现。

MECE（梅切原则），是 Mutually Exclusive Collectively Exhaustive 的缩写，中文意思是“相互独立，完全穷尽”。MECE 即把一个主题分解为若干个更细的子主题时遵循两条原则：第一条是完整性，意思是分解过程中不要漏掉某项子主题，要保证完整性；第二条是独立性，强调每个子主题要独立，相互之间不要有交叉重叠。

思维导图工具有很多种软件，我们推荐其中比较简洁，实用的 MindManager。MindManager 软件的用途非常广泛，能极大地帮助我们拓展思维，周密思考，所以经常被用于规划、构思、创意等工作中，我们也使用它来绘制和管理微课地图。

按照梅切原则，使用思维导图软件绘制微课地图的具体案例见下页酒店前厅微课地图。

在绘制微课地图的过程中，我们还需要注意以下事项：

第一，一般来说，从中心主题分解一级是子主题，分解两级就是知识点或技能点，也就是微课主题，当然，有时候也需要分解更多层级才到微课主题。

第二，在绘制微课地图时，分解出来的每一级主题都必须按照一定的逻辑顺序排列，如果子主题之间有递进关系则用时间顺序，若是并列关系则用要点顺序，倘若关系不明显可用由浅入深、由易到难的顺序排列，目的在于形成一条从第一个微课至最后一个微课的学习路径图。

第三，使用 MindManager 绘制微课地图，能非常方便快捷地对子主题分层分类、增删修改，但这个软件的普及率不如 Office，为了便于分享和传播，

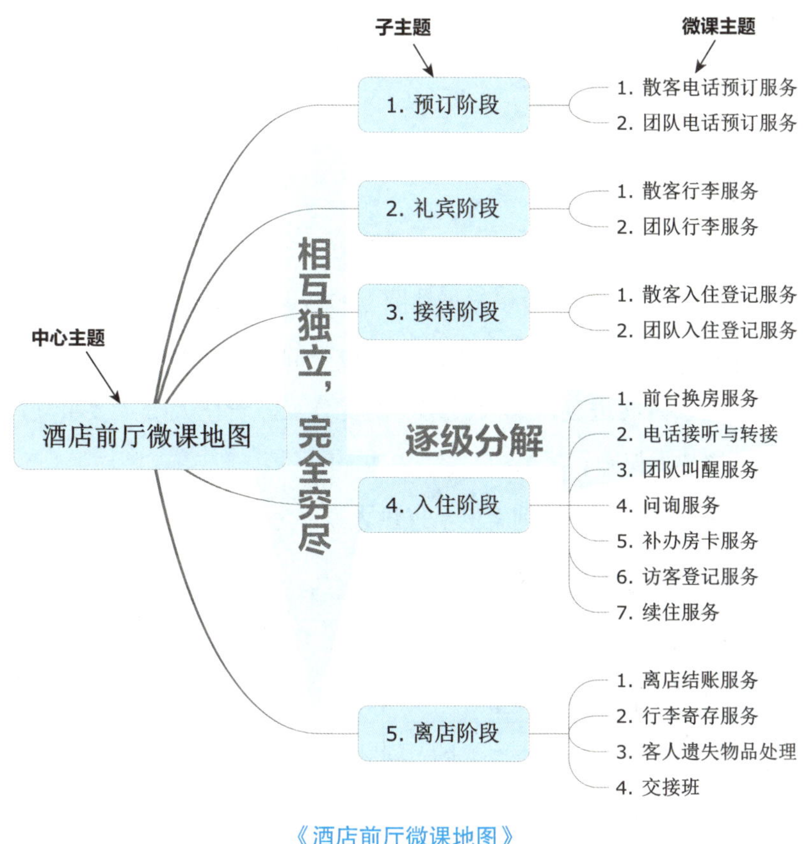

《酒店前厅微课地图》

建议每一个微课地图都制作一个文字表格版的。

第四，绘制微课地图往往不能一蹴而就，在微课开发之前很难将微课地图绘制得很完善，这很正常。在实践中，我们的做法是边绘制边开发，边开发边完善。

第五，并非每次开发微课之前都需要绘制微课地图，如果要开发的微课数量很少，或者微课主题非常明确，那就可以跳过绘制微课地图这一步，直接制订微课开发计划了。

制订微课开发计划

有了微课地图以后，就可以根据地图上的微课主题制订微课开发计划了。微课开发计划是培训部门与业务部门相互协商的结果，约定了微课开发的时长、微课类型、时间进度、完成日期、职责分工、责任人等重要事项，是微课如期产出的基本保障。

以下是两个微课开发计划案例，仅供大家参考。

案例 1：《酒店前厅微课开发计划》。

岗位区分	微课主题	课程时长	微课类型	导演	脚本		拍摄	后期制作	提交时间
预订阶段	散客电话预订服务	5～8	情境微课	范导	小于	前厅经理	小朱	小李	2016-8-11
	团队电话预订服务	5～8	情境微课	范导	小于	前厅经理	小朱	小李	2016-8-11
礼宾阶段	散客行李服务	5～8	情境微课	范导	小于	前厅经理	小朱	小李	2016-8-18
	团队行李服务	5～8	情境微课	范导	小于	前厅经理	小朱	小李	2016-8-18
接待阶段	散客入住登记服务	5～8	情境微课	范导	小于	前厅经理	小朱	小李	2016-8-25
	团队入住登记服务	5～8	情境微课	范导	小于	前厅经理	小朱	小李	2016-8-25
入住阶段	前台换房服务	5～8	情境微课	范导	小于	前厅经理	小朱	小李	2016-9-1
	电话接听与转接	5～8	情境微课	范导	小于	前厅经理	小朱	小李	2016-9-1
	团队叫醒服务	5～8	情境微课	范导	小于	前厅经理	小朱	小李	2016-9-1
	问询服务	5～8	情境微课	范导	小于	前厅经理	小朱	小李	2016-9-8
	补办房卡服务	5～8	情境微课	范导	小于	前厅经理	小朱	小李	2016-9-8
	访客登记服务	5～8	情境微课	范导	小于	前厅经理	小朱	小李	2016-9-8
	续住服务	5～8	情境微课	范导	小于	前厅经理	小朱	小李	2016-9-8

（续表）

离店阶段	离店结账服务	5～8	情境微课	范导	小于	前厅经理	小朱	小李	2016-9-15
	行李寄存服务	5～8	情境微课	范导	小于	前厅经理	小朱	小李	2016-9-15
	客人遗失物品处理	5～8	情境微课	范导	小于	前厅经理	小朱	小李	2016-9-22
	交接班	5～8	情境微课	范导	小于	前厅经理	小朱	小李	2016-9-22

注：①课程时长单位为分钟；②导演为微课开发计划总负责人，下同。

案例 2：《新员工入职培训微课开发计划》。

岗位区分	微课主题	课程时长	微课类型	脚本		录制	拍摄	后期制作	提交时间
公共课程	新员工日常生活指南	10	混合微课	张导	培训部	张导	小磊、小龙	张导	2014-5-5
	Outlook 邮箱及签名设置	5	混合微课	张导	培训部	张导	-	张导	2014-5-6
	公司介绍	15	混合微课	张导	培训部	小磊	小磊、小龙	小磊	2014-5-9
	企业文化	15	混合微课	张导	培训部	小磊	小磊、小龙	小磊	2014-5-9
	品牌介绍	10	混合微课	刘总	市场部	小磊	小磊、小龙	小磊	2014-5-9
公共课程	行业概况	10	混合微课	叶经理	销售部	小磊	小磊、小龙	小磊	2014-5-9
	为什么学华为	8	混合微课	汪总	总经办	小磊	小磊、小龙	小磊	2014-5-14
	公司商业计划	8	混合微课	汪总	总经办	小磊	小磊、小龙	小磊	2014-5-14
销售课程	如何使用产品手册向客户介绍产品	5	情境微课	王总	销售部	-	小磊、小龙	小龙	2014-6-5
	如何向客户介绍展厅通风柜	5	情境微课	王总	销售部	-	小磊、小龙	小龙	2014-6-6
	实验室分类及功能	10	真人讲解	刘总	市场部	-	小磊、小龙	小龙	2014-6-7

（续表）

销售课程	如何运用 3D 模型演示向客户介绍通风柜	10	真人讲解	汪总	总经办	-	小磊、小龙	小龙	2014-6-12
	如何运用 3D 模型演示向客户介绍文丘里阀	10	真人讲解	汪总	总经办	-	小磊、小龙	小龙	2014-6-12
	TEL 通风柜控制系统介绍	15	真人讲解	汪总	总经办	-	小磊、小龙	小龙	2014-6-13
	向客户介绍实验室设备怎么说	10	情境微课	叶经理	销售部	-	小磊、小龙	小龙	2014-6-16
	向客户介绍化学实验室工程说哪些	10	情境微课	叶经理	销售部	-	小磊、小龙	小龙	2014-6-17
	妥思通风柜和房间控制原理	5	真人讲解	汪总	总经办	-	小磊	张导	2014-6-27
	妥思产品的问题	5	真人讲解	汪总	总经办	-	小龙	小龙	2014-6-27
	房间控制的目的	5	真人讲解	汪总	总经办	-	小磊	小龙	2014-6-27
	常用的 3 种房间控制方式	5	真人讲解	汪总	总经办	-	小龙	小龙	2014-6-27
	你们推荐哪种房间控制方式	5	真人讲解	汪总	总经办	-	小磊	小龙	2014-6-27
	德国 S 公司控制原理及问题	5	真人讲解	叶经理	销售部	-	小龙	小龙	2014-6-27
	美国 P 公司通风柜产品及控制原理	5	真人讲解	叶经理	销售部	-	小磊	小龙	2014-6-27
	美国 P 公司产品优缺点及房间控制原理	5	真人讲解	叶经理	销售部	-	小龙	小龙	2014-6-27
	德国 S 公司产品及存在问题	5	真人讲解	叶经理	销售部	-	小磊	小龙	2014-6-27
	实验室建设通常包含哪些内容	5	真人讲解	汪总	总经办	-	小龙	小龙	2014-6-27

（续表）

技术课程	通风柜面风速开孔要求	5	有声图文	贾经理	技术部	小磊	-	张导	2014-7-7
	安装面风速导气管安装及穿线	5	实操微课	贾经理	技术部	-	小磊、小龙	小磊	2014-7-8
	通风柜面风速传感器安装	5	实操微课	贾经理	技术部	-	小磊、小龙	小磊	2014-7-9
	通风柜位移传感器安装	3	实操微课	贾经理	技术部	-	小磊、小龙	小磊	2014-7-10
	电源模块安装及接线	5	实操微课	贾经理	技术部	-	小磊、小龙	小磊	2014-7-11
	双阀体安装	5	实操微课	李工	技术部	-	小磊、小龙	小磊	2014-7-21
	三阀体组装	3	实操微课	李工	技术部	-	小磊、小龙	小磊	2014-7-22
	蝶阀执行器安装	3	实操微课	贾经理	技术部	-	小磊、小龙	小磊	2014-7-23
	蝶阀执行器安装注意事项	3	实操微课	贾经理	技术部	-	小磊、小龙	小磊	2014-7-24
	蝶阀与管道对接安装	5	实操微课	李工	技术部	-	小磊、小龙	小磊	2014-7-25
	文丘里阀与管道对接安装	5	实操微课	李工	技术部	-	小磊、小龙	小磊	2014-8-4
	文丘里阀电路板旧版烧录程序	5	实操微课	刘工	研发部	-	小磊、小龙	小磊	2014-8-5
	变频器控制调试	10	实操微课	刘工	研发部	-	小磊、小龙	小磊	2014-8-6
技术课程	AFA3000 控制面板及常用参数介绍	10	实操微课	贾经理	技术部	-	小磊、小龙	小磊	2014-8-7
	AFA3000 控制面板调试	10	实操微课	贾经理	技术部	-	小磊、小龙	小磊	2014-8-8
	电脑设定房间控制器参数	3	实操微课	刘工	研发部	-	小磊、小龙	小磊	2014-8-11
	LDU70RM 触控面板调试	10	实操微课	刘工	研发部	-	小磊、小龙	小磊	2014-8-12

以上两个案例并非固定模板，可根据实际需要进行调整，比如可将脚本

编写、录制视频、拍摄视频及后期制作的完成时间都列明，这样更有利于管控微课开发的整体进度。微课开发计划制订好以后，下一步就是针对某个具体的微课进行教学设计。那么，什么是教学设计，我们又该怎么样进行微课的教学设计呢？

第3章　教学设计是什么

当下我们所知晓的各种课程形式，比如学校课堂、慕课、企业培训课程、电子课件、微课等在开发的时候都需要用到教学设计。教学设计是指导老师开发课程的方法论，是从分析培训需求与课程开发立项开始，包含确定课程主题、设定教学目标、搭建课程结构（逻辑顺序）、梳理知识点和技能点、区分教学重点和难点、匹配教学方法、设计教学策略、安排教学时间等主要步骤，到产出完整课程包与评审改进结束的一系列课程开发活动。

教学设计经过几代人的实践、总结、融合、改进，时至今日已经非常完善，是一个相对比较复杂的系统，学习起来有一定难度，要想熟练掌握和运用教学设计的方法、工具更是难上加难。仅仅从 TTT（讲师培训）两三天培训课堂上学到的关于教学设计的一招半式，在开发课程时是远远不够的。要想成为教学设计的行家里手，一要有一定的理论基础，二要有一定的课程开发实践经验。

学习理论发展的三个阶段

一、行为主义学习理论

行为主义学习理论诞生于20世纪初，代表人物有巴甫洛夫、桑代克和斯金纳等。在行为主义理论研究和发展的过程中，巴甫洛夫用狗，桑代克用猫，斯金纳用老鼠和鸽子做试验，提出了著名的S—R和R—S公式，其中S表示来自于外界的刺激，R表示个体接受刺激后的行为反应。他们认为学员在不断接受特定的外界刺激后，就可能形成与这种刺激相适应的行为表现，即学习就是刺激与反应建立了联结，而学习就是不断地刺激强化，以增强学员的反应，从而形成行为习惯。

行为主义理论是在研究动物行为基础之上形成的，不研究人的大脑在学习过程中的思维过程和信息加工过程，认为学习过程无需大脑参与。要想让学员产生某种行为，就用相应的外部刺激，反复强化，直到形成固定的刺激——反应模式。

行为主义学习理论的主要观点：

· 任何能力都可以习得。

· 学习模式：刺激→反应→强化。

· 准备越充分，练习越多，效果越好。

· 忽略学习心理，大脑是“黑箱”。

· 忘记旧知，获得新知。

行为主义主要教学方法是训练，这种学习模式依然存在于当今社会的某些领域，比如马戏团驯兽、驾校学习驾驶技能、体育与军事训练等。要让老虎学会钻火圈，钻一次奖励一块肉，不钻抽一鞭子，反复练习就会了；要让学员掌握正确的驾驶技能，教练会通过批评、责骂来纠正，让学员形成强烈刺激，不再犯错。因此，对于动作技能的学习，行为主义学习理论是比较有效的。但是，行为主义学习理论不研究大脑在学习过程中的作用，注定要衰落。

二、认知主义学习理论

20 世纪 60 年代以后，随着认知心理学的诞生，认知理论逐渐取代了行为主义，在教育教学实践中发挥指导作用。认知主义学习理论与行为主义学习理论相对立，认知学习理论重视研究大脑在学习过程中的作用机制，并用 S—O—R（O 即学习的大脑加工过程）模式来取代简单的没有大脑参与的 S—R 联结。其主要代表人物是布鲁纳、皮亚杰、布卢姆、加涅等，标志性事件是布卢姆提出了教育目标分类理论，加涅提出了九大教学事件的教学策略。

认知主义学习理论强调知识的结构和分类教学，注重大脑对学习内容的加工过程，不同的学习内容，大脑的加工方法和过程不一样，学习内容分为知识、技能和态度，教学方法也有相应的区别。

认知主义主要观点有：

· 重视人在学习活动中的主体价值，充分肯定学习者的自觉能动性。

· 人们认知事物是有规律的，知识是有分类和结构的。

· 不同类别的学习内容要按照不同的方法教学。

· 按照一定的策略或步骤向学习者输入知识。

· 假定学习者是主动探索和学习的。

· 新知识要融入旧知识体系中。

认知主义最主要的教学方法是灌输，这种学习模式在国内学校教育、职业教育，以及企业的大部分培训中被广泛应用。

认知主义相对于行为主义的进步是，关注学习者学习过程中的内在心理因素，主张分类教学、知识结构化和教学策略；不足之处在于没有认识到学习者是学习过程中的主角，没有充分调动学习者在学习过程中的主观能动性，没有激发学习者在学习过程中独立思考、探究规律、建构意义、形成概念，也不关注学习环境对学习过程的影响，认为只要向学习者灌输知识就能掌握和运用知识。

三、建构主义学习理论

建构是指在已有信息的基础上，经过分析、归纳、推理等思考，使人们可以拆解信息背后的因由、意识形态、规律等，从而建立起新的意义、概念、规律。因此，建构既不是无中生有的虚构，亦不是阅读信息的唯一定案，而是从信息中找到新知的过程。

建构主义学习理论是行为主义发展到认知主义以后的进一步发展，建构主义认为，知识不是通过教师传授得到，而是学习者在一定的情境下，借助其他人（包括教师和学习伙伴）的帮助，利用必要的学习资料，通过思考和建构的方式而获得。

建构主义学习理论认为“情境”、“协作”、“沟通”和“意义建构”是学习环境中的四大要素或四大属性。“情境”：学习环境中的情境必须有利于学生对所学内容的意义建构。这就对教学设计提出了新的要求，也就是说，在建构主义学习环境下，教学设计不仅要考虑教学目标分析，还要考虑有利于学生建构意义的情境创设，并把情境创设看作是教学设计的最重要内容之一。“协作”：协作发生在学习过程的始终。协作对学习资料的搜集与分析、假设的提出与验证、学习成果的评价直至意义的最终建构均有重要作用。“沟通”：沟通是协作过程中的不可缺少环节。学习小组成员之间必须通过沟通商讨如何完成规定的学习任务的计划；此外，协作学习过程也是沟通过程，在此过程中，每个学习者的思维成果（智慧）为整个学习群体所共享，因此沟通是达到意义建构的重要手段之一。“意义建构”：这是整个学习过程的最终目标。所要建构的意义是指：事物的性质、规律以及事物之间的内在联系。

建构主义学习理论的主要观点：

· 情境教学对学习新知有重要意义。

· 获得知识的多少取决于学习者根据自身经验去建构有关知识的意义的能力，而不取决于学习者记忆和背诵教师讲授内容的能力。

· 教师是意义建构的帮助者、促进者，而不是知识的传授者与灌输者。

· 学生是信息加工的主体、是意义的主动建构者，而不是外部刺激的被动接受者和被灌输的对象。

· 学习要经过质疑、反思、理解和接受的过程，这个过程也是建构的过程。

建构主义理论是由皮亚杰和维果茨基等提出和发展起来的，但对于教育技术和教学设计产生深刻影响的是加涅、W·迪克、梅里尔。W·迪克建立了完整的课程开发与教学设计系统模型，而加涅的九大教学事件和梅里尔的五星教学模式都符合建构主义学习理论，其中五星教学模式被誉为建构主义的最佳实践。

关于教学策略

一、迪克与凯瑞的教学设计系统方法模型

沃特·迪克博士是美国教学设计领域的资深专家，长期致力于教学设计的理论和应用研究，与卢·凯瑞著有《系统化教学设计》一书。

该书是教学设计领域的一本经典著作，至今已修订六版。书中提出了著名的教学设计系统方法模型：

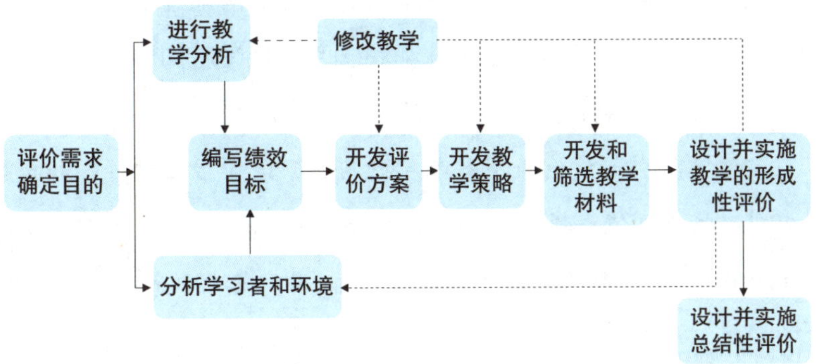

迪克与凯瑞的教学设计系统方法模型

从上面的模型中我们可以看出，开发一个课程需要确定需求、主题、目标，设计教学策略，准备教学材料，还要评价课程的有效性。可以说，迪克和凯瑞的教学设计系统方法模型是一套完整的课程开发流程。

关于教学设计中的教学策略，迪克认为要做到以下几件事：

· 确定教学内容展开的顺序。也就是先讲什么再讲什么。

· 确定教学内容应该分成多大的板块。也就是分几个章节，每个章节分几个小节。

· 教学导入。说白了就是吸引学习者注意力，激发学习动机，告知学习目标，回忆旧有经验。

· 教学内容呈现。就是确定每个小节到底要讲哪些知识点，注重使用正反实例论证，呈现形式包括图解、示意图、演示、解答示范、情景、案例研究、行为分析。

· 学习者参与。让学习者做练习，及时给予反馈。

· 评估。通过测验评价教学活动的有效性。

· 跟踪活动。回顾教学内容，并跟踪学习者是否能运用教学内容。

二、加涅的九大教学事件

加涅是美国著名的教育心理学家，著有《教学设计原理》一书。加涅对教学策略有独到的见解，教学策略这一概念就起源于加涅《学习的条件》一书中描述的“九大教学事件”。他将学习者学习的内部过程和教育者的外部教学活动进行了匹配，每个教学事件都和学习者接受新知的意识思维过程相匹配。加涅九大教学事件：

· 引起注意。引起注意是有效教学的前提，是学习主动性、积极性的重要标志。引起注意可使用刺激变化、引起兴趣等方法。

· 告知学习目标。教学开始告知学习目标，其功能是激起学习者对新知识、新技能的期望，产生学习的内部动机。

· 回忆相关旧知。学习归根结底是观念的联合，新学习的知识和技能要与已有的经验联合，就需要在新学习发生之前将已有的经验回忆出来。

· 呈现教学内容。当做好学习准备时，老师可以向学生呈现教学内容，呈现方式取决于教学内容的特征。

· 提供学习指导。对于低级的学习活动，可采用复述策略，对于高级学习活动，就需要采用精加工策略和组织策略。

· 引发行为表现。促使学习者做出反应活动，以此来验证期望的学习过程是否发生，学习的结果是否达成。

· 提供信息反馈。在学习者做出反应、表现出行为后，应及时让学习者知道学习结果。

· 评估行为表现。评价在学习过程中具有非常重要的地位，要想让学生主动地做一件事情，首先就是要不断评价促使他获得成功。

· 促进保持和迁移。为增进对新知识的记忆，需要进行间时复习，在间隔几天或几个星期之后进行复习；此外为促进迁移，最好的方法就是为学生提供各种各样的新任务，要求他们把所学知识运用到新的情境之中，从而促进更高层次的学习。

这九步又可以分为三个阶段。首先是教学启动阶段，包括引起注意、告知学习目标、回忆相关旧知三步，这个阶段是为呈现教学内容做铺垫，让学员打开心扉随时准备接纳新知。其次是教学开展阶段，包括呈现教学内容、提供学习指导、引发行为表现、提供信息反馈、评估行为表现，以上是教学的核心环节。为了便于学员掌握新知内容，讲师要给予学员适当的学习指导、引发学员的行为表现、给予反馈、评估学员的行为表现。第三阶段为教学结束阶段，是要学员持续强化和在工作中迁移应用，也是培训效果最直接的体现。

在教学过程中，我们可能都有过这种经验，在提出一个新的观点之前如果没有任何预热、引导、铺垫等前奏活动，而是直接提出来，学员的第一反应往往是疑惑甚至质疑，在这种情况下学习者的学习效率和效果可想而知。九大教学事件就是告诉我们：知识或技能在传授过程中需要经过九个步骤折腾一番才能取得好的学习效果。

在企业培训实践中，完全按照九大教学事件设计课程和实施教学的不能说没有，但绝对非常稀少，原因就在于九个步骤过于复杂，从教学设计到培训实施都有相当大的难度。

三、梅里尔的五星教学模式

戴维·梅里尔博士是美国犹他州州立大学教授，也是著名的教育心理学家、教学设计专家，他于 2003 年提出了著名的教学策略——五星教学模式。在当时各种各样的教学设计理论与模式发展迅速，但是它们之间不仅仅有差异，更多的是有共通性。为此，梅里尔考察了不同的教学设计理论与模式，最终找到它们之中能够最大程度地有利于学习的五个共同基本特征，也就是“五星教学模式”。把教学过程分为五个步骤，蕴含五大教学原理：

· 当学习者介入解决实际问题时，能够促进学习。

· 当激活已有知识并作为新知识的基础时，能够促进学习。

· 当新知识展示给学习者时，能够促进学习。

· 当学习者应用新知识时，能够促进学习。

· 当新知识与学习者生活世界融于一体时，能够促进学习。

五星教学模式得到了绝大多数教学设计理论的肯定并且有实证研究的支持，实施五星教学模式有助于确保教学效能。

五星教学模式的核心主张是：在“聚焦问题”的教学宗旨下，教学应该由不断重复的四阶段循环圈——“激活旧知”、“论证新知”、“应用练习”和“融会贯通”。

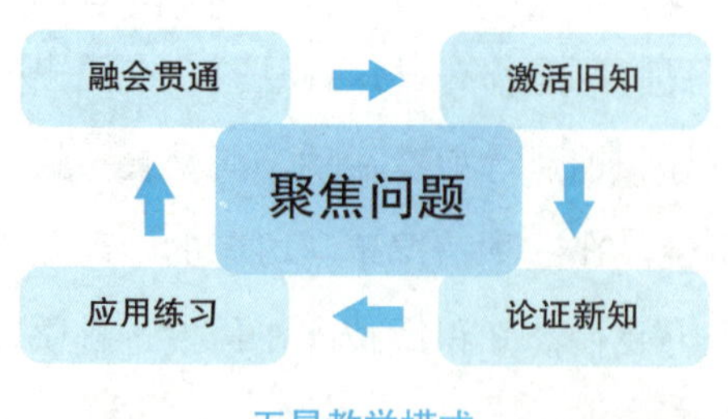

五星教学模式

聚焦问题。

教学内容（知识、技能）应被置于实际问题解决的情境中来完成，即先向学习者呈现问题。

聚焦问题是以问题或任务为中心展开教学，要求学习内容与学习者的工作或生活实际密切相关，只有这样才能吸引学习者的兴趣，学习者才会真正积极参与学习。如果不能解决学习者的实际问题，即使老师的口才再好，再怎么幽默风趣，学生都会想：老师讲的对我有用吗？如果没什么用，学生就容易开小差。

激活旧知。

不要直接给出解决问题的方法，而是激发学习者回忆过去遇到这个问题的应对方法，当旧的经验被激活时，能够促进学习。

人们总是带着过去的知识、经验和价值观来到课堂，不可能也不应该让学习者做到空杯心态，因为没有了旧知就无法解释新知，更谈不上理解和掌握了。

论证新知。

给出解决问题的新方法，并论证新方法的有效性和优越性。

在教学过程中，新知不能仅仅告知一下就了事，而是要经过展示和论证，因为新知的引入可能引起学习者的质疑和抗拒，原因在于新知与旧知产生了冲突。所以，讲师要用已有的旧知来解释和论证新知，从而帮助学习者建立新知和旧知的联系，帮助其理解，从抗拒到接受。

应用练习。

学习者尝试应用或练习刚刚学到的新知识或技能。

新的知识和技能，学员只有经过反复练习才能真正掌握，也只有经过实践检验有效果才会真的相信，并迁移到工作和生活中去，反之如果无效，则会抛弃。好的培训课堂一定是学习与练习并重的。

融会贯通。

促进学习者把新的知识和技能应用（迁移）到日常生活和工作中，即可以运用新知识和技能解决其他类似问题，做到举一反三。

如果学习者真的做到融会贯通，遇到某个问题就会下意识地运用某个知识或技能解决，甚至能够探索、创新出新的方法解决问题，此时新知也就逐渐变成了旧知。

五星教学模式完全符合人类认知事物的规律，把教学步骤和学生思维进行了匹配，教学过程就是和学生互动的过程，教学设计的核心任务就是根据学习者接受新事物的思维过程设计恰当的教学活动。

教学设计除了教学策略之外，还有一个很重要组成部分就是教学方法。

关于教学方法

如果说教学策略是呈现教学内容（知识或技能）的步骤的话，那么，教学方法就是呈现教学内容的方式。每一项教学内容（知识点、技能点）都有与之匹配的最佳教学方式，有的适合讲授，有的适合研讨，有的适合体验。关于教学方法，总体上可以分为四类：

一、演示教学法

以口头和肢体语言表达为主，借助实物、图形、图表、视频说明事理的教学方法，包括：

第一种，讲授法。

第二种，演示法。

【演示教学法适合说明事理，传递知识】

二、案例教学法

借助案例分析探讨解决问题的方案的教学方法，包括：

第一种，案例研究。案例研究包含五个步骤：阅读案例、讨论问题、制定对策、发表结论、讲师点评。

第二种，小组讨论。

【案例教学法适合激发学员参与互动讨论】

三、体验教学法

借助游戏等体验式活动寓教于乐的教学方法，包括：

第一种，游戏。

第二种，角色扮演。

第三种，拓展训练。

第四种，沙盘模拟。

【体验教学法适合启发思维，让学员获得感悟】

四、实操教学法

借助实际操作训练技能的教学方法，包括：

第一种，练习。

第二种，操作。

第三种，演练。

第四种，实验。

【实操教学法适合训练和巩固技能】

关于教学设计的定义

了解了学习理论的发展阶段，知道了每种学习理论的特点，明白了教学设计的重点是教学方法和教学策略，我们才能设计出好的课程。那么，教学设计究竟是什么呢？如果给它下一个定义，该是什么呢？

MBA 智库百科的定义：教学设计是指教师为了优化教学过程，提高教学质量，以认知学习理论、教育传播理论和系统科学理论为基础，根据学生的学习特点和自身的教学风格，对教学过程的各环节、各要素预先进行科学的计划、合理的安排，制订出整体教学运行方案的过程。可以说，教学设计是教师教学工作不可缺少的一个环节，是指导教师有效教学的蓝图。【说得很有道理，但理解起来不太容易。】

百度百科的定义：教学设计是根据课程标准的要求和教学对象的特点，将教学诸要素有序安排，确定合适的教学方案的设想和计划。一般包括教学目标、教学重难点、教学方法、教学步骤与时间分配等环节。【关键词：教学目标、教学重难点、教学方法、教学步骤、时间分配。】

对于教学设计，我的理解是：首先，根据需求确定课程主题、教学目标；接着，从课程主题分解出章节主题形成课程结构；再将知识点、技能点填充到章节中完善教学内容；然后，将章节主题、知识点、技能点都按照一定的逻辑顺序排列；最后，为每项知识、技能安排合理的教学时间，匹配合适的教学方法，设计相应的教学策略。

微课的教学设计源自传统教学设计，但和而不同，因为微课的时间短，无法应用所有的设计方法；同时，微课通过移动终端传播，主要用于自主学习，没有老师互动。那么，微课的教学设计该怎么做呢？

第4章 微课的教学设计

微课教学设计的现状

微课也是一种课程，它的教学设计也需要符合一般教学设计的原理。但遗憾的是很多微课都缺乏教学设计，典型的问题包括：

· 课程主题太宽泛，不具体、不准确。

· 没有课程目标。

· 内容过多，时间过长。

· 没有教学策略，表现为内容呈现顺序混乱。

造成这些问题的原因有三个：

第一，教学设计本身就是一门博大精深的学问，要从浩繁的教学设计理论中总结、提炼出适合微课的教学设计方法十分困难，很少有人系统研究布卢姆、加涅、梅里尔等人的学习理论，也很少有人有实际开发几百个微课的经验，这就导致现在的微课开发人员无成法可依。

第二，微课自诞生后发展迅猛，短期内一下子涌现出十几种形式，埋论界来不及界定和规范微课的标准模式，微课开发人员无成例可循。

第三，受到微电影、微视频、网络微剧等的影响，一部分微课走向了重形式轻内容的歧途。

微课教学设计的任务

传统面授课程由于教学时间长，所以教学设计的任务非常繁重，相对而言微课由于教学内容少，教学时间短，教学设计的任务相对要简单得多。

传统面授课程与微课的区别：

类别	传统面授课程	微课
教学内容	很多知识点和技能点	一个知识点或技能点
教学模块	分为多个章节和单元	没有章节和单元
教学时间	通常≥0.5天	通常5分钟左右
教学形式	集中面授	移动式、碎片化、分散学习
教学方法	讲授、讨论、案例、体验等	视频、案例
教学策略	五星教学模式等	五星教学模式等

从上表可以看出，微课的教学内容不构成章节和单元，教学方法就是视频教学、案例教学，因此，不需要考虑教学模块和教学方法，只需要确定课程主题、课程目标、课程内容和课程结构（教学策略）等要素。

微课教学设计的流程

如何进行微课的教学设计呢？在大量实践中，我总结出一套微课“五定”

教学设计流程，即：定主题、定目标、定结构、定大纲、定脚本。微课脚本是微课教学设计的产出物，也是微课录制、拍摄、剪辑与制作的指导手册。

微课“五定”教学设计流程

微课“五定”教学设计流程

一、定主题

微课主题的选择很有讲究，我总结出来有四个原则：

（一）一个点

微课的时间短，一般 5 分钟左右，所以，一个微课只能讲一个问题点、一个知识点或一个技能点。在实践中，我们常常遇到的问题是不知道如何将一个大课题拆成 N 个小课题，所以不知不觉中就在一个微课中讲了两点以上的内容。那么，如何对大课题进行拆分，如何对内容进行取舍呢？比如，有个微课的主题是《销售人员的六大核心能力》，5 分钟讲六个能力，基本上每个能力只够讲到概念的层面（知的层面），无法触及如何提高能力（行的层面）。这个主题涵盖的点太多了，至少应该拆成六个微课。再比如，《如何通过注意力转移法促进顾客认同价格》这个微课讲的就是一个点，只讲怎么使用注意力转移法这一个方法，只讲用这一个方法解决顾客价格异议这一个问题，不掺杂别的方法，也不涉及别的问题，这个主题定的就很好。

所以，好的微课主题必须聚焦在一个点上。

（二）概括性

微课主题要是整个课程内容的中心论点或中心思想，主题能够驾驭内容，内容不能超越主题，做到以上统下。一旦内容超越主题，学员就会觉得内容发散，不聚焦，甚至文不对题。比如有个微课主题叫作《如何使用手提式干粉灭火器》，内容要点为：①用前摇一摇，使筒内干粉松动；②拔下保险销；③握住喷嘴；④占据火源风向上风；⑤按下压把；⑥对准火源根部来回扫射。主题没问题，但内容太多了，且超出了主题的范畴。课程主题只是讲使用灭火器，没说使用灭火器灭火，只要能喷出干粉就达到教学目标。所以，最后我建议分成两个微课，第一个讲①、②、⑤三个点，教会学员喷出干粉，要点就是一摇、二拔、三压把；第二个主题是《如何使用手提式干粉灭火器扑灭初起火灾》，讲③、④、⑥三个点，在能够熟练喷出干粉的情况下学会扑灭初起火灾。

（三）准确性

课程主题是整个课程的画龙点睛之笔，在遣词用句上需要深思熟虑，做到精准表达、无歧义、不含糊。例如，用《沟通技巧》或《领导力》作为微课主题，就显得过于空泛，因为主题太大，如果加一些限定词就会更具体，比如《双赢思维沟通技巧》《如何使用授权的领导方式》。反之，限定词太多也会令学员感到困惑，比如一个通信行业的微课主题《外呼人员如何对流量溢出客户营销省内 30 元流量包》。

（四）价值感

所谓价值感就是看一眼就喜欢上了，就被勾起了好奇心，就想继续往下看。打开我们的微信订阅号，你会发现很多图文消息的主题都是像这样写的，《华为是怎么把 15 万知识分子变成能打仗的兵的》《〈把信送给加西亚〉为什么带不来执行力》《为什么你的 PPT 不够高大上》。从中我们能得到一个启示：疑问句比陈述句更能抓人眼球，激起好奇心。所以，微课主题应尽可能使用如何、究竟、为什么、怎么办等疑问词组成的疑问句，比如《顾客讨价还价怎么办》《陌生拜访需要注意哪些事项》《iPhone 如何节省流量》。

二、定目标

从成人学习心理的角度来讲，如果课程没有教学目标，学员就不知道能学到什么，反之培训伊始告知学员教学目标，就能够起到促进学习的作用，然而现状是目前大多数微课竟然没有教学目标。

（一）布卢姆的教育目标分类理论

美国著名的教育学家和心理学家布卢姆，在 20 世纪 50 年代提出教学目标分类理论，将教学目标分为三大类型：认知、动作技能、情感。

1. 认知学习目标分类。

(1) 识记。对知识材料的记忆，如记忆名词、事实、基本观念、原则等。

(2) 领会。理解知识材料意义的能力。

(3) 运用。学到的知识应用于新的情境、解决实际问题的能力。

(4) 分析。把复杂的知识整体分解为组成部分，并理解各部分之间联系。

(5) 综合。将所学知识的各部分重新组合，形成一个新的知识整体。

(6) 评价。对材料（如论文、观点、研究报告等）作价值判断的能力。

2. 动作技能学习目标分类。

(1) 感知。了解某动作技能的有关知识、性质、功用等。

(2) 准备。对动作的准备，包括心理、生理和情绪准备。

(3) 有指导的反应。在指导下模仿复杂动作和尝试错误。

(4) 机械动作。反应已成习惯，能以熟练和自信的水平完成动作。

(5) 复杂的外显反应。包含复杂动作模式的熟练操作。

(6) 适应。能修正自己的动作模式以满足具体情境的需要。

(7) 创新。创造新的动作模式以适应具体情境。

3. 情感学习目标分类。

(1) 接受或注意。愿意注意某特定的现象或刺激。

(2) 反应。主动参与，积极反应，表示出较高的兴趣。

(3) 评价。用一定的价值标准对特定的现象、行为或事物进行评判。

(4) 组织。对各种价值观加以比较，接受自己认为重要的价值观，形成个人的价值观体系。

(5) 价值与价值体系的性格化。指学习者通过对价值观体系的组织，逐渐形成个人的品性。

（二）微课的学习目标设置两个为宜

从实用主义的角度来讲，我们可以简单地将认知、动作技能和情感理解为知识、技能和态度。一个两天的面授课程可以设定三个以上的教学目标，但微课的时长只有短短几分钟，设置过多的教学目标没有意义，也不可能达成。所以，对于微课的教学目标我建议设置两个为宜，其中一个是知识型的教学目标，另一个是技能型的教学目标。换句话说就是一个微课应该能够让学员学会一则知识，掌握一项技能。至于态度型的教学目标，可视情况而定，因为在实践中态度类的培训多以面授为主，很少以微课的形式呈现。

（三）内隐体验动词与外显行为动词

无论是知识型的目标，还是技能型的目标，最关键的就是行为动词的使用。过去，我们在给课程设定教学目标时常常会用到这些动词：了解、领会、理解、懂得、掌握。比如，学习本课程之后，您将能够：①了解沟通的基本原理，②理解沟通对于职场成功的重要意义，③掌握有效沟通的四项原则和十个技巧。上面的教学目标，我们看了是不是有很熟悉的感觉？其实这是不符合要求的。

“了解、领会、理解、懂得、掌握”这些词都是内隐体验动词，对目标的表达比较模糊，要想具体、清晰地表达目标，我们应该使用外显行为动词。什么是外显行为动词？先讲个事实，我在读小学的时候早自习一般背课文，语文老师会要求我们到他那里背诵，能背出来就可以提前下早自习吃早餐，背不出来就一直背到下课为止。老师为什么让我们背课文？道理其实很简单，课文是知识，如何衡量学生掌握了某项知识，那当然是能够背诵出来，在这里“背诵”就是一个外显行为动词。

（四）知识型教学目标与技能型教学目标

衡量知识用“背诵”，而“背诵”也就是说出、描述、复述、概述的意思，所以，对于知识型的课程目标，我们可以用说出、描述、复述和概述这四个外显行为动词。比如，学习本课程后，您将能够：①说出沟通的基本原理，②描述沟通对于职场成功的重要意义，③概述有效沟通的四项原则和十个技巧。这四个动词所表达的意思其实差不多，在设置知识型教学目标时可酌情使用。

那么，对于技能型的教学目标我们又该如何设定呢？技能型教学目标使用的外显行为动词没有固定的词语，需要根据课程内容来确定。如某微课讲的是木质玩具跑车的组装步骤，可以这样写：学习本课程之后，您将能够正确组装木质玩具跑车；再比如应对顾客讨价还价的微课，这样写：学习本课程之后，您将能够正确运用三个步骤应对讨价还价的顾客，促进成交。第一个案例外显行为动词的是“组装”，第二个是“运用”，其他还可以用“设计、制作、区分、判断、调试”等，总之要根据课程内容来确定。

总结，关于微课的教学目标一般以两个为宜，第一个是知识型教学目标，用说出、描述、复述、概述等四个外显行为动词之一；第二个是技能型教学目标，外显行为动词根据课程内容确定。

（五）标准教学目标与简化教学目标

一个标准的教学目标需要包含四个要素：学习者（Actor）、行为（Behavior）、条件（Condition）、程度（Degree），串连起来就是：学习本课程之后，学员在什么条件下做什么事情能达到什么程度。取这四个要素的首字母就形成了 ABCD 法则。

举例说明，一个标准的教学目标是“学习本课程之后，客服代表能独立使用客户服务支持系统为打进电话的顾客提供信息服务，准确率不低于98%”。其中，学习者是“客服代表”，行为是“为打进电话的顾客提供信息服务”，条件是“独立使用客户服务支持系统”，程度是“准确率不低于98%”。

标准教学目标非常具体和量化，但也相对复杂。在实践中，越是复杂的方法越是难以推广和普及，相反，越是简单的方法越是容易接受和运用。现阶段，绝大多数的课程开发者还在使用“了解、理解、懂得”作为教学目标的关键行为动词。在这种情况下，我们不妨先做到使用简化的教学目标，再逐步过渡到标准的教学目标。

什么是简化的教学目标呢？简化教学目标就是保留标准教学目标的A和B，省掉了C和D，上述标准教学目标简化后就成为“学习本课程之后，客服代表能为打进电话的顾客提供信息服务”。

虽然，简化目标没有标准目标那么明确、具体，但也不像标准目标那样复杂，对于企业内部课程开发人员来说更容易掌握和运用。我们在开发微课时，两种目标都可以选择使用。

（六）课程目标实例

实例1：

情境微课《如何进行绩效面谈》课程目标

学习本课程之后，您能够：

1. 描述绩效面谈的三个步骤；
2. 正确与员工进行绩效面谈。

实例2：

实操微课《如何组装木质玩具跑车》课程目标

学习本课程之后，您能够：

1. 概述组装木质玩具跑车的步骤；
2. 正确组装木质玩具跑车。

实例3：

案例微课《如何通过注意力转移法促进顾客认同价格》课程目标

学习本课程之后，您能够：

1. 描述注意力转移法的三个要点；
2. 运用注意力转移法促进顾客认同价格。

实例 4：

有声图文微课《如何鉴别硬中华香烟真假》课程目标

学习本课程之后，您能够：

1. 描述鉴别硬中华香烟真假的两种方法；

2. 准确鉴别硬中华香烟的真假。

实例 5：

软件微课《如何一次性隔行填充空白单元格》课程目标

学习本课程之后，您能够：

1. 描述一次性隔行填充空白单元格的四个步骤；

2. 按照四个步骤一次性隔行填充空白单元格。

实例 6：

影视微课《双赢思维沟通技巧》课程目标

学习本课程之后，您能够：

1. 描述什么是双赢思维；

2. 运用双赢思维与人沟通。

三、定结构

（一）课程结构存在的问题

面授课程一般有三层架构，即章节、单元、知识点（技能点）。章节与章节之间、单元与单元之间、知识点与知识点之间可以是要点顺序（并列关系），也可以是时间顺序（递进关系），还可以是其他顺序。微课没有章节和单元，一节微课只有一个知识点或技能点，所以微课的结构是指微课内容展开的顺序或步骤，本质上也就是知识点或技能点的教学策略。

说到顺序，我们马上能想起由浅入深、由易到难、先后顺序等等，有相当多的面授课程使用由浅入深的顺序，比如有一个《高绩效团队建设》的课程大纲如下：

第一章：团队的基本概念

第二章：团队建设的前提

第三章：团队协作的六大要素

第四章：团队中的分工与合作

第五章：团队高效沟通

第六章：团队冲突与解决

第七章：团队发展的阶段

对于一堂面授课程来说，先讲基本概念，然后导入主题，接着呈现主要内容，最后总结，这种结构安排再合理不过了，同样是课程，一节微课的课程结构却绝不能这么设计，但实际情况是很多微课开发人员就是按照面授课程的结构模式来设计微课。

（二）好的微课需要好的结构

那么，微课的结构究竟应该怎样安排呢？在大量的微课开发实践中，我逐步形成了“以问题为导向展开，以解决问题为目的”的微课设计理念，逐渐发现问题求解顺序是单一知识点或技能点教学内容展开的最佳顺序（教学策略），是最佳的微课课程结构。另外，因果顺序、时间顺序和要点顺序也是常见常用的微课结构。

（三）课程结构的四种顺序

1. 问题求解顺序。

按照提出问题和求解答案的顺序组织课程内容，分为三个部分。第一部分是问题：提出问题与分析问题；第二部分是对策：呈现对策与解读对策；第三部分是总结：回应主题与回顾对策。问题求解顺序简言之就是问题、对策、总结。

2. 因果顺序。

按照因果顺序组织课程内容，表达出一种因果关系，分为两种模式：第一种模式先讲过程，再讲结果，最后启示；第二种模式先讲结果，再讲过程，最后启示。

3. 时间顺序。

按照时间先后顺序组织课程内容，基本模式为：意义、步骤（第一步、第二步、第三步）、总结；顺序不能颠倒，必须按先后顺序呈现。

4. 要点顺序。

将课程内容分成若干要点，其模式为：意义、要点（第一点、第二点、第三点）、总结；顺序可以颠倒，既可以先讲重要的再讲次要的，也可以先讲次要的再讲重要的。

（四）问题求解顺序

1. 问题。问题是微课的开头，开头一要提出问题，二要分析问题。

(1) 提出问题。在课程主题和课程目标之后，应立即将与主题有关的问题提出来，可以用真人情境、事实、案例、数据、图片等多种形式来提出问题。问题是某种不良行为与现象、错误做法或者低效率流程等，要能够激活学习者旧有的经验，同时激发学习者学习动机。

(2) 分析问题。分析问题需简要阐述问题产生的原因、造成的影响及后果，分析问题既可以真人讲解的方式呈现，也可以文字加旁白等方式呈现。真人分析问题，能够增强微课的专业性和权威性。当然，真人的成本会比较高，而文字加旁白的成本则低得多。为什么需要分析问题？这是因为简单的问题容易被发现，但高级问题往往具有一定的迷惑性和隐蔽性，不易被看透，需要进行剖析以方便学员理解。比如，在微课《遇到顾客讨价还价怎么办》中，顾客要求打八折，导购坚持最低九折，一番讨价还价之后，顾客说不打八五折就不买了，导购一听急了，说折扣超出了她的权限要向领导请示一下。在这个微课中，导购向领导请示能不能给顾客打折就是过去很常见的做法，其实这种做法是错误的，但这个问题不易被发现，因为这种做法符合人们的日常思维习惯。这个时候就需要对问题进行分析，把问题讲清楚，让大家看明白。另外，分析问题还要起到承上启下的作用，承上是从提出问题过渡到分析问题，启下是从分析问题过渡到呈现对策。

问题举例：

场景：提出问题

（会议室里班长和员工小娟相对而坐）

班长：你上个月绩效怎么这么差啊？

小娟（很沮丧）：我也不知道。

班长：差在哪里，你自己没数吗？

小娟（委屈）：班长，我真的不知道啊！

班长：哦，不知道多跟别人学学啊，人家是怎么做的。再继续这样下去的话，你下个月肯定调岗了，好好去想想吧。

小娟（情绪低落，低着头，轻声）：哦，班长我知道了。

（小娟慢慢起身离开座位，开门离开……）

场景：分析问题

专家点评

在刚才的案例中（承上），班长与小娟面谈绩效时存在以下问题：

（1）只是一味地批评，没有指出小娟绩效落后的具体原因，也没有给出有效的改进建议。

（2）面谈结束后小娟情绪低落，茫然无措，既不知道哪里不足，更不知道如何改进，完全没有达到绩效面谈应有的效果。

那么，在与员工面谈绩效时我们应该怎么做呢？（启下）

小结：需要注意的是，问题应该是具有共通性和典型性的，或者是近期出现的新问题，偶发性与特殊性问题就不要说了；问题的提出与分析都要简洁、精炼，不拖泥带水，直击核心，快速抓住学习者的兴趣；问题环节所用的时间要尽量的短，因为大家不是来看问题的，而是来学习解决问题的对策的，所以要把宝贵的时间留给后面。

2. 对策。对策是微课的主体，包括呈现对策和解读对策。

（1）呈现对策。对策是优秀的知识、技能或经验，是解决问题的灵丹妙药，往往为少数人掌握，并且需要经过萃取、提炼才能获得。“对策”通常不是一个单一的技巧，而是两三个技巧、步骤或方法的组合，具有一定的复杂性和技术含量。

（2）解读对策。解读对策要将对策中包含的具体的、可操作性的方法、技巧或步骤条分缕析地解读出来，让学员“一看就懂，一学就会”。

还是讨价还价的例子，顾客说不是八五折就不买了，接下来导购用了三个技巧让顾客很开心地按九折买了单。这三个技巧有逻辑上的递进关系（顺序不能颠倒），其中第二个技巧还有一定的难度，在这种情况下，学员只是观看别人运用技巧的视频是很难明白其中的奥秘的，这就需要对对策进行深度解读。

解读对策可遵循 What、Why、How、Review 的套路，比如要解读第一个技巧，首先说明对策是什么（What），接着解释为什么要这样做（Why），然后告知怎么才能做到（How），最后回放一段视频加深印象（Review），另外两个技巧以此类推。

这种解读方式对信息做了分层分类的结构化处理，三个技巧是分类，每个技巧按照“What ＋ Why ＋ How ＋ Review”的模式展开，符合结构化记忆的原理。如此的解读对策，才能让学员“一看就懂，一学就会，一用就好”，才能起到很好的教学效果。

对策举例：

场景：呈现对策（正确做法）

（会议室里班长和员工小娟相邻而坐）

班长（用笔指着桌上的纸质资料）：小娟你注意到没，最近你的客户满意度和一次性解决率的数据都有明显的提升，进步很快嘛。

小娟（开心）：其实要感谢班长，你上次给我的建议我都实施了，确实找到了正确的方法，也有很大的成效。

班长（微笑）：真的很不错，这说明你的方法是对的，所以努力是有回报的。

小娟（信心）：谢谢班长，我会继续努力的。

班长：好呀，小娟，所以下面我们来看看哪些地方还可以继续努力，继续提高。

小娟（迫不及待）：嗯，好的班长。

班长：你的数据取得了很大的进步，但上个月绩效还是二级，没有达到预定的四级标准，你知道是什么原因吗？

小娟：班长，这个我不太清楚。

班长：你的满意度和解决率数据都不错，但是处理业务时有三条关键性错误，所以对绩效分数影响很大。

小娟：这种关键性错误是怎么回事啊？为什么会出现呢？班长，我也很想改进，但是不知道怎么做。

班长：嗯，你的电话录音我都听了，上个月的决定性错误都是错转，而且都是 VIP 业务。

小娟：VIP 业务我确实不会，一接到这类电话我就会下意识地转专席了。

班长：嗯，知道问题就好办了。小娟，后天公司正好有一个 VIP 业务的培训，我已经帮你报名了。

小娟（雀跃）：太好了，班长，我会认真学习的。

班长：另外呢，我建议你每天听十条 VIP 专席的录音，学习学习专家的经验，我相信以你的努力，以后一定会成为 VIP 业务专家的。

小娟（充满信心）：嗯，好的，我一定会努力的。

班长：好，期待你这个月成为四级，加油。

（画面淡出……）

场景：解读对策（专家分享）

专家分享

在与员工进行绩效面谈时，从上面的场景中我们可以学到以下步骤来应对：（前半句承上，后半句启下）

第一，先谈员工好的方面。[做什么（What）]

由于员工对面谈比较敏感，不能上来就指出问题，造成员工紧张情绪，应先对员工某一方面的工作给予肯定，打开员工心扉，给面谈创造良好的开端。[第一句讲为什么（Why），第二句讲怎么做（How）]

【情景回放：[情景回放（Review）]

班长（用笔指着桌上的纸质资料）：小娟你注意到没，最近你的客户满意度和一次性解决率的数据都有明显的提升，进步很快嘛。

小娟（开心）：其实要感谢班长，你上次给我的建议我都实施了，确实找到了正确的方法，也有很大的成效。

班长(微笑)：真的很不错，这说明你的方法是对的，所以努力是有回报的。】

第二，指出员工绩效不足的具体方面。[做什么（What）]

面谈绩效时，一定要指出员工绩效落后的具体指标，比如哪方面的数据比较差，还要引导员工分析落后的原因，不仅要让员工认识到自己存在的问题，更重要的是让员工明白改进的方向。[怎么做（How）]

【情景回放：[情景回放（Review）]

班长：你的满意度和解决率数据都不错，但是处理业务时有三条关键性错误，所以对绩效分数影响很大。

小娟：这种关键性错误是怎么回事啊？为什么会出现呢？班长，我也很想改进，但是不知道怎么做。

班长：嗯，你的电话录音我都听了，上个月的决定性错误都是错转，而且都是 VIP 业务。】

第三，给出具体的改进建议。[做什么（What）]

大多数员工并不知道如何改进自己的不足，作为管理者应该帮助员工寻找改进的方法，提出具体的改进建议，比如参加培训、专家辅导、岗位轮换、阅读专业书籍等，这样才能取得良好的面谈效果。[第一句讲为什么（Why），第二句讲怎么做（How）]

【情景回放：[情景回放（Review）]

小娟：VIP 业务我确实不会，一接到这类电话我就会下意识地转专席了。

班长：嗯，知道问题就好办了。小娟，后天公司正好有一个 VIP 业务的培训，我已经帮你报名了。

小娟（雀跃）：太好了，班长，我会认真学习的。

班长：另外呢，我建议你每天听十条 VIP 专席的录音，学习学习专家的经验，我相信以你的努力，以后一定会成为 VIP 业务专家的。

小娟（充满信心）：嗯，好的，我一定会努力的。】

小结：对策是微课的核心，应占据三分之二以上的时间；对策给的技巧或步骤不能过多，2～3 个为宜，太多的话学员也记不住；如果对策确实有很多，可以保留最重要的 3 个，舍弃不重要的，如果都必不可少，那就拆成多个微课。

3. 总结。总结是微课的结尾，有两个目的：一是回应主题，二是回顾对策。

（1）回应主题。在结尾时再次点明课程主题，既是承上启下的过渡，也是为了唤醒学习者对主题的记忆。比如，讨价还价这个微课总结时回应主题是这么写的：当遇到喜欢讨价还价的顾客，我们可以怎么做呢？

（2）回顾对策。到结尾时，课程已经看了 5 分钟了，前面讲了些什么也许已经忘得差不多了，这就需要在结尾处回顾一下课程的精华内容——对策。这里只需要回顾对策是什么（What），不需要回顾为什么（Why）、怎么做（How）和情景回放（Review）。这样的设计也符合记忆规律，即人的短时记忆比较差，需要用不同的方式反复刺激才能记得更牢固，反过来只要记住了三个技巧或步骤，就等于掌握了整个微课的精华。

总结举例：

场景：总结

总结

在进行绩效面谈时，我们可以怎么做呢？（前半句回应主题，后半句启下）

第一，先谈员工好的方面；

第二，指出员工绩效不足的具体方面；

第三，给出具体的改进建议。

［回顾对策（Review）］

为什么说问题求解顺序是最佳微课课程结构？

要弄清楚这个问题，我们的目光就不能仅仅局限在教育与培训领域，还要拓展到其他领域。

首先，我们来看看教育与培训领域。前文已经说过，梅里尔的“五星教学模式”在教育培训领域得到了最广泛的认可和应用，包含聚焦问题、激活旧知、论证新知、应用练习、融会贯通等五项策略。在教学过程中每使用一项策略就达成一颗星，这其中第一颗星是问题，第三颗星是对策。

接着，我们把目光投向商业领域。苹果创始人史蒂夫·乔布斯不仅是一位伟大的企业家，同时也是位出色的推销员。他介绍产品的方式非常有特点，他在每推出一款新产品时总是先要树立一个标靶，指出标靶存在哪些问题，然后用苹果的产品将标靶击得粉碎。早期的标靶是 IBM 的个人电脑，接着是微软的 Windows 操作系统，后来是摩托罗拉、诺基亚和黑莓的手机。2007 年乔布斯是这样发布 iPhone 一代手机产品的：

“这儿有四部智能手机，对吧，Moto Q、BlackBerry、Palm Treo、Nokia E62。他们的用户界面有什么问题呢？好吧，他们的问题就是手机这底下的 40%，就是这些东西。不管你们需要不需要，他们的那些破键盘都一直在那儿，他们还都有一大堆控制按钮，就是用塑料做的这些，他们不会按照应用程序的不同而变化。

“好吧，其实，每个不同的应用程序都需要有稍微不同的控制按钮。一些稍微个性化一点的按钮。那么，如果这六个月你又为这个手机想出了一个更好的主意，怎么办呢？你们又不能再为这些手机添加新的按钮，他们都已经卖出去了。你说该怎么办呢？没招儿了，因为这些手机的按钮都没法改变。他们不能为每个应用程序而改变，而且，你要是为这个手机想出了一个更好的主意，手机也改不了。

“那么，我们怎么解决这个问题呢？事实上，我们早就解决了这个问题。20 年前，我们就在电脑上解决了这个问题。我们用一块大的 Mac 屏幕，什么都能显示的屏幕解决了这个问题。我们把所有的用户界面都放到这块屏幕上，还有一个用来点的设备——鼠标。对吧，我们解决了这个问题。但我们怎么把这个技术带到一款移动设备上呢？我们要做的就是把这些破键盘拿掉，然后弄一块大屏幕，一块大屏幕。

“我们怎么与它交流呢？我们可不想随身携带鼠标对吧。该怎么办呢？

哦，对了，我们可以用触摸笔。不可能！谁会想要触摸笔呀？你们需要先找到它，用完后把它放一边，就又丢了，没人想要触摸笔，所以我们还是别用触摸笔了。我们将会用我们生来就有的用来点的“设备”，我们可是生来就有手指头，我们将用手指来点屏幕，我们发明了一项新的技术叫作 Multi-Touch，这项技术妙极了，就像魔术一样……”

在介绍 iPhone 前，乔布斯先是提出了竞争对手产品存在的问题，接着对问题具体表现做了描述，然后针对问题给出了解决方案，再对方案进行详细阐述。乔布斯介绍产品使用了问题求解顺序。有人做过研究，发现乔布斯介绍产品时用得最多的就是这种模式。

最后，我们来探究广告的奥秘。广告在日常生活中随处可见，无论纸质广告还是电视广告，其广告语在设计的时候都有一定的套路。下面是一条百多邦的电视广告：

沙滩。阳光明媚，天蓝海清。美女趴在垫子上边看书边晒着日光浴，帅哥和朋友正玩着飞盘。突然，飞盘飞到了美女面前，激起的沙粒打扰了美女的专心阅读。看看飞盘，再看看不远处阳刚帅气、满脸微笑的帅哥，那表情分明是在说：来吧，一起玩吧！美女露出了会心一笑，站起身来用力将飞盘扔了回去。

这是一个积极的回应，帅哥凌空飞了出去要接住美女扔回来的飞盘。飞

盘飞得太高，所幸帅哥飞得也不低，飞翔的过程中帅哥不忘回望一眼，美女又笑了，既羞涩又开心。突然，只听“砰”的一声，帅哥撞树了，一棵半路杀出来的椰子树。

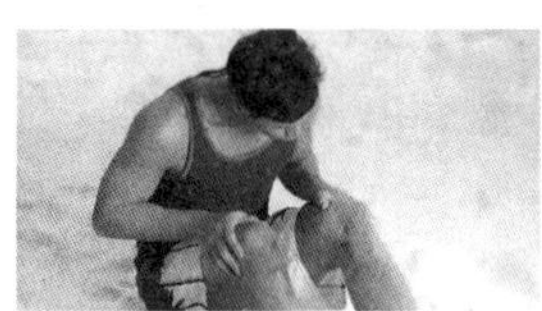
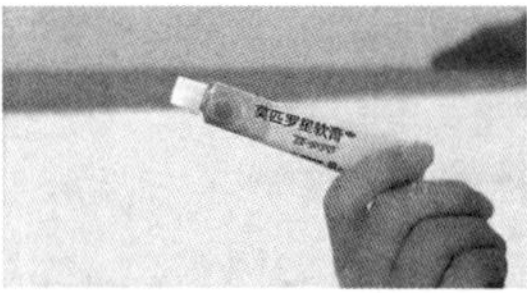

帅哥从树上滑落，双腿多处擦伤，哀叹：真倒霉！这下不仅没法跟美女一起玩，连假期也泡汤了。正当帅哥自怨自艾之时，美女走过来递给帅哥一支百多邦，接过药膏时帅哥不经意间握住了美女的小手……

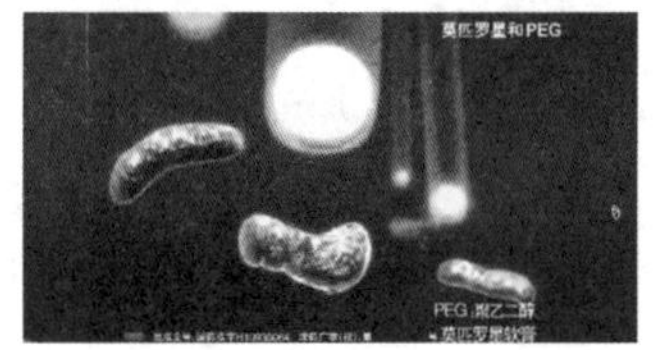

此时，广告画外音响起：伤口红肿，使细菌侵入皮肤深处，百多邦特含莫匹罗星和 PEG，深层消炎杀菌，强力去感染。外伤感染，快用百多邦！

最后，画面定格在帅哥和美女一起在沙滩上愉快地玩耍。

从这个广告中，我们发现广告的套路是这样的：先将问题置于具体的环境中展现出来，然后推出产品，也就是解决问题的对策，接下来介绍产品有效的原理与产品特性，最后展示产品给用户带来的价值。具体来说，撞树是问题，百多邦是对策，莫匹罗星和 PEG 是原理，杀菌去感染是特性，帅哥虽

小贴士

教学设计的核心就在于设计互动，互动不是表面上师生之间的语言和肢体互动，而是更深层次的思想互动，也就是说能引发学员思考。教学的目的虽然是传授知识、技能，但是直接把知识、技能灌输给学习者是极其低效率的教学行为，因为学习者有自己独特的经验和价值观，不会轻易接受新的信息。建构主义认为学习需要学习者结合自己以往的经验和知识，对新的信息进行重新建构，只有经过质疑、反思、理解、接受等一系列的思考行为，也就是在大脑中折腾一番，知识才能成为学习者自己的认知，学习才会有效。而问题最能引发人的思考，是最好的课程引导，也是最佳的视频微课互动方式，所以说，问题求解顺序是最佳的微课课程结构。

然受伤但仍能继续与美女在沙滩上玩耍是价值。

日常生活中，我们在看广告的时候不妨留意一下，大部分广告都是遵循问题、对策、原理、价值的套路，因为这种套路能在最短的时间内把产品的卖点说清楚，也最能吸引消费者购买。

（五）因果顺序

1. 因果顺序哪种模式更适合微课？

因果顺序的第二种模式先讲结果，再讲过程，最后启示，这样的结构安排有悬念，更符合成人学习的心理，也就更能激发学员的学习动机，非常适合分享最佳实践经验的案例微课。

2. 因果顺序在微课中如何应用？

因果顺序一般不会单独使用，过程这个环节通常会嵌套其他三种顺序组合使用。

（1）结果、过程（第一步、第二步、第三步）、启示；

（2）结果、过程（第一点、第二点、第三点）、启示；

（3）结果、过程（问题、对策）、启示。

3. 因果顺序微课实例。

千万元项目中标案例分享

2015 年 9 月我代表公司以投标的方式中了南昌一家大型企业暖通系统的工程标（结果）。这个项目前后历时 6 个月，多家竞争对手参与竞标，竞争非常激烈，最后我们脱颖而出以 1260 万的金额成功中标。

那么，这个标我是怎么中的呢？接下来我分享一下主要的跟进过程（过程：时间顺序）：

2015 年 3 月份初，我拿到这个项目信息，拿到以后马上打了个电话了解客户项目情况。了解到两个重要信息：第一，该项目是客户公司分管技术的副总裁张总负责，他是公司股东之一，这个项目他有决策权；第二，项目要进行招投标。根据过往的经验，即使进行招投标，与客户建立良好的关系，让客户了解我们的优势，从而影响客户关键人，这对中标至关重要。了解这些信息之后我跟张总约时间去拜访他，没想到他立即就答应了。后来才知道他早就研究过暖通行业的情况，也知道我们公司。

第二天我就去了，去了之后跟他聊了 1 个多小时，先聊的是企业的情况，包括规模、产值、业务、客户和员工等；接下来聊了项目的情况，了解了项目的规模、进度，以及有哪些供应商参与；还聊了一些其他的话题，比如张总的兴趣爱好、家庭、性格等，以此判断他的关注点和倾向性。最后，我提出邀请张总来我们北京总部考察，他表示很乐意。

第一次接触，没敢说得太深，算是礼节性的拜访，总的来说就是了解客户和张总，知道了张总关注的是专业性和性价比。

在这之后，我会经常打电话和张总沟通，关心关心他，顺便了解项目进度。还会时不时邀请他来公司考察，到 4 月份张总终于确定来公司考察了。

5 月中旬，张总来北京了，在我们会议室聊了两个多小时。当时，我请公司王晓峰副总裁向张总介绍了公司的业务范围、解决方案、成功案例等情况。张总问了一些技术方面的问题，其中关于自动控制系统、节能降耗、环境保护等方面的问题非常专业，由技术部李明德总监一一作了解答。会后张总说对此次沟通比较满意。

第二次接触让我感受到张总对暖通行业很在行，并且确认了他的关注点就是供应商的专业性和性价比。

由于张总对我们公司的印象比较好，我趁热打铁邀请他到我们苏州的一个大型项目上考察，张总愉快地接受了。7 月下旬张总如期来到苏州，这次我请工程部的赵伟总监全程陪同介绍。

这次的重点是参观施工现场，介绍整体方案，突出关键细节。考察结束，张总非常认可我们施工的专业性，说通过这次考察他对暖通控制系统有了更深的认识。

张总这次考察后，9 月份我们就中标了。

另外，这个项目还有三个人需要经常联络，一个负责采购，一个负责技术，一个负责做标书。其中做标书这个人更加关键，我们很多技术需要他推，很多信息也需要从他那里获得。当然他不会明确告诉你，但是可以从谈话中获得一些暗示性的信息。这些对中标也有一定的作用，所以需要对这三个人做好关系维护。

这次成功中标，我认为可以带给我们有 4 点启示（启示：What + Why 或 How）：

（1）紧紧抓住客户的需求点和关注点展开销售活动。张总是客户股东和副总裁，是项目关键决策人，所以他的关注点就是客户最大的需求，我们一切的营销活动必须围绕此展开。另外，需要注意的是，由于张总身份的特殊性，我们只能走专业路线，不能走关系路线。

（2）客户来公司考察，一定要找最懂技术的同事与客户对接。客户看重专业性，在接待过程中绝不能出现被客户问题问倒的情况，否则就会失去客户的信任，反之对客户的问题能够系统全面地解答，就能突出我司技术优势，获得客户的认可。

（3）尽可能邀请客户来项目现场实地考察。项目现场能系统、全面地展现暖通施工的技术特点，在沟通问答的过程中能让客户深刻感受到我们的专业性，从而赢得客户的信任。

（4）维护好客户项目相关人的关系。以情感维护为主，其他方式维护为辅，这样既可以防止竞争对手捣乱，又能创造有利于我方的竞争环境。

4. 案例经验萃取的步骤。

萃取案例经验一般使用访谈法，也就是访谈案例当事人的方法，萃取过程大致可以分为以下几个步骤：

第一步，了解案例背景。在访谈当事人之前，先从侧面了解案例大概的起因、经过、结果，目的在于提前做些准备，不至于访谈时一无所知。

第二步，准备访谈提纲。按照结果、过程、启示的顺序准备访谈问题清单。

第三步，访谈当事人。访谈话题要根据问题清单展开，并始终围绕案例本身进行。访谈时须做到充分沟通，使案例的结果量化、过程具体、细节清楚。

第四步，听录音整理文稿。边听录音，边将访谈内容整理成文字稿。

第五步，修改案例文稿。先按照时间顺序整理案例内容，再按照结果、过程、启示的顺序重新调整案例内容；保留案例的主干内容，去掉关联性不强的枝干内容和细枝末节；对案例启示进行提炼、概括、升华，既要有借鉴意义，还要具备可操作性。

第六步，编写案例微课脚本。根据修改后的案例文稿，编写讲解式或情境式案例微课脚本。

第七步，与当事人确认微课脚本。最后，脚本一定要给当事人确认，有条件的还可以请专家把脉，以免出现专业性错误。

（六）时间顺序

时间顺序模式为：意义、步骤（第一步、第二步、第三步）、总结，其中步骤经常作为问题求解顺序中对策和因果顺序中过程使用；当时间顺序独立使用时，多用于实操微课中。

时间顺序举例：

如何对样品进行离心沉淀操作

为了让新员工能够按规程正确进行离心沉淀操作，特制作本视频微课作为教学参考，在相关准备工作就绪后，请按以下步骤操作。

第一步，放入离心管。

打开离心机电源和上面盖板，拧开转子上盖。将离心管放入离心机中。注意，离心样品的质量偏差不能过大，离心管要对称放置，否则会影响离心机转子高速旋转。将转子盖拧紧，关好离心机盖板。

第二步，离心操作。

设置转速为7500转/分钟，时间为10分钟，点击START键，开始离心。

第三步，取出样品。

离心结束后，打开盖板取出样品，确认样品上清液是澄清的，否则将影响检测结果。

总结：

在进行离心沉淀操作时要注意以下要点。

1. 离心样品的质量偏差不能过大；

2. 样品放入离心机时要对称放置；

3. 离心开始前要正确设置参数；

4. 离心结束后要确认样品上清液澄清。

（七）要点顺序

要点顺序模式为：意义、要点（第一点、第二点、第三点）、总结，其中要点经常作为问题求解顺序中对策和因果顺序中过程使用；当要点顺序独立使用时，多用于介绍知识的有声图文微课中。

要点顺序举例：

流量红包产品介绍

流量红包是面向个人用户和中小企业用户推出的，实现后向流量业务在线销售的产品。它可以在电脑WEB浏览器上实现，无须下载安装，直接在线打开网址。下面我就流量红包这款产品做一个简单的介绍。

第一，流量红包的种类。（第一点）

流量红包提供省内流量包和全国流量包的购买及赠送，其中省内流量包包括：10M、30M、100M、200M、500M；全国流量包包括5M、10M、30M、50M、100M、200M、500M、1G。总共两类流量，13种流量包。

第二，流量红包账号注册。（第二点）

在电脑IE浏览器中输入网址，打开后在右上角点击免费注册，同意协议，点击确定。需要输入邮箱、手机号及验证码创建账号进行注册。设置登录密码，登录密码要求包括字母、数字及符号。激活邮箱，进入邮箱，打开激活邮件，点击链接激活，注册成功。

第三，流量红包的购买与赠送。（第三点）

使用账号登陆网站，点击右上角的购买流量，选择要购买的流量包，选择支付方式为话费支付，点击立即付款，输入支付密码，支付完成。

点击现在赠送，创建赠送订单，输入赠送时间及赠送号码，输入支付密码，完成赠送。

总结：

不要简单地理解流量红包就是流量包的购买及赠送，它的衍生意义在于企业可以购买这些流量分配给员工使用，从而实现“大流量池”的购买和分配。

“你的流量可以送，快去告诉你的用户吧，让流量红包飞一会儿！”

（八）微课结构总结

1. 微课的课程结构、课程类型与课程内容之间存在一般对应关系，也就是说什么结构适合呈现什么内容，做成什么类型的微课，这其中存在一定的内在联系。以下是我们在实践中总结出来的一点经验，一家之言仅供参考。

课程结构	课程类型	课程内容
问题求解顺序	情境微课、案例微课、影视微课	知识、经验、技能、案例
因果顺序	案例微课	经验、案例
时间顺序	实操微课、有声图文微课、软件微课	操作、技能
要点顺序	有声图文微课	知识、经验

注：问题求解顺序适合呈现的技能多为软性技能，如销售话术、沟通技巧、管理技能等；时间顺序适合呈现的技能多为硬性技能，如操作步骤、服务流程等。

2. 同时，课程的四种结构往往不是单独使用，而是组合使用。

课程结构	内容展开顺序		
问题求解顺序	问题	对策：第一步、第二步、第三步	总结
	问题	对策：第一点、第二点、第三点	总结
因果顺序	结果	过程：问题、对策	启示
	结果	过程：第一步、第二步、第三步	启示
	结果	过程：第一点、第二点、第三点	启示
时间顺序	意义	第一步、第二步、第三步	总结
要点顺序	意义	第一点、第二点、第三点	总结

3. 微课的结构既是微课的关键，也是微课的软肋。关键是指即使微课的内容再好，结构安排不好，微课也很难做得精彩；软肋是指有相当一部分微课的结构不合理。结构是顺序，是秩序，是条理，是内容的逻辑，人的大脑天生喜欢有秩序、有条理，符合逻辑的信息，抗拒杂乱无章的信息。微课的结构还有很多，本书列举了四种最常见的，也是最容易被人们理解的，目的在于让广大微课开发的小伙伴们能够快速上手不跑偏，有法可依成行家。

四、定大纲

在确定微课的课程主题、目标、结构之后，我们就需要编写微课大纲了。微课主题源自于工作，以确保教学内容的针对性；微课目标是教学效果的具体体现；微课结构是课程内容展开的逻辑顺序；微课大纲是微课开发的总体思路；微课脚本是微课制作的详细指南。俗话说纲举则目张，那么微课大纲究竟有什么作用呢？

（一）微课大纲的作用

1. 梳理微课开发思路。在微课大纲这个环节，我们一定要想清楚我们开发一个微课的目的是什么？在开发的过程中，我们是否受到材料本身或他人的影响偏离了这一初衷？微课聚焦的问题是什么，是否真实、具有代表性？我们分享的解决对策是否可行、有效？我们设计的课程结构是否是最佳的内容呈现顺序？如果这些都想清楚了，那么请在电脑或纸上写下来，从而形成微课开发大纲。

2. 为下一步编写微课脚本奠定基础。视频微课是以视频的方式来呈现微课内容，而制作视频就需要脚本。脚本详细地描述了视频每一个场景所呈现的内容元素，譬如人物、行为、对白、文字等。要编写微课脚本就需要先有一个大纲，然后在大纲的基础上进一步创作，如果说大纲是人体骨骼的话，那么，脚本就是丰满的人体。

（二）微课大纲要完成的任务

1. 问题求解顺序结构的微课。

（1）确定微课主题；

（2）设定微课目标；

（3）界定微课聚焦的问题；

（4）明确解决问题的对策（第一、第二、第三）。

2. 因果顺序的微课。

（1）确定微课主题；

（2）设定微课目标；

（3）呈现案例的结果；

（4）给出案例的过程（第一、第二、第三或者问题、对策）。

3. 时间顺序的微课。

（1）确定微课主题；

（2）设定微课目标；

（3）介绍微课背景、意义；

（4）呈现微课内容步骤（第一步、第二步、第三步）。

4. 要点顺序的微课。

（1）确定微课主题；

（2）设定微课目标；

（3）介绍微课背景、意义；

（4）呈现微课内容要点（第一点、第二点、第三点）。

（三）微课大纲实例

情境微课《如何进行绩效面谈》大纲

一、课程主题：如何进行绩效面谈

二、课程目标

学习本课程之后，您将能够：

1. 描述绩效面谈的三个步骤；

2. 正确与员工进行绩效面谈。

三、课程结构：问题求解顺序

1. 问题：提出问题→引发兴趣；

2. 对策：给出对策→解决问题；

3. 总结：总结对策→巩固新知。

四、课程大纲

1. 问题。

演绎问题：班长与员工小娟面谈绩效时一味批评员工，既不指出问题，也不给出改进建议，面谈之后员工情绪低落，茫然无措。

指出问题：指出班长面谈绩效时出现的问题，并引出正确做法。

2. 对策。

演绎对策：班长与员工小娟面谈绩效，首先肯定了小娟最近的工作表现，进步很大；然后指出存在的问题；接着帮助员工分析原因，最后给出参加培训、向专家学习等改进建议。

解读对策：专家分享与员工面谈绩效的三个步骤。

第一，先谈员工好的方面；

第二，指出员工绩效不足的具体方面；

第三，给出具体的改进建议。

3. 总结。

巩固新知：回顾与员工面谈绩效的三个步骤。

实操微课《如何组装木质玩具跑车》大纲

一、课程主题：如何组装木质玩具跑车

二、课程目标

学习本课程之后，您将能够：

1. 概述组装木质玩具跑车的步骤；

2. 正确组装木质玩具跑车。

三、课程结构：时间顺序

第一步：知识点、技能点；

第二步：知识点、技能点；

第三步：知识点、技能点。

四、课程大纲

1. 拆卸。

2. 分组。

3. 识别。

4. 组装。

第一步，组装底盘和座椅；

第二步，组装前挡风玻璃和引擎盖；

第三步，组装车身；

第四步，组装车轮；

第五步，组装车尾；

第六步，组装后视镜和方向盘；

第七步，组装车头。

5. 总结。

总结木质玩具跑车组装的步骤和要点。

案例微课《如何通过注意力转移法促进顾客认同价格》大纲

一、课程主题：如何通过注意力转移法促进顾客认同价格

二、课程目标

学习本课程之后，您将能够：

1. 描述注意力转移法的三个要点；

2. 运用注意力转移法促进顾客认同价格。

三、课程结构：因果顺序

1. 结果：给出结果→引发兴趣；

2. 过程：展示过程→论证新知；

3. 启示：总结经验→巩固新知。

四、课程大纲

1. 结果。

告知结果：导购小梅运用注意力转移法促使顾客对远超心理价位的衣服买单。

2. 过程。

演绎过程：一位女顾客看中了一件衣服，跟导购小梅询价，价格远远超过了顾客的心理价位，顾客表示太贵了，随后小梅运用注意力转移法成功说服顾客买单。

解读过程：专家分享小梅所使用的三个技巧

第一，善于观察和发问，了解顾客真正的需求；

第二，将顾客的注意力转移到她关心的事上；

第三，将顾客关心的事与衣服所带来的价值联系起来。

3. 启示。

巩固新知：回顾导购使用的三个技巧。

有声图文微课《流量红包产品介绍》大纲

一、课程主题：流量红包产品介绍

二、课程目标

学习本课程之后，您将能够：

1. 描述流量红包产品的种类；

2. 注册流量红包账号，购买和赠送流量红包。

三、课程结构：要点顺序

第一点：知识点、技能点；

第二点：知识点、技能点；

第三点：知识点、技能点。

四、课程大纲

第一，流量红包的种类；

第二，流量红包账号注册；

第三，流量红包的购买与赠送。

影视微课《双赢思维沟通技巧》大纲

一、课程主题：双赢思维沟通技巧

二、课程目标

学习本课程之后，您将能够

1. 描述什么是双赢思维；

2. 在沟通中运用双赢思维。

三、课程结构：问题求解顺序

问题：提出问题→引发兴趣；

对策：给出对策→解决问题；

总结：总结对策→巩固新知。

四、课程大纲

1. 问题。

提出问题：以在沟通过程中说服对方遭到拒绝这种经历发问，引发兴趣。

分析原因：被人拒绝的原因有很多，其中一个很重要的原因是我们只站在了自己的立场上考虑问题，而没有考虑对方的需求。

2. 对策。

给出对策：要想使沟通变得高效，我们应该学会在沟通中使用双赢思维。双赢思维就是要让对方知晓做某事对双方都有好处，双方是利益共同体。

影视论证：两个特工试图说服一个混混头目协助他们与掌握强大武装力

量、试图政变的国防部长对抗。混混头目一口拒绝，认为这跟他没什么关系，其中一名特工马上反驳并剖析这事儿跟他有密切关系，并最终说服混混头目召集一帮手下加入战斗。

专家分享：在影片中，特工说服混混头目就是运用了双赢思维的沟通技巧。一开始混混头目一口拒绝，认为这跟他没什么关系，其中一名特工马上反驳并剖析这事儿跟他有密切关系，并最终说服混混头目召集一帮手下加入战斗。

案例论证：春秋战国时期也发生了一件双赢思维的经典案例。秦晋两国联合攻打郑国，郑王派烛之武与秦王谈判，烛之武向秦王深入分析了灭亡郑国对秦国和郑国有大害，保全郑国对秦国和郑国有大益，在共同利益基础上，烛之武运用双赢思维成功说服秦王退兵。

专家分享：双赢思维为什么有效，是因为它让双方结成了利益共同体，合则双赢，分则双输，在共同利益的基础上更容易产生信任，从而达成合作。在我们的日常工作和生活中，如果大家都运用双赢的思维与人沟通，那么沟通将变得更加顺畅和高效。

3. 总结。

在日常工作和生活中，如果我们要说服某人做某事，那么在沟通之前应该先考虑清楚对方能获得什么好处；在沟通中还要让对方明白双方都能从中获益，这样就能让我们的沟通变得更加顺畅和高效！

微课大纲是对微课的总体规划，既是微课开发的思路，也是微课品质的基础，还是对微课作品的提前预览。大纲的撰写不拘于某种固定格式，可以在纸上写写画画，也可以用思维导图进行构思，还可以几人一起头脑风暴，但无论哪种形式都要确定微课的主题、目标、结构及内容要点。

五、定脚本

脚本是视频微课教学设计的最终产物，接下来微课素材的准备与后期剪辑制作都需要按照脚本进行操作，可以说好脚本是微课成功的一半。

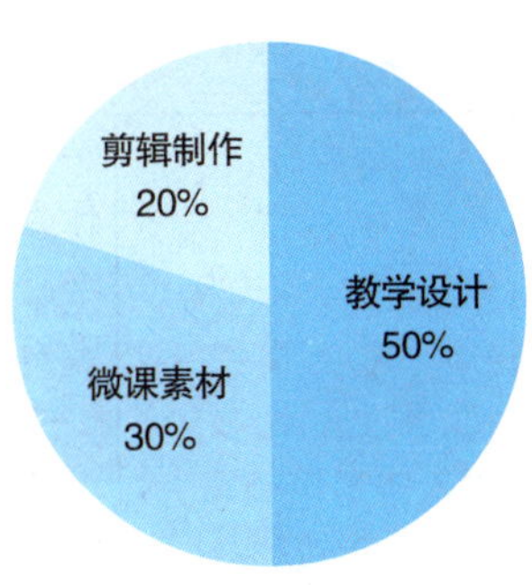

影响微课效果的因素

（一）脚本是什么

“脚本”这个词一般有两层意思：第一，作为计算机语言，脚本是依据一定格式编写的可执行文件，又称作宏或批处理文件；第二，作为影视拍摄指南，脚本是指表演戏剧，拍摄电影、电视剧、广告等所依据的本子。本书所说的脚本是指后者，与前者无关，以下为电影脚本示例：

镜号	景别	技巧	长度（秒）	画面	解说词	音乐
1	全		10″	李健从宿舍楼出来，手上拿了本书（画外音介绍）	旁白：介绍李健，大一的新生，性格单纯，人很老实	音乐起
2	全	切	5″	由于不知道图书馆在哪儿，刚好在路上遇一学姐	李健：唉……学姐	
3	近	切	3″	学姐的出现	学姐：什么事啊？	
4	中	叠	5″	两人的对话	李健：请问图书馆怎么走？ 学姐：你要去图书馆是吧？在那里，我带你一起去吧！	
5	近	切	2″	李健惊喜	李健：好啊！	
6	全	叠	3″	两人一起朝图书馆的方向走		

（续表）

7	全	切	20″	在去图书馆的路上，两人边走边聊着	学姐：哎！你到图书馆去干什么呀？ 李健：去借几本书！ 学姐：看你的样子应该是大一的吧！ 李健：是的。 学姐：多看些书好啊，大学是要考四六级的，你可以多看些有关英语方面的书。 李健：我也是这么想的。学姐，有什么好的资料书介绍我看看啊？	

（二）电影脚本包含哪些要素

1. 镜号：每个镜头按顺序编号。

2. 景别：一般分为远景、全景、中景、近景、特写等。

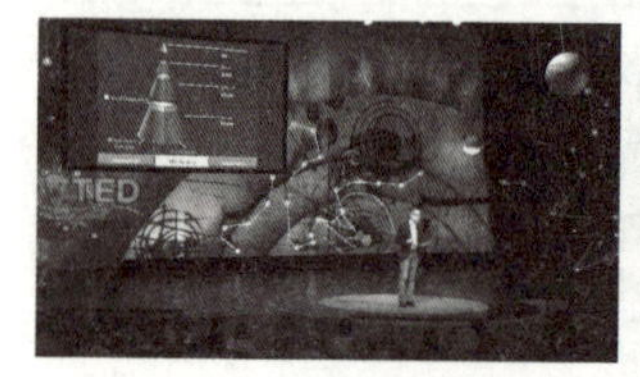

远景

全景

中景

近景

特写

3. 技巧：包括镜头的运用——推、拉、摇、移、跟等，镜头的组合——淡出淡入、切换、交叉淡化等。

4. 画面：详细写出画面里场景的内容和变化，简单的构图等。

5. 解说：对镜头画面的内容进行具体地、形象地解读。

6. 音乐：使用什么音乐，应标明起始位置。

7. 音响：也称效果，是用来创造画面身临其境的真实感，如现场的环境声、雷声、雨声、动物叫声等。

8. 长度：每个镜头的拍摄时间，以秒为单位。

（三）哪些微课需要脚本

在电子课件（或称 E-Learning 课程）出现之前是没有课程脚本的，课程脚本是随着视频课程、Flash 课程等电子课件的诞生而出现的，时至今日我们在制作微课时，也并非所有微课的教学设计都需要编写脚本，只有那些运用场景和镜头来表达内容的微课才需要脚本。那么，究竟哪些类型的微课需要编写脚本呢？

<table>
<tr><th colspan="2">微课类型</th><th>内容呈现</th><th>教学设计载体</th><th>备注</th></tr>
<tr><td rowspan="6">视频微课</td><td>情境微课</td><td>场景和镜头</td><td>Word 脚本</td><td>真实场景真人演绎，写脚本</td></tr>
<tr><td>案例微课</td><td>场景和镜头</td><td>Word 脚本</td><td>讲述式地写讲稿，演绎式地写脚本</td></tr>
<tr><td>影视微课</td><td>场景和镜头</td><td>Word 脚本</td><td>熟练的写大纲即可，不熟练的写脚本</td></tr>
<tr><td>实操微课</td><td>场景和镜头</td><td>Word 操作步骤</td><td>熟练的写大纲即可，不熟练的写详细操作步骤</td></tr>
<tr><td>有声图文微课</td><td>PPT 画面</td><td>PPT</td><td>在 Word 编写大纲，然后制作成 PPT</td></tr>
<tr><td>软件微课</td><td>操作画面</td><td>Word 操作步骤</td><td>熟练的写大纲即可，不熟练的写详细操作步骤</td></tr>
<tr><td colspan="2">音频微课</td><td>音频</td><td>讲稿</td><td>在 Word 中写讲稿</td></tr>
<tr><td colspan="2">H5 微课</td><td>H5 页面</td><td>Word 脚本</td><td>简单图文直接在 H5 软件中设计，复杂的编写脚本</td></tr>
<tr><td colspan="2">Flash 微课</td><td>场景</td><td>Word 脚本</td><td>有场景、人物、事件，需要编写脚本</td></tr>
<tr><td colspan="2">互动式微课</td><td>PPT 画面</td><td>PPT</td><td>在 Word 编写大纲，然后制作成 PPT</td></tr>
</table>

（四）为什么视频微课需要脚本

这个问题其实很容易理解，脚本就是拍摄和后期剪辑制作的指南，没有脚本不仅无法拍摄高质量的视频，也无法完成后期剪辑工作。而微课尤其是

Flash 微课和视频微课与拍电影、电视剧一样，都运用场景和镜头呈现内容，一个场景接着一个场景，一个镜头接着一个镜头。正因如此，制作视频微课必须首先要编写微课脚本。

可以这么说，微课脚本既是微课教学设计的最终产出物，也是微课素材准备与后期制作的指南。

（五）视频微课脚本怎么写

微课以传递知识、技能为目的，主要为企业内部教学使用，一般不面向外部市场。因此，微课的拍摄水平不需要像电影、电视剧那样专业，微课脚本也不需要像电影脚本那么复杂。在长期实践中，我们总结出视频微课脚本编写的三个基本要求：

1. 体现课程结构。无论哪种视频微课，课程主题、目标、总结都是共同要素。

（1）问题求解顺序的脚本包含：主题、目标、提出问题、分析问题（专家点评）、呈现对策、解读对策（专家分享）、总结等七个部分。

（2）因果顺序的脚本包含：主题、目标、结果、过程、启示等五个部分，其中过程还可以进行拆分。

（3）时间顺序的脚本包含：主题、目标、意义、第一步、第二步、第三步、总结等七个部分，其中步骤可以增减。

（4）要点顺序的脚本包含：主题、目标、意义、第一点、第二点、第三点、总结等七个部分，其中要点可以增减。

2. 以场景呈现内容。场景去掉了拍摄技巧、长度、音乐等与微课关联度不高的元素，对画面的地点、人物、行为做了扩展，这样更符合人们的认知习惯，调整后的场景要素包括：

（1）环境。表明内容呈现的背景或事件发生的地点，告诉课程开发者视频素材在哪里拍摄或在哪里录制。例如：黑色背景、服装门店收银台、生产车间 1 号主机、PPT 第 8 页等。

（2）人物。有人物出现就写明具体是谁，没有就写无。例如：导购、顾客、员工小王等。

（3）机位。摄像机摆放的位置。微课拍摄多数用一台摄像机或手机，两台及以上的需要编号。例如：1 号机位拍两人，2 号机位拍导购，3 号机位拍顾客。

（4）景别。脸部是特写，肩部及以上是近景，上半身是中景，展现人物全身或人与周围环境关系的是全景，从远处拍摄是远景。在拍摄视频微课时，中景使用的范围比较广泛，全景、近景次之。如果对景别要求不高，同时为了降低拍摄难度，让人人都可以拍摄微课，也可以只使用中景。还有的时候受限于拍摄设备和条件，比如只有一台手机的情况下，也可以尽量简化景别的使用。总之，我们在拍摄微课时，知道景别的概念即可，千万不能受制于景别而对拍摄微课心存顾虑。

（5）行为。高度概括性描述一个场景中的人物在做什么，也就是一个场景的中心思想。

（6）对白。人物之间进行对话，你一句，我一句，伴有表情、动作、心理活动等。对话不用引号，表情、动作、心理活动等需添加括号。

客户代表（未敲门直接进入，坐在客户对面，拿出一本资料）：您好！我是高胜基金的客户代表，我们最近有一只新的理财基金，风险低，回报高……（被客户打断）

客户（正在低头忙碌，抬起头一脸困惑）：你是……哪一位？

客户代表（略显尴尬）：哦，我是高胜基金的客户代表陈伟，叫我小陈好了。

客户：那你有名片吗？

客户代表（从手提包里翻找名片，没找到，非常尴尬）：啊，名片？不好意思我忘记带了，我可以把联系方式写在资料上（边说边指着资料）。

客户（打断客户代表）：不好意思，我现在很忙，这样吧，你把资料放这里……（被打断）

客户代表：我就占用您一分钟时间，我们这只基金非常适合您，首次购买只要……

客户（不耐烦）：不好意思，我现在要去开会，我有空了再看你们的资料吧。

客户代表（不情愿地起身）：那要是有需要的话记得打我电话哦！

客户（敷衍）：好吧，我会的。

（7）独白。人物独自对着镜头讲话。

专家点评：

在以上场景中，我们可以发现客户代表存在以下几个问题：

第一，未提前与客户预约拜访时间，使得拜访唐突；

第二，准备不充分，连证明身份的名片都未带；

第三，拜访时未注重礼仪细节，如未敲门，打断客户，客户表现出不耐烦时仍穷追不舍。

那么，我们应该如何进行陌生拜访呢？

（8）旁白。不出现人物，只出现声音，也称为画外音，用于解说画面的内容。

总结：

在陌生拜访时，我们应该怎么做呢？

第一，电话预约；

第二，充分准备；

第三，注重细节与基本礼仪；

第四，拉近与客户的距离；

第五，达成共识。

（9）文字。作为字幕时位于画面下方左右居中位置，或其他描述性、过渡性、总结性文字。

3. 根据需要选取要素。微课脚本场景的以上九个要素并非每个都是必不可少的，实际使用时可根据场景的情况进行取舍。比如某个专家点评的场景采用的是黑底白字加旁白的方式，没有真人出现，那么人物、机位、景别、行为、对白、独白等无关要素就可以去掉，以简化脚本，如果不去掉，在内容栏写无即可。

（六）视频微课脚本实例

情境微课《如何进行绩效面谈》脚本

■ 课程主题

场景 1（文字）

	内容
环境	黑色背景
文字	上方左右居中位置：情境微课（白色字） 上下居中左右居中位置：如何进行绩效面谈（黄色字）
旁白	无

■ 课程目标

场景 2（文字）

	内容
环境	黑色背景
文字	课程目标 学习本课程之后，您将能够： 1. 描述绩效面谈的三个步骤；2. 正确与员工进行绩效面谈。
旁白	无

■ 提出问题

场景 3（真人演绎）

	内容
环境	会议室
人物	班长、员工小娟
机位	两个机位，1 号机位拍两人，2 号机位拍班长
景别	1 号机中景、2 号机近景
行为	班长与员工面谈绩效

（续表）

对白	（会议室里班长和员工小娟相对而坐） 班长：你上个月绩效怎么这么差啊？ 小娟（很沮丧）：我也不知道。 班长：差在哪里，你自己没数吗？ 小娟（委屈）：班长，我真的不知道啊！ 班长：哦，不知道多跟别人学学啊，人家是怎么做的。再继续这样下去的话，你下个月肯定调岗了，好好去想想吧。 小娟（情绪低落，低着头，轻声）：哦，班长我知道了。 （小娟慢慢起身离开座位，开门离开……）
文字	同对白
旁白	无

■ 分析问题（专家点评）

场景 4（真人讲解）

	内容
环境	办公室（背景虚化）
人物	专家
机位	1 个机位
景别	中景
行为	专家指出班长面谈绩效时的错误做法，并引出正确做法。
对白	专家点评 在刚才的案例中，班长与小娟面谈绩效时存在以下问题： 1. 只是一味地批评，没有指出小娟绩效落后的具体原因，也没有给出有效的改进建议； 2. 面谈结束后小娟情绪低落，茫然无措，既不知道哪里不足，更不知道如何改进，完全没有达到绩效面谈应有的效果。 那么，在与员工面谈绩效时我们应该怎么做呢？
文字	同对白
旁白	无

■ 呈现对策

场景 5（PPT 录屏：图片 + 文字）

	内容
环境	会议室
人物	班长、员工小娟
机位	三个机位，1 号机位拍两人，2 号机位拍班长
景别	1 号机中景、2 号机近景
行为	班长与员工面谈绩效
对白	（会议室里班长和员工小娟相邻而坐） 班长（用笔指着桌上的纸质资料）：小娟你注意到没，最近你的客户满意度和一次性解决率的数据都有明显的提升，进步很快嘛。 小娟（开心）：其实要感谢班长，你上次给我的建议我都实施了，确实找到了正确的方法，也有很大的成效。 班长（微笑）：真的很不错，这说明你的方法是对的，所以努力是有回报的。 小娟（信心）：谢谢班长，我会继续努力的。 班长：好呀，小娟，所以下面我们来看看哪些地方还可以继续努力，继续提高。 小娟（迫不及待）：嗯，好的班长。 班长：你的数据取得了很大的进步，但上个月绩效还是二级，没有达到预定的四级标准，你知道是什么原因吗？ 小娟：班长，这个我不太清楚。 班长：你的满意度和解决率数据都不错，但是处理业务时有三条关键性错误，所以对绩效分数影响很大。 小娟：这种关键性错误是怎么回事啊？为什么会出现呢？班长，我也很想改进，但是不知道怎么做。 班长：嗯，你的电话录音我都听了，上个月的决定性错误都是错转，而且都是 VIP 业务。 小娟：VIP 业务我确实不会，一接到这类电话我就会下意识地转专席了。 班长：嗯，知道问题就好办了。小娟，后天公司正好有一个 VIP 业务的培训，我已经帮你报名了。 小娟（雀跃）：太好了，班长，我会认真学习的。 班长：另外呢，我建议你每天听十条 VIP 专席的录音，学习学习专家的经验，我相信以你的努力，以后一定会成为 VIP 业务专家的。 小娟（充满信心）：嗯，好的，我一定会努力的。 班长：好，期待你这个月成为四级，加油。 （画面淡出……）
文字	同对白
旁白	无

■ 解读对策（专家分享）

场景 6（真人讲解）

	内容
环境	办公室（背景虚化）
人物	专家
机位	1 个机位
景别	中景
行为	专家点评上面案例中导购正确的做法
对白	在与员工进行绩效面谈时，从上面的场景中我们可以学到以下步骤来应对： 第一，先谈员工好的方面。 由于员工对面谈比较敏感，不能上来就指出问题，造成员工紧张情绪，应先对员工某一方面的工作给予肯定，打开员工心扉，给面谈创造良好的开端。 【情景回放： 班长（用笔指着桌上的纸质资料）：小娟你注意到没，最近你的客户满意度和一次性解决率的数据都有明显的提升，进步很快嘛。 小娟（开心）：其实要感谢班长，你上次给我的建议我都实施了，确实找到了正确的方法，也有很大的成效。 班长（微笑）：真的很不错，这说明你的方法是对的，所以努力是有回报的。】 第二，指出员工绩效不足的具体方面。 面谈绩效时，一定要指出员工绩效落后的具体指标，比如哪方面的数据比较差，还要引导员工分析落后的原因，不仅要让员工认识到自己存在的问题，更重要的是让员工明白改进的方向。 【情景回放： 班长：你的满意度和解决率数据都不错，但是处理业务时有三条关键性错误，所以对绩效分数影响很大。 小娟：这种关键性错误是怎么回事啊？为什么会出现呢？班长，我也很想改进，但是不知道怎么做。 班长：嗯，你的电话录音我都听了，上个月的决定性错误都是错转，而且都是VIP 业务。】 第三，给出具体的改进建议。 大多数员工并不知道如何改进自己的不足，作为管理者应该帮助员工寻找改进的方法，提出具体的改进建议，这样才能取得良好的面谈效果。 【情景回放： 小娟：VIP 业务我确实不会，一接到这类电话我就会下意识地转专席了。 班长：嗯，知道问题就好办了。小娟，后天公司正好有一个 VIP 业务的培训，我已经帮你报名了。 小娟（雀跃）：太好了，班长，我会认真学习的。

（续表）

对白	班长：另外呢，我建议你每天听十条 VIP 专席的录音，学习学习专家的经验，我相信以你的努力，以后一定会成为 VIP 业务专家的。 小娟（充满信心）：嗯，好的，我一定会努力的。】
文字	字幕
旁白	无

■ 总结

场景 7（文字 + 旁白）

	内容
环境	黑色背景
旁白	总结 在进行绩效面谈时，我们可以怎么做呢？ 第一，先谈员工好的方面；第二，指出员工绩效不足的具体方面；第三，给出具体的改进建议。
文字	同旁白

情境微课《西餐迎宾与落座服务》脚本

■ 课程主题

场景 1（动画 + 文字）

	内容
环境	简约文字动画视频
文字	西餐迎宾与落座服务（蓝色）
旁白	无

■ 课程目标

场景 2（动画 + 旁白）

	内容
环境	文字动画视频
文字	课程目标 学习本课程之后，您将能够： 1. 描述西餐迎宾与落座服务礼仪的要点；2. 按规范礼仪为客人提供西餐迎宾与落座服务。
旁白	同文字

■ 提出问题

场景 3（真人演绎）

	内容
环境	西餐餐厅门口
人物	引位员小马、客人
机位	两个机位，1 号机位过肩拍服务员，2 号机位拍两人侧面
景别	1 号机近景、2 号机全景
行为	引位员小马询问客人情况
对白	小马（右手托着菜单）：先生您好，欢迎光临！ 小马：请问先生您有预订吗？ 客人：没有。 小马：请问先生您几位？ 客人：一位。 小马（伸出左手指引客人）：先生，您这边请。
文字	同对白
旁白	无

场景 4（真人演绎）

	内容
环境	西餐餐厅报刊架
人物	引位员小马、客人
机位	1 个机位，拍两人
景别	全景
行为	客人在报刊架停留：小马在前，客人在后，当经过报刊架时，客人停下来拿起一份报纸翻看，而小马对此毫无察觉，径直向前走。当小马发现客人被落下后，转身回到报刊架，此时客人放下报纸，小马继续引导客人前往座位
对白	无
文字	无

场景 5（真人演绎）

	内容
环境	西餐餐厅座位
人物	引位员小马、客人
机位	两个机位，1 号机位过肩拍服务员，2 号机位拍两人侧面
景别	1 号机近景、2 号机全景
行为	引位员小马引导客人就座

（续表）

对白	（来到座位旁） 小马（手掌指向座位）：先生，您看这个位置可以吗？ 客人：可以。 （小马放下菜单，单手将餐椅从餐桌下拖出来，请客人就座） 小马（转到客人侧面，指向菜单）：先生，这是我们的菜单，请您先看一下，稍后我们餐饮人员将为您服务。 客人：好的，谢谢！ 小马：祝您用餐愉快！ 客人：好，谢谢！ （小马说完，鞠躬离开，客人拿起菜单翻看）
文字	同对白
旁白	无

场景 6（真人演绎）

	内容
环境	西餐餐厅吧台
人物	引位员小马、服务员小李
机位	1 个机位，两人侧面
景别	中景
行为	引位员小马将客人情况交接给服务员小李，小马边说边用手掌指向镜头（客人）方向
对白	无
旁白	无

场景 7（真人演绎）

	内容
环境	西餐餐厅座位
人物	服务员小李、客人
机位	两个机位，1 号机位过肩拍服务员，2 号机位拍两人侧面
景别	1 号机近景、2 号机全景
行为	服务员小李为客人提供点餐服务
对白	（小李来到客人座位旁） 小李：先生，您好，我是服务员小李，很高兴为您服务。 客人：你好。 （小李打开一块餐巾布后，未做对折直接铺垫于客人双腿上，客人一脸诧异） （小李退开，客人低头看向餐巾布，画面淡出……）
文字	同对白
旁白	无

■ 分析问题（专家点评）

场景 8（动画 + 旁白）

	内容
环境	动画视频
行为	专家指出刚才服务流程中出现的错误
对白	小伙伴们，刚才的服务流程中你发现了几处错误？
文字	同对白
旁白	无

场景 9（视频 + 旁白）

	内容
环境	情景回放：引位员引导客人走向餐厅，客人在报刊架停留
行为	专家指出刚才服务流程中出现的第一个错误
旁白	错误一，引位员只顾自己前面走，忽视照应客人。
文字	同旁白
对白	无

场景 10（视频 + 旁白）

	内容
环境	情景回放：引位员单手将餐椅从餐桌下拖出来
行为	专家指出刚才服务流程中出现的第二个错误
旁白	错误二，拉椅动作随意，不礼貌。
文字	同旁白
对白	无

场景 11（视频 + 旁白）

	内容
环境	情景回放：服务员小李将餐巾布直接铺垫于客人双腿上
行为	专家指出刚才服务流程中出现的第三个错误
旁白	错误三，铺餐巾布方法错误。
文字	同旁白
对白	无

■ 呈现对策

场景 12（动画 + 旁白）

	内容
环境	动画视频
行为	专家提出正确的服务流程

（续表）

旁白	下面我们来看一下正确的服务流程
文字	同旁白
对白	无

场景 13（真人演绎）

	内容
环境	西餐餐厅门口
人物	引位员小马、客人
机位	两个机位，1 号机位过肩拍服务员，2 号机位拍两人侧面
景别	1 号机近景、2 号机全景
行为	引位员小马询问客人情况
对白	小马（右手托着菜单）：先生您好，欢迎光临！ 小马：请问先生您有预订吗？ 客人：没有。 小马：请问先生您几位？ 客人：一位。 小马（伸出左手指引客人）：先生，您这边请。
文字	同对白
旁白	无

场景 14（真人演绎）

	内容
环境	西餐餐厅报刊架
人物	引位员小马、客人
机位	1 个机位，拍两人
景别	全景
行为	小马在前，客人在后，小马边走边回头看客人，用目光和手势一路引导客人走向餐桌
对白	无
文字	无

场景 15（真人演绎）

	内容
环境	西餐餐厅座位
人物	引位员小马、客人
机位	两个机位，1 号机位过肩拍服务员，2 号机位拍两人侧面
景别	1 号机近景、2 号机全景
行为	引位员小马引导客人就座

（续表）

对白	（来到座位旁） 小马（手掌指向座位）：先生，您看这个位置可以吗？ 客人：可以。 （小马放下菜单，双手将餐椅从餐桌下搬出来，请客人就座） 小马（转到客人侧面，指向菜单）：先生，这是我们的菜单，请您先看一下，稍后我们餐饮人员将为您服务。 客人：好的，谢谢！ 小马：祝您用餐愉快！ 客人：好，谢谢！ （小马说完，鞠躬离开，客人拿起菜单翻看）
文字	同对白
旁白	无

场景 16（真人演绎）

	内容
环境	西餐餐厅吧台
人物	引位员小马、服务员小李
机位	1 个机位，两人侧面
景别	中景
行为	引位员小马将客人情况交接给服务员小李，小马边说边用手掌指向镜头（客人）方向
对白	无
旁白	无

场景 17（真人演绎）

	内容
环境	西餐餐厅座位
人物	服务员小李、客人
机位	两个机位，1 号机位过肩拍服务员，2 号机位拍两人侧面
景别	1 号机近景、2 号机全景
行为	服务员小李为客人提供点餐服务
对白	（小李来到客人座位旁） 小李：先生，您好，我是服务员小李，很高兴为您服务。 客人：你好。 （小李打开一块餐巾布，对折后铺垫于客人双腿上） （小李退开，画面淡出……）
文字	同对白
旁白	无

■ 总结

场景 18（动画 + 旁白）

	内容
环境	动画视频
旁白	小结 在西餐厅为客人提供迎宾和落座服务时，有哪些注意事项呢？
文字	同旁白

场景 19（图文声）

	内容
环境	图片：引位员在门口，客人走过来
文字	1. 引位员在餐厅指定位置始终保持微笑，站姿标准，在距离客人 3 米时，目视客人并微微鞠躬。
旁白	同文字

场景 20（图文声）

	内容
环境	图片：客人走到近前，引位员微微鞠躬打招呼
文字	2. 在距离客人 1 米～ 1.5 米时，主动热情招呼，并简单了解客人讯息与需求。
旁白	同文字

场景 21（图文声）

	内容
环境	图片：报刊架，小马在前，客人在后
文字	3. 带客入座时左手持菜单，步态优美，身体微侧。右手指引方向时必须四指并拢，掌心向上，走在客人右（左）前方 45 度角位置，距离 1 米～ 1.5 米。
旁白	同文字

场景 22（图文声）

	内容
环境	图片：报刊架，小马回看客人
文字	4. 引领过程中行走速度视客人速度适时调整，随时与客人保持良好的目光接触并与之有适时交流，且提醒客人注意道路安全。
旁白	同文字

场景 23（图文声）

	内容
环境	图片：餐桌边，小马引导客人入座
文字	5. 将客人引至餐桌边，征求客人对餐桌及方位的意见，待客人同意后让客人入座。

（续表）

旁白	同文字

场景 24（图文声）

	内容
环境	图片：餐桌边，小马引导客人入座
文字	6. 当客人入座时，引位员要主动为客人拉开座椅，当客人坐下时，用膝盖顶一下椅背，双手同时送一下，使客人保持与桌子合适的距离。
旁白	同文字

场景 25（图文声）

	内容
环境	图片：服务员小李站在客人桌旁，面带微笑
文字	7. 服务员应始终保持微笑，并首先做自我介绍，客人看菜单的同时服务员可以根据客人的用餐人数为客人添加餐具或撤掉多余餐具。
旁白	同文字

场景 26（图文声）

	内容
环境	图片：服务员小李为客人铺餐巾布
文字	8. 服务员应主动、正确为客人铺餐巾布。
旁白	同文字

情境微课《遇到客户疑似遭遇电信诈骗怎么办》脚本

■ 课程主题

场景 1（动画 + 文字）

	内容
环境	片头视频
文字	遇到客户疑似遭遇电信诈骗怎么办？
旁白	同文字

■ 课程目标

场景 2（动画 + 旁白）

	内容
环境	白色背景

（续表）

文字	课程目标 学习本课程之后，您将能够： 1. 描述拦截电信诈骗的三个步骤；2. 运用三个步骤有效拦截电信诈骗，保障客户资金安全。
旁白	同文字

■ 提出问题

场景 3（真人视频）

	内容
环境	银行营业网点大堂
人物	客户、柜员
行为	客户到银行汇款遭遇电信诈骗
对白	柜员：您好，请问您需要办理什么业务？ 客户（递进汇款单，急切）：我要汇款。 柜员：好的，请问您要汇多少金额？ 客户：20 万元。 柜员：您汇款是什么用途？ 客户（催促）：生活费。麻烦快一点，我赶时间。 柜员（柜员把汇款单递给客户）：好的，我现在帮您处理。在汇款前，请您先阅读风险提示并签字。 （客户接过单子看都没看，马上签了字，又递回去） 柜员：因为 20 万的生活费金额比较大，请问您认识这个收款人吗？ 客户：你别问那么多，赶紧汇。 柜员：您先别着急，为了您的资金安全，防止您遭遇电信诈骗，还是要跟您核对一下真实信息。请问收款人您认识吗？ 客户：你问那么多干吗？我自己的钱，想汇给谁就汇给谁，关你们银行什么事？赶紧汇吧。 柜员：好的，请您稍等，现在帮你汇款。 （画面淡出……）
字幕	同对白

场景 4（文字 + 旁白）

	内容
环境	白色背景
人物	无
行为	交代客户汇款的结果

（续表）

文字	三天后，客户又回到该营业网点，诉说遭遇电信诈骗，被骗了 20 万元…… （画面淡出……）
旁白	同文字

■ 分析问题（专家点评）

场景 5（文字 + 旁白）

	内容
环境	白色背景
人物	无
行为	指出以上场景中柜员的错误做法，并引出正确做法
文字	在上面的场景中，客户急切地要求汇出一大笔钱，并催促柜员赶紧办理，柜员觉察到客户疑似遭遇了电信诈骗，想要和客户核实汇款人信息与汇款用途，但在客户再三催促和拒绝后，柜员妥协并给客户办理了汇款业务。柜员的妥协使得一场原本可以被拦截的电信诈骗成功实施了，导致客户蒙受了巨大的经济损失。 那么，当觉察到客户疑似遭遇电信诈骗时，我们应该怎么办呢？
旁白	同文字

■ 呈现对策（专家点评）

场景 6（真人视频）

	内容
环境	银行营业网点大堂
人物	客户、柜员、大堂经理
行为	柜员和大堂经理成功拦截一起电信诈骗
对白	（前半部分省略） 柜员：您先别着急，为了您的资金安全，防止您遭遇电信诈骗，还是要跟您核对一下真实信息。请问收款人您认识吗？ 客户：你问那么多干吗？我自己的钱，想汇给谁就汇给谁，关你们银行什么事？赶紧汇吧。 柜员：麻烦您稍等一会儿，您汇款金额较大，我们需要审批。 （柜员呼叫大堂经理，大堂经理来到柜台……） 大堂经理：您好，是这样的，现在电信诈骗比较多，我们要跟您确认下您是不是真的认识这个收款人。 客户（想了想）：实话告诉你吧，我中大奖了，200 万！对方让先我汇 20 万税款，你快帮我汇款吧，要是晚了大奖就给别人了！

（续表）

对白	大堂经理（吃了一惊）：是这样子啊？！现在的电信诈骗一般都是以中奖、退税、亲人住院、改签机票等为理由来骗钱，为了您的资金安全，请您暂时不要汇，等核实清楚了再汇。 客户（一脸不信）：不会吧，我确实在网上买过彩票，不可能是诈骗吧？ 大堂经理：您再想想，如果您真的中奖了，应该是对方给您汇钱，而不是您给对方汇钱，您看看体彩、福彩是不是这么回事？ 客户（一脸狐疑）：嗯，你这么说也有道理。 大堂经理：您看，要不然您给您的家人打个电话，问问他们的意见后再决定汇不汇。 客户（犹豫了一下）：好，我给我儿子打个电话。 （客户打电话，打完电话后……） 客户：你说的对，我儿子说这是诈骗，叫我不要汇，还好你们及时提醒，不然我一辈子的积蓄就没了，太感谢你们了。 （画面淡出……）
字幕	同对白

■ 解读对策（专家分享）

场景 7（文字 + 旁白）

	内容
环境	白色背景
人物	无
行为	专家分享拦截电信诈骗的步骤
文字	遇到客户疑似遭遇电信诈骗时，我们可以按照以下三个步骤进行拦截： 第一，安抚客户情绪，稳住客户，核实汇款信息。 当觉察到客户出现急切、慌张等异常行为时，应及时安抚客户情绪，稳住客户，再向客户详细询问汇款用途和收款人信息。 【情景回放 柜员：您先别着急，为了您的资金安全，防止您遭遇电信诈骗，还是要跟您核对一下真实信息。请问收款人您认识吗？ 客户：你问那么多干吗？我自己的钱，想汇给谁就汇给谁，关你们银行什么事？赶紧汇吧。 柜员：麻烦您稍等一会儿，您汇款金额较大，我们需要审批。】 第二，提醒客户，并向客户解释电信诈骗常用手段。 当识别出客户的交易有可能是电信诈骗时，应及时提示客户电信诈骗的可能性并告知客户电信诈骗的常用手段。

（续表）

文字	【情景回放 客户（想了想）：实话告诉你吧，我中大奖了，200 万！对方让先我汇 20 万税款，你快帮我汇款吧，要是晚了大奖就给别人了！ 大堂经理（吃了一惊）：是这样子啊？！现在的电信诈骗一般都是以中奖、退税、亲人住院、改签机票等为理由来骗钱，为了您的资金安全，请您暂时不要汇，等核实清楚了再汇。】 第三，客户仍持怀疑态度时，建议客户先与家人商量。 当客户对工作人员的劝解持怀疑态度时，亲人劝解更能使客户意识到事件的真相，及时醒悟过来。 【情景回放： 大堂经理：您看，要不然您给家人打个电话，问问他们的意见后再决定汇不汇。 客户（犹豫了一下）：好，我给我儿子打个电话。】
旁白	同文字

■ 总结

场景 8（文字 + 旁白）

	内容
环境	白色背景
人物	无
行为	总结拦截电信诈骗的步骤
文字	当遇到客户疑似遭遇电信诈骗时，我们应该怎么做呢？ 第一，安抚客户情绪，稳住客户，核实汇款信息；第二，提醒客户，并向客户解释电信诈骗常用手段；第三，客户仍持怀疑态度时，建议客户先与家人商量。
旁白	同文字

情境微课《如何正确执行上级交办的任务》脚本

■ 课程主题

场景 1

	内容
环境	黑色背景
文字	情境微课 如何正确执行上级交办的任务 出品：张海
旁白	无

■ 课程目标

场景 2

	内容
环境	黑色背景
文字	课程目标： 学员学习本课程之后，能够： 1. 概述接到上级交办任务后正确执行的三个步骤；2. 按正确方式与步骤执行上级交办的任务。
旁白	同文字

■ 提出问题

场景 3

	内容
环境	张总办公室
人物	张总、小段
景别	建议：全景、中景
行为	张总和策划部小段面对面坐着，张总手里拿着一份资料，正打算交办一项重要任务给小段
对白	张总：小段，最近公司有一个新产品推广会，我想把策划案交给你来做。 小段：好的，张总，没问题的。 张总：好，你看需要多久把方案书做出来。 （张总说着把手里的资料递给小段） （小段接过资料，低头翻看，嘴角露出微笑，内心独白：这个两天就搞定了） 小段抬头，很认真地对张总说：这得一个月。我想等市场调研结果出来之后，再研究一下现在国际上最流行的发布会，再看看现在竞争对手是怎么做的，然后好好做一份方案给您。 张总：好，一个月时间有点长，20 天拿出来，你看行不行？ 小段：好的，张总，我全力以赴。 张总：好的，那你去干吧，加油。 小段：好的。
文字	1. 字幕；2. 某食品公司总经理张总；3. 策划部小段。
旁白	无

场景 4

	内容
环境	以白色墙壁为背景
人物	小段

（续表）

景别	建议：中景
行为	独白
对白	小段：20 天，20 天，我十个方案都做好了，不急，不急，10 天后再开始也不迟。
文字	字幕
旁白	无

场景 5

	内容
环境	1. 黑底白字：第 10 天；2. 走廊。
人物	张总、小段
景别	建议：中景
行为	第 10 天，张总和小段在走廊不期而遇，小段向张总打招呼，张总顺便问起策划书的事
对白	小段：张总。 张总：小段啊，策划书做得怎样了？ 小段（似乎有点忘记此事）：哦，那个策划书，在做，在做。 张总：好，抓紧时间啊，一定要拿出来。 小段点头：OK。 （两人交错而过，小段回头，一副不屑的表情，内心独白：还有 10 天，催什么催。）
文字	字幕
旁白	无

场景 6

	内容
环境	1. 黑底白字：第 11 天；2. 小段的办公座位。
人物	小段
景别	建议：中景
行为	小段坐在办公桌前发呆
音乐	欢快背景音乐

场景 7

	内容
环境	1. 黑底白字：第 13 天；2. 小段的办公座位。
人物	小段
景别	建议：中景
行为	小段在电脑上打游戏
音乐	欢快背景音乐

场景 8

	内容
环境	1. 黑底白字：第 16 天；2. 茶水间。
人物	小段、同事
景别	建议：全景
行为	小段在茶水间跟同事边喝咖啡边聊天
音乐	欢快背景音乐

场景 9

	内容
环境	1. 黑底白字：第 18 天；2. 电脑屏幕，Word。
人物	小段、女同事
景别	建议：近景
行为	小段写策划案的时候，女同事打电话告诉他张总出差了，小段异常兴奋
对白	镜头 1 电脑屏幕显示 Word 文档，标题：新产品发布会策划案，正文密密麻麻全是句号。 小段没精打采看着屏幕，然后长叹一声趴在桌上一动不动。 镜头 2 小段头磕在桌子上，一动不动。手机响了，小段慢慢伸出手接电话。 小段半死不活的声音：喂。 小段的头依旧磕在桌子上，女同事电话里的画外音：小段，下午的会议取消啦，张总出差去啦。 小段抬起头，一脸惊喜：啊，张总出差了，他什么时候回来。 女同事画外音：大概一个星期吧。 小段：哦，好的，好的。行，谢谢！ 镜头 3 小段挂了电话，异常兴奋（伴有握拳，甩头，喊“耶”的动作） 内心画面：（握拳，甩头，左右摇晃等夸张的肢体动作。）耶，一个星期，我这周不写了，我下周交。（然后，猛吐一口气，吐舌怪叫。）
文字	字幕
旁白	耶，一个星期，我这周不写了，下周交

场景 10

	内容
环境	1. 黑底白字：第 20 天；2. 公司门口通往座位的路上。
人物	小段、张总
景别	建议：全景
行为	张总通知小段下午 1 点给代理商做产品推广

（续表）

对白	（上午9点小段正从公司门口走向自己的座位，突然手机响了，一看是张总的电话，马上接起。） 小段：喂，张总，您好。 张总画外音：小段啊，策划方案完成了吧。这样，下午正好代理商过来，我叫上市场部、广告部还有代理商一起，听你的精彩策划，下午1点，好不好？ 小段很惊奇：您不是出差了吗？您不是说要出差一周的吗？ 张总：谁说的，我在机场，马上回来了。中午到公司，1点准时开始。 小段傻眼了：好吧，好吧，行，我知道了。
文字	字幕
旁白	无

场景11

	内容
环境	小段的办公座位
人物	小段
景别	建议：近景
行为	小段在电脑前拼命打字，头发凌乱，一脸焦急，然后双手抓头
对白	内心独白：糟了，糟了，现在写也来不及了，先从网上随便下载一个，应付一下吧。
文字	字幕
旁白	无

场景12

	内容
环境	张总办公室
人物	小段、张总
景别	建议：中景、近景
行为	张总坐着，小段双手交叉低眉耷眼站在张总面前，张总用力将策划案扔在小段面前的桌上，小段吓得一个激灵
对白	张总拍桌子指着小段怒吼：20天，你就给我拿出这么个东西，你搞什么。你网上抄一个也就算了，你名字改一下行不行啊，拜托。我们是做食品的，你给我搞一个卫生巾的策划方案，什么月月舒，月月都舒服，你有没有搞错啊？ 小段一脸懊悔：张总，我。 张总挥手打断小段：我我我，我什么我，我在代理商面前面子何存啊。本来还想着给你升职，精英团队，你搞什么，现在做梦去吧。 小段哭丧着脸：张总，我…… 张总不耐烦打断：走走走，赶紧给我出去。（小段拿着策划案出去。）
文字	字幕
旁白	无

■ 分析问题（专家点评）

场景 13

	内容
环境	办公室作为背景
人物	专家
景别	建议：中景
行为	专家剖析小段在执行任务过程的错误行为，并过渡到正确行为
对白	专家：在上面的案例中，小段原本有充足的时间来完成上级交办的任务，但是他并没有按照承诺的方法去执行，并且在执行过程中一味地拖延，从而导致了非常糟糕的结果，既损害了公司的利益，也阻碍了自己的职业发展。那么，在接到上级交办的任务后，我们究竟应该怎么做呢？
文字	字幕
旁白	无

■ 呈现对策

场景 14

	内容
环境	张总办公室
人物	张总、小段
景别	建议：全景、中景
行为	张总和策划部小段面对面坐着，张总手里拿着一份资料，正打算交办一项重要任务给小段
对白	小段接过资料，低头翻看，内心独白：这个查资料要两天，写方案也要两天。 小段抬头，很认真地对张总说：这得一个星期。我想参考市场调研结果，再研究一下现在国际上最流行的发布会，再看看现在竞争对手是怎么做的，然后好好做一份方案给您。 张总：好的，那你去干吧，加油。 小段：好的，张总，我全力以赴。
文字	字幕
旁白	这个查资料要两天，写方案也要两天

场景 15

	内容
环境	张总办公室外面
人物	小段
景别	建议：中景

（续表）

行为	独白
对白	小段：这个任务是张总亲自交办的，一定非常重要，时间也不宽裕，我得抓紧啊。
文字	字幕
旁白	无

场景 16

	内容
环境	1. 第 1 天；2. 小段座位。
人物	小段
景别	建议：中景
行为	小段在座位上打电话，请一个朋友帮忙
对白	小段：喂，你小子最近忙啥呢？【2 秒】是吗？祝贺你呀，这事儿你得请客！唉，哥们儿，跟你说件事，兄弟有事找你帮忙，你不是在那什么食品行业协会吗，帮我找几家公司产品发布会的资料，具体要求我发邮件给你。【2 秒】对，对，最快什么时候能给我回复？【1 秒】明天下午，那太好了，兄弟不愧是兄弟呀！好勒，回头咱一定得聚聚，拜拜。
文字	字幕
旁白	无

场景 17

	内容
环境	市场部办公室
人物	小段、市场部李总
景别	建议：全景、中景
行为	市场部李总办公室，小段和李总沟通市场调研结果的事
对白	小段：李总，听说市场调研结果已经出来，具体什么时候发布？ 李总：嗯，结果是已经出来了，不过还在审批呀。怎么？小段，你有事吗？ 小段：这次产品发布会的策划由我负责，张总很重视，让我 3 天内拿出策划方案，我想参考市场调研结果，李总，您能不能先给我一份？ 李总（略微想了想）：小段啊，本来呢，调研结果没有经过审批是不能给出去的，不过你的情况特殊，这样吧，今天我再仔细看看，明天上午我让人给你送过去，你看行不行？ 小段：好的，李总，太感谢了。
文字	市场部李总
旁白	无

场景 18

	内容
环境	小段座位
人物	小段
景别	建议：近景
行为	小段在电脑上搜索食品行业发布会国际流行趋势，并点开其中的网页阅读

场景 19

	内容
环境	1. 第 2 天；2. 茶水间。
人物	小段
景别	建议：中景
行为	小段正在茶水间靠着桌子喝咖啡，这时手机响起微信消息铃声，小段拿起手机查看消息
对白	语音消息：老大，你要的几家公司发布会的资料我已经发到你邮箱了，怎么样，兄弟够意思吧。 听了消息之后，小段（微微一笑）：这小子还真行，手脚够利索的。 将手机放进裤兜，小段端着咖啡杯赶紧回座位收邮件去了。
文字	1. 字幕；2. 微信语音消息置于画面合适位置，不要跟字幕一样。
旁白	微信语音消息：老大，你要的几家公司发布会的资料我已经发到你邮箱了，怎么样，兄弟够意思吧

场景 20

	内容
环境	小段位置
人物	小段、市场部同事
景别	建议：中景
行为	小段正在电脑前工作，市场部同事送市场调研报告过来
对白	市场同事：小段，这是李总让我送给你的调研报告。 小段起身说了声谢谢，然后接过调研报告，低头翻了几页， 然后对市场部同事说：这个报告来得太及时了，帮我谢谢李总。 市场部同事：好的，要是没别的事，我就先走了。 小段：好的。
文字	字幕
旁白	无

场景 21

	内容
环境	1. 第 3 天；2. 小段位置。

（续表）

人物	小段
景别	建议：中景
行为	小段信心饱满地在电脑上写方案，并在 Word 中输入标题：新产品发布会策划案

场景 22

	内容
环境	1. 第 4 天；2. 小段座位。
人物	小段
景别	建议：中景
行为	小段依然在电脑前写方案
对白	一位同事路过小段座位：小段，下班了。 小段：啊，下班啦？好的，一会儿的，一会儿的。 小段停下工作，内心独白：这次的发布会非常重要，策划案一定要让张总提前过目，即使有问题也来得及修改，看来晚上得加加班了。
文字	字幕
旁白	这次的发布会非常重要，策划案一定要让张总提前过目，即使有问题也来得及修改，看来晚上得加加班了

场景 23

	内容
环境	小段位置
人物	小段
景别	建议：中景
行为	晚上十点左右，小段在办公室用座机给张总打电话
对白	小段：张总，您好，新产品发布会的策划案我已经发给您了，您先看看，如果有问题我明天再修改。【停顿 2 秒】不辛苦，应该的，好的，好的，晚安，张总。
文字	字幕
旁白	无

场景 24

	内容
环境	1. 第 5 天；2. 公司门口通往座位的路上。
人物	小段、张总
景别	建议：全景
行为	早上上班小段正走在门口，手机响了，小段一看是张总手机，赶紧接听
对白	小段：喂，张总，你好。 张总画外音：小段啊，你的策划案我看了，做得不错，就不用改了。这样，下午正好代理商过来，我叫上市场部、广告部还有代理商一起，听你的精彩策划，下午 1 点开始，好不好？

（续表）

对白	小段：好的，张总。 张总画外音：那你先准备准备。 小段：好的。
文字	字幕
旁白	无

场景 25

	内容
环境	张总办公室
人物	小段、张总
景别	建议：中景
行为	张总办公室，张总和小段在谈策划案的事
对白	张总：小段，刚才你的讲解很精彩，代理商普遍对新产品很感兴趣，这次的出货量估计会大增啊。 小段：是吗张总，那太好了。 张总：小段，这次你做得很好，如果能继续保持，年底的加薪升职肯定有你的。 小段：谢谢张总，我一定再接再厉。
文字	字幕
旁白	无

■ 解读对策（专家分享）

场景 26

	内容
环境	办公室作为背景
人物	专家
景别	建议：中景
行为	专家小段这次是如何完美执行上级交办的任务的
对白	专家：小段这次是如何完美执行上级交办的任务的呢？ 第一，要求合理的执行期限。上司布置任务时，我们对执行期限要有一个合理的预期，既不能由于要求的期限太短，完不成，让上级认为能力差；也不能因为要求的期限太长，很拖拉，让上级觉得效率低。 【情景回放：（小段接过资料，低头翻看，内心独白：这个查资料两天，写方案两天）小段抬头，很认真地对张总说：这得一个星期。】 第二，按照正确的方法执行。执行的目的是产生正确的结果，没有正确的结果就是对资源的浪费。而要产生正确的结果必须使用正确的方法，并且在执行过程中不能随意打折，偷工减料。

（续表）

<table>
<tr><td>对白</td><td>【情景回放：
①小段：我想参考市场调研结果，再研究一下现在国际上最流行的发布会，再看看现在竞争对手是怎么做的，然后好好做一份方案给您 。
②小段：你不是在食品行业那什么协会吗，帮我找几家公司产品发布会的资料，具体要求我发邮件给你。
③小段：这次产品发布会的策划由我负责，张总很重视，让我 3 天内拿出策划方案，我想参考市场调研结果，李总，您能不能先给我一份？
④小段在电脑上搜索：食品行业发布会国际流行趋势，点开其中的网页阅读。】
第三，提前交给上级审阅。对于上级交办的任务要引起足够的重视，接到任务后不要拖延，并且合理安排时间，如有可能尽量提前交给上级审阅，避免出现重大失误或低级错误。
【情景回放：
①走出办公室，小段表情凝重，内心独白：这个任务是张总亲自交办的，非常重要，时间也不宽裕，得抓紧啊！
②小段停下工作，内心独白：这次的发布会非常重要，策划案一定要让张总提前过目，如果有问题也来得及修改，看来晚上得加班了。
③小段：张总，您好，新产品发布会的策划案我已经发给您了，您先看看，如果有问题我明天再修改。
④张总画外音：小段啊，你的策划案我看了，做得不错，就不用改了。】</td></tr>
<tr><td>文字</td><td>字幕</td></tr>
<tr><td>旁白</td><td>无</td></tr>
</table>

■ 总结

场景 27

	内容
环境	黑色背景
文字	字幕
旁白	总结 接到上级交办的任务，我们应该怎么做呢？ 第一，要求合理的执行期限；第二，按照正确的方法执行；第三，提前交给上级审阅。

案例微课《如何通过注意力转移法促进顾客认同价格》脚本

■ 课程主题

场景 1（文字）

	内容
环境	黑色背景
文字	案例微课 如何通过注意力转移法促进顾客认同价格
旁白	同文字

■ 课程目标

场景 2（文字）

	内容
环境	黑色背景
文字	课程目标 学习本课程之后，您将能够： 1. 描述“注意力转移法促进顾客认同价格”案例的三点启示；2. 运用注意力转移法促进顾客认同价格。
旁白	同文字

■ 结果

场景 3（真人演绎 ＋ 旁白）

	内容
环境	服装门店
人物	导购小梅
机位	1 个机位，正面拍摄
景别	中景
行为	小梅接待顾客的画面
对白	无
文字	小梅是一名服装导购员，昨天她接待了一位前来买衣服的大姐，大姐看中了一件 780 元的大衣，而大姐的心理价位是 400 元，结果会怎样呢？最终小梅运用注意力转移法成功说服大姐买单，小梅是怎么做到呢？
旁白	同文字

■ 过程

场景 4（真人演绎）

	内容
环境	服装店衣架前
人物	导购小梅、顾客
机位	三个机位，1 号机位拍两人，2 号机位拍导购，3 号机位拍顾客
景别	1 号机位中景、2 号机位近景、3 号机位近景
行为	一位 40 多岁的女顾客，看中了一件大衣，向导购询价
对白	顾客（拿着一件大衣）：姑娘，这件衣服多少钱？ 小梅（走过来）：哦，这件衣服 780 元。 顾客（吃惊）：多少？ 小梅：姐，这件衣服是 780 元。 顾客：哟，你们家的衣服怎么这么贵呀？ （小梅心理活动：这件衣服是适合年轻人穿的，这位顾客应该是帮别人买。） 小梅（微笑）：姐，您自己买呢，还是给别人买啊？ 顾客：给女儿买。 小梅：哎哟，您这妈妈可真好，做您女儿真幸福。 （顾客微笑默认） 小梅：诶，看您这么年轻，您女儿应该也不大吧。 顾客（笑着说）：不小了，22 岁啦。 小梅：22 岁啊，那可正是最爱美的时候呢。 顾客：是呀，家里的衣服就属她最多了。 小梅：那您女儿现在是在上学呢，还是在上班呀？ （画面稍作停顿，出字幕：小梅为什么这样问？） 顾客：上班了，她想早点出来挣钱。 小梅：哎呀，您女儿可真能干，这么早就出来帮您了。 顾客：哎，也不指望她帮我，只要她自己好就行。 小梅：那倒是，只要子女过好呀，做父母的也就放心了。 顾客：是呀，就是她上班了，穿衣服要讲究一点，想帮她买件好的衣服。 小梅：姐，您对女儿可真好。那您想帮您女儿买多少价位的衣服呀？ （画面稍作停顿，出字幕：小梅问这个问题的目的是什么？） 顾客：我想要是三四百，也就狠狠心帮她买了，可是你们这儿的衣服也太贵了。 小梅（微笑）：姐姐，您的女儿工作了，应该已经有人提亲了吧。 （画面稍作停顿，出字幕：小梅为什么关心这个问题？） 顾客：是有那么几个提的，但是我觉得年龄还小，等过两年再说。 小梅：嗯，是还小，再等两年比较合适。其实现在的年轻人都喜欢自己找。 顾客：哎，我女儿也这么说，我也不拦她，要是她能自己找个好的，也挺好的。

（续表）

对白	小梅：是呀，就算是提亲，也得她看得上啊，还是她自己找的呀情投意合。 顾客：那是，那是。 小梅：姐，那您女儿平时更得好好打扮自己了，男孩看女孩总是先看外表的。 顾客：哎，你说的也是。 小梅：所以呀，您更该给女儿买几件上档次的衣服，现在的男孩眼光高着呢，特别是那些条件好的男孩，哪个不希望自己的女朋友穿得漂漂亮亮，风风光光的呢。 顾客：哎，也是。 小梅：姐，您把女儿打扮漂亮了，到时候给您找个人可靠、家底儿厚的女婿，您女儿的终身也算是找到了依靠，这件衣服的价格跟您女儿的终身幸福相比又算得了什么，您说是吧？ 顾客：让你这么一说啊，还真是的。这件衣服是好的吧？ 小梅：姐，这可是羊绒大衣，穿在身上显得高贵优雅，您女儿穿上一定会吸引很多小伙子的目光的。 顾客（思考了几秒钟）：行，你去拿件小一号的，我再看看。 小梅：好的，您稍等。
字幕	同对白

■ 解读过程

场景 5（真人讲解）

	内容
环境	服装店作为背景
人物	专家
机位	1 个机位
景别	中景
行为	专家解读上面案例中导购正确的做法
独白	你看出小梅是如何说服顾客的吗，从上面的案例中我们可以学到运用注意力转移法说服顾客认同价格的三个步骤： 第一，善于观察和发问，了解顾客真正的需求。 导购在遭到顾客的拒绝后，并没有跟顾客就事论事地讨论价格，而是细心地发现顾客并不像是在为自己买衣服，于是借机发问，发现了顾客更深层次的需求，为以后话题的展开找到了正确的方向。 【情景回放： （导购心理活动：这件衣服是适合年轻人穿的，这位顾客应该是帮别人买。） 导购（微笑）：姐，您自己买呢，还是给别人买啊？ 顾客：给女儿买。】

（续表）

独白	第二，将顾客的注意力转移到她关心的事上。 接下来，导购一直都没有跟顾客说衣服的事情，而是将顾客的注意力转移到顾客的女儿身上。聊起自己关心的话题，顾客自然也就特别有话说，顾客说得越多，就越容易暴露自己的需求，对导购找准点说服顾客也就越有利。 【情景回放： 导购：看您这么年轻，您女儿应该也不大吧。 导购：22 岁啊，那可正是最爱美的时候呢。 导购：那您女儿现在是在上学呢，还是在上班呀？ 导购：姐，您对女儿可真好。那您想帮您女儿买多少价位的衣服呀？ 导购（微笑）：姐姐，您的女儿工作了，应该已经有人提亲了吧。 （每句话之间用淡入淡出的特效隔开。）】 第三，将顾客关心的事与衣服所带来的价值联系起来。 最后，导购将女儿的终身大事这个顾客最关心的问题与漂亮、上档次的衣服联系起来，让顾客感觉到买的是一件衣服，收获的却是女儿的终身幸福。衣服有价，而幸福无价，顾客当然会买单了。 【情景回放： 导购：姐，那您女儿平时更得好好打扮自己了，男孩看女孩总是先看外表的。 顾客：哎，你说的也是。 导购：所以呀，您更该给女儿买几件上档次的衣服，现在的男孩眼光高着呢，特别是那些条件好的男孩，哪个不希望自己的女朋友穿得漂漂亮亮，风风光光的呢。 顾客：哎，也是。 导购：姐，您把女儿打扮漂亮了，到时候给您找个人可靠，家底儿厚的女婿，您女儿的终身也算是找到了依靠，这件衣服的价格跟您女儿的终身幸福相比又算得了什么，您说是吧？】
字幕	同独白

■ 启示

场景 6（文字 + 旁白）

	内容
环境	黑底、白字、黄字
文字	启示 注意力转移法促进顾客认同价格的案例，可以给我们哪些启示呢？ 第一，善于观察和发问，了解顾客真正的需求；第二，将顾客的注意力转移到她关心的事上；第三，将顾客关心的事与衣服所带来的价值联系起来。
旁白	同文字

案例微课《运用系统思维分析故障原因案例》脚本

■ 课程主题

场景 1（文字）

	内容
环境	黑色背景
文字	案例微课 运用系统思维分析故障原因案例分享
旁白	同文字

■ 课程目标

场景 2（文字）

	内容
环境	黑色背景
文字	课程目标 学习本课程之后，您将能够： 1. 说出“运用系统思维分析故障原因案例”的三个启示；2. 在工作中，运用系统思维分析故障原因。
旁白	同文字

■ 结果

场景 3（真人讲解）

	内容
环境	通风系统展厅，通风柜前
人物	高级系统工程师马明
机位	1 个机位，正面拍摄
景别	中景
行为	马工讲述案例结果
独白	我们的一个客户打电话报修实验室通风柜没有风的问题，我们工程部接连派了两位工程师上门维修都不成功，不仅令客户不满意，而且来来回回花了不少差旅费。后来，这个案子转到我这儿，我连客户现场都没去，只是了解了一些情况就把问题解决了。 可能有同事会好奇，我是怎么解决问题的呢？下面我就和大家分享如何运用系统思维分析故障原因。
字幕	同独白

■ 过程

场景 4（真人讲解）

	内容
环境	通风系统展厅，通风柜前
人物	高级系统工程师马明
机位	1 个机位，正面拍摄
景别	中景
行为	马工讲述案例经过
独白	当出现某个问题时，我们一般都会对出问题的地方进行反复检查，也会对与问题密切相关的几个因素进行排查，但如果这些因素都排除了还不奏效，这个时候我们往往就不知道该怎么办了。这是典型的孤立思维方式，我刚才说的案例就是这样的。 当客户第一次打电话反映通风柜没有风时，我们的工程师跟客户说你看一下风机有没有打开？客户看了以后说风机开了。工程师想了想又问阀门开没开？客户说阀门也开了，但还是没有风。这时候工程师判断不出具体原因，于是决定到客户那里上门检查。 第一次上门，工程师现场检查之后判断是风机压力不够，于是把风机压力调大了，这时候有风了，工程师就回公司了。可没过几天，客户又打电话报修通风柜没有风，没办法工程师又去了一趟。 第二次上门，工程师发现风机压力已经调得很大了，无法再调了，于是判断是风机皮带轮皮带松了。也就是说电机全速运转时，风机转速不够，导致风压不够，没有风。但是，检查之后发现皮带轮皮带没问题，实在查不出来原因，只好向部门领导求助，领导就将这个案子转到我这里。 我先查看了当时的项目设计图，对整个通风柜系统有了一个宏观的了解。然后，我跟前面的工程师询问现场检查的情况，我问他从风机到通风柜这一段之间，除了通风柜末端的阀门之外，中间还有没有其他阀门和过滤器，比如手动调节阀、消防防火阀、活性炭过滤器、处理塔等等。工程师跟我说中间只有一个活性炭过滤器，我判断应该是活性炭堵了，就让工程师把活性炭过滤器拆掉试试，结果通风柜末端就有风了，而且风速正常。
字幕	同独白

■ 解读

场景 5（真人讲解）

	内容
环境	通风系统展厅，通风柜前
人物	高级系统工程师马明

（续表）

机位	1 个机位，正面拍摄
景别	中景
独白	我们在分析问题的时候不能只抓一个点，而是要系统性地考虑问题，从一个点上找出与之有关的所有点，从而延伸出一条或几条线，甚至是一张网，同时在分析这些点时，我们要分清主次，先主后次，这就是系统思维。 这个案例中的问题是通风柜末端没有风，根据系统思维的原理，我们首先应该检查风速传感器、阀门、风机等可能性较大的因素，然后是风机与通风柜之间的其他阀门、过滤器、处理塔等可能性较小的因素，逐一排查找到原因。 但是，我们的工程师在电话沟通以及两次上门服务时都没有能够查出原因，问题就在于没有运用系统思维的方法来分析，只考虑了一头一尾，没有考虑中间。
字幕	同独白

■ 启示

场景 5（文字 + 旁白）

	内容
环境	黑色背景
文字	启示 运用系统思维我们能够准确地找到故障产生的原因，从而快速排除故障，这样不仅提高了我们的工作效率，而且让客户满意。运用系统思维分析故障原因，我们应该怎么做呢？ 1. 了解问题时，先查阅相关资料获取信息，再询问当事人掌握一手情况； 2. 分析问题时，要罗列与问题有关的所有因素，并按重要性对因素进行排序； 3. 排查问题时，先排查可能性较大的因素，再排查可能性较小的因素，找到问题。
旁白	同文字

实操微课《如何组装木质玩具跑车》脚本

■ 课程主题

场景 1（文字 + 旁白）

	内容
环境	黑色背景
文字	实操微课 如何组装木质玩具跑车
旁白	同文字

■ 课程目标

场景 2（文字 + 旁白）

	内容
环境	黑色背景
文字	课程目标 学习本课程之后，您将能够： 1. 概述组装木质玩具跑车的步骤；2. 正确组装木质玩具跑车。
旁白	同文字

■ 操作步骤

场景 3（操作视频 + 旁白）

	内容
环境	拆卸零件木板架的画面
人物	组装人员
行为	将零件从木板架上拆卸下来
旁白	1. 拆卸。玩具跑车的塑料包装打开后，取出零件木板架，将零件一个一个从木板架上拆卸下来。注意：拆卸时动作力度不能过重，否则会损坏木质零件。
字幕	同旁白

场景 4（操作视频 + 旁白）

	内容
环境	对零件进行分组的画面
人物	组装人员
行为	对零件进行分组，方便按顺序组装
旁白	2. 分组。组装图纸显示跑车组装过程共有七步，每个步骤需要不同的零件，因此，我们可将每个步骤需要的零件依次列出来，分为七组。
字幕	同旁白

场景 5（操作视频 + 旁白）

	内容
环境	识别零件衔接方式的画面
人物	组装人员
行为	说明零件与零件的衔接方式
旁白	3. 识别。所有零件都是通过卡槽、卡口及卡栓等三种部位进行对接，对接方式有两种，即卡槽与卡槽对接，卡口与卡栓对接。
字幕	同旁白

场景 6（操作视频 + 旁白）

	内容
环境	组装零件的画面
人物	组装人员
行为	组装木质玩具跑车
旁白	4. 组装。 第一步，组装底盘和座椅。 第一组零件包含 2 根底盘大梁、2 根底盘横梁、底盘踏板、座椅和座椅靠背。先拿起中间带有斜上卡栓的底盘大梁和一根横梁，斜上卡栓是用于安装方向盘的，所以要装在左侧。对准卡槽，用力按压，卡紧。依次将其余的大梁和横梁组装好。将底盘踏板安装在底盘两根大梁正中间凹陷的卡槽上。将座椅安装在底盘大梁中部朝上的卡栓上。将座椅靠背安装在底盘大梁后部朝左的卡栓上。 第二步，组装前挡风玻璃和引擎盖。 第二组零件包含前挡风玻璃、引擎盖、引擎盖 T 型支架。将前挡风玻璃斜插入两根底盘大梁的斜口卡槽内。将引擎盖扣在两根底盘大梁前部朝上的卡栓上。将引擎盖 T 型支架插在引擎盖中间的卡口内。 第三步，组装车身。 第三组零件包含两个车身。先将左侧车身前部卡口穿过引擎盖卡栓，再将左侧车身中部卡口穿过底盘踏板卡栓，卡紧。用同样的方法安装右侧车身。 第四步，组装车轮。 第四组零件包含 4 个车轮和 4 个 U 型螺栓。先将车轮卡口穿过底盘横梁卡栓，再将 U 型螺栓卡槽插入底盘横梁卡槽内。用同样的方法安装其余 3 个车轮和 U 型螺栓。 第五步，组装车尾。 第五组零件包含后保险杠、车后灯和后备箱盖。将后保险杠插入车尾的 4 个卡槽内。将车后灯卡栓插入后保险杠的卡口内。将后备箱盖的 2 个卡口扣在 2 根底盘大梁尾部朝上的卡栓上。 第六步，组装后视镜和方向盘。 第六组零件包含 2 个后视镜和 1 个方向盘。将 2 个后视镜的卡槽分别插入引擎盖卡栓部位的卡槽中。将方向盘的圆形卡口扣在左侧底盘大梁中间部位斜上的卡栓上。 第七步，组装车头。 第七组零件包含车前灯、前保险杠和装饰品。先将车前灯放入车身前部的垂直卡槽内。再将前保险杠的卡槽插入车身前部的水平卡槽内，卡紧。最后将装饰品的卡口扣在引擎盖 T 型支架上。最后将装饰品的卡口扣在引擎盖 T 型支架上。
字幕	同旁白

■ 总结

场景 7（文字 + 旁白）

	内容
环境	黑色背景
行为	总结木质玩具跑车组装的步骤和要点
文字	总结 木质玩具跑车组装的步骤和要点： 1. 拆卸零件时，力度适宜，避免损坏木质零件；2. 根据安装步骤对零件进行分组，方便取用；3. 所有零件都是通过卡槽、卡口和卡栓进行对接；4. 组装顺序是底盘→前挡和引擎盖→车身→车轮→车尾→后视镜和方向盘→车头。
旁白	同文字

实操微课《展厅演示系统开关机操作步骤》脚本

■ 课程主题

场景 1（文字 + 旁白）

	内容
环境	黑色背景
文字	实操微课 展厅演示系统开关机操作步骤
旁白	同文字

■ 课程目标

场景 2（文字 + 旁白）

	内容
环境	黑色背景
文字	课程目标 学习本课程之后，您将能够： 1. 概述展厅演示系统开机与关机的主要步骤；2. 经过练习之后，按照步骤正确打开和关闭展厅演示系统。
旁白	同文字

■ 意义

场景 3（真人讲解）

	内容
环境	展厅内部
人物	市场专员
行为	说明开发本微课的意义
机位	1 个机位，正面拍摄
景别	中景
独白	展厅演示系统能够让客户直观、印象深刻地了解我司产品的特点、优势，以及系统设计、项目规划、工程实施能力，带客户参观展厅是非常有效的营销手段。因此，公司要求每一位销售人员带领客户参观展厅时，能自行操作展厅系统，并向客户介绍系统和产品。但展厅演示系统的打开与关闭必须遵循一定的步骤，有一定的难度，需要经过学习和练习才能熟练掌握，本课程就向大家演示如何正确打开和关闭展厅演示系统。 那么，首先，就让我们来看看展厅演示系统是如何开机的呢？
字幕	同独白

■ 操作步骤

场景 4（操作视频）

	内容
环境	变频控制柜
人物	展厅维护人员
行为	开启系统
旁白	第一步，将变频控制柜总开关向下扳动，开启系统，上方四个显示屏变亮。为了保证实验室处于负压状态，因此，需要先开排风系统，再开送风系统。 第二步，点击排风机变频器操作面板右下角 START 按钮，开启排风机变频器，下方绿色指示灯变亮。注意：排风系统开启 3 分钟后才能启动送风系统。
字幕	同旁白

场景 5（操作视频）

	内容
环境	弱电柜
人物	展厅维护人员
行为	接通弱电柜电源
旁白	第三步，插上弱电控制柜电源插头，接通弱电柜电源，指示灯变亮。
字幕	同旁白

场景 6（操作视频）

	内容
环境	中央监控电脑
人物	展厅维护人员
行为	开启中央监控电脑
旁白	第四步，开启中央监控电脑主机和显示器电源。
字幕	同旁白

场景 7（操作视频）

	内容
环境	变频控制柜
人物	展厅维护人员
行为	开启送风机变频器
旁白	第五步，点击送风机变频器操作面板右下角 START 按钮，开启送风机变频器，下方绿色指示灯变亮。
字幕	同旁白

场景 8（操作视频）

	内容
环境	通风柜
人物	展厅维护人员
行为	设置通风柜参数
旁白	第六步，设置通风柜控制面板“485 地址”。长按 Enter 键 5 秒钟，进入系统之后看到 Setup 和 Run 两个选项，通过加减号（+、-）选择 Setup，选中之后点 Enter 键，此时出现三个选项（Done、Configure、Calibration），选择 Configure，然后按 Enter 键进入，出现 4 个 0，按四下 Enter 键，再通过减号（-）翻页寻找 Modbus Settings，按 Enter 键确认，选中 Slave ID，按 Enter 键确认，看到 ID 号，按 Enter 键确认，通过减号（-）选择 Done，按 Enter 键确认，通过减号（-）选择 Run，按 Enter 键确认，返回到主菜单，设置完毕。
字幕	同旁白

■ 过渡

场景 9（真人讲解）

	内容
环境	展厅内部
人物	市场专员
行为	从开机操作过渡到关机操作

（续表）

机位	1 个机位，正面拍摄
景别	中景
独白	好的，以上是展厅系统开机的六个步骤。 当销售人员向客人介绍完系统和产品后，可引领客人到休息厅稍事休息，待销售人员关闭展厅系统后，再带客人离开。 那么，我们又该如何关闭展厅系统呢？
字幕	同独白

■ 操作步骤

场景 10（操作视频）

	内容
环境	变频控制柜
人物	展厅维护人员
行为	关闭送风机变频器
旁白	第一步，点击变频控制柜送风机变频器操作面板左下角红色的 STOP 按钮，关闭送风机变频器，绿色指示灯灭。
字幕	同旁白

场景 11（操作视频）

	内容
环境	变频控制柜
人物	展厅维护人员
行为	关闭排风机变频器
旁白	第二步，点击变频控制柜排风机变频器操作面板左下角红色的 STOP 按钮，关闭排风机变频器，绿色指示灯灭。
字幕	同旁白

场景 12（操作视频）

	内容
环境	变频控制柜
人物	展厅维护人员
行为	关闭系统
旁白	第三步，将变频控制柜总开关向上扳动，关闭系统。
字幕	同旁白

场景 13（操作视频）

	内容
环境	弱电柜
人物	展厅维护人员
行为	关闭弱电控制柜
旁白	第四步，拔掉弱电控制柜电源插头，关闭弱电控制柜，指示灯熄灭。
字幕	同旁白

场景 14（操作视频）

	内容
环境	中央监控电脑
人物	展厅维护人员
行为	关闭中央监控系统电脑
旁白	第五步，关闭中央监控系统电脑，按 Alt+F4 退出中央监控系统，关闭电脑主机和显示器。
字幕	同旁白

■ 总结

场景 15（文字 + 旁白）

	内容
环境	黑色背景
行为	总结展厅系统开关机的步骤
对白	无
文字	总结 打开与关闭展厅演示系统有哪些步骤呢？ 1. 打开展厅演示系统：变频控制柜总开关→排风机→弱电柜→中央监控电脑→送风机→通风柜；2. 关闭展厅演示系统：送风机→排风机→变频控制柜总开关→弱电柜→中央监控电脑；3. 开机第六步设置通风柜控制面板参数比较复杂，在操作时请务必注意不要输错。
旁白	同文字

实操微课《如何制作网线水晶头》脚本

■ 课程主题

场景 1（文字 + 旁白）

	内容
环境	黑色背景

（续表）

文字	实操微课 如何制作网线水晶头
旁白	同文字

■ 课程目标

场景 2（文字 + 旁白）

	内容
环境	黑色背景
文字	课程目标 学习本课程之后，您将能够： 1. 概述制作网线水晶头的步骤；2. 按照正确步骤制作合格的网线水晶头。
旁白	同文字

■ 基本知识

场景 3（视频 + 旁白）

	内容
环境	包含网线、电脑、路由器，以及通过网线连接设备的视频画面
人物	水晶头制作人员
行为	介绍网线的种类
旁白	在制作网线水晶头之前，首先要先决定制作哪一类网线。网线可分为平行线和交叉线，平行线两端的线序必须相同，用于异种设备相连，如电脑和交换机或路由器互联。交叉线两端使用不同线序，用于同种设备相连，如电脑和电脑互联。那么，家庭常用的是哪一类网线呢？答案是平行线。
字幕	同旁白

场景 4（视频 + 旁白）

	内容
环境	网线两种排序的视频画面
人物	水晶头制作人员
行为	介绍网线线序
旁白	网线的线序一般分为 568A 和 568B 两种，前面所讲的平行线两端都为 568A 或都为 568B，交叉线则是一端为 568A 另一端为 568B。568A 的排线顺序为绿白、绿、橙白、蓝、蓝白、橙、棕白、棕；568B 的排线顺序为橙白、橙、绿白、蓝、蓝白、绿、棕白、棕。
字幕	同旁白

■ 过渡（承上启下）

场景 5（文字 + 旁白）

	内容
环境	黑色背景
文字	了解了网线种类和线序的基本知识后，我们就可以动手制作水晶头了，那么制作网线水晶头具体有哪些步骤呢？
旁白	同文字

■ 操作步骤

场景 6（操作视频）

	内容
环境	工作台，材料展示的视频
人物	水晶头制作人员
行为	准备材料
旁白	第一步，准备材料。工欲善其事必先利其器，制作网线水晶头的材料包含：网线 1 根、水晶头 2 个、测通仪 1 部、剥线刀 1 把、网线钳 1 把。
文字	同旁白

场景 7（操作视频）

	内容
环境	剥线操作视频
人物	水晶头制作人员
行为	剥线
旁白	第二步，剥线。用剥线刀将网线外皮剥开 3cm 用网线剪断尼龙线。
文字	同旁白

场景 8（操作视频）

	内容
环境	捋线操作视频
人物	水晶头制作人员
行为	捋线
旁白	第三步，捋线。把缠绕在一起的 8 股 4 组网线分开，捋直。
文字	同旁白

场景 9（操作视频）

	内容
环境	排线操作视频
人物	水晶头制作人员

（续表）

行为	排线
旁白	第四步，排线。按照 568A 或者 568B 的线序将线排好，此处以 568B 线序制作平行线，即按照橙白、橙、绿白、蓝、蓝白、绿、棕白、棕的颜色顺序排线。
文字	同旁白

场景 10（操作视频）

	内容
环境	剪线操作视频
人物	水晶头制作人员
行为	剪线
旁白	第五步，剪线。将排好的线并拢，用网线钳将网线末端切平，留出 1cm 左右的芯线。
文字	同旁白

场景 11（操作视频）

	内容
环境	放线操作视频
人物	水晶头制作人员
行为	放线
旁白	第六步，放线。将水晶头有塑料弹簧片的一端向下，针脚一端向上，将排好的 8 股线插入水晶头，紧顶在顶端。
文字	同旁白

场景 12（操作视频）

	内容
环境	压线操作视频
人物	水晶头制作人员
行为	压线
旁白	第七步，压线。把水晶头插入压线钳 8P 的槽内，用压线钳用力压紧水晶头。按照相同方法制作另一端水晶头。
文字	同旁白

场景 13（操作视频）

	内容
环境	测试操作视频
人物	水晶头制作人员
行为	测试
旁白	第八步，测试。把做好的网线两端插入测通仪，观察两端的指示灯是否同步，如果同步说明制作完成，如果不同步则需要再调整更正。
文字	同旁白

■ 总结

场景 14（文字 + 旁白）

	内容
环境	黑色背景
文字	总结 制作网线水晶头有哪些步骤和要点呢？ 1. 确定需要制作的网线类型；2. 决定需要使用的线序；3. 制作步骤是：准备材料→剥线→捋线→排线→剪线→放线→压线→测试。
旁白	同文字

实操微课《如何使用手提式干粉灭火器喷出干粉》脚本

■ 课程主题

场景 1（文字）

	内容
环境	黑色背景
文字	实操微课 如何使用手提式干粉灭火器喷出干粉

■ 课程目标

场景 2（文字 + 旁白）

	内容
环境	黑色背景
文字	课程目标 学习本课程后，您将能够： 1. 说出使用手提式干粉灭火器喷出干粉的三个步骤；2. 正确使用手提式干粉灭火器喷出干粉。
旁白	同文字

■ 提出问题

场景 3（真人演绎）

	内容
环境	消防演练场
人物	学员

（续表）

行为	学员倒提起手提式干粉灭火器，对着空地按下压把，发现无法喷出干粉。
对白	无
旁白	无

■ 分析问题

场景 4（文字 + 旁白）

	内容
环境	黑色背景
人物	无
行为	无
文字	在以上场景中，我们的学员在使用手提式干粉灭火器时犯了三个常见的错误：第一，使用前未摇动灭火器；第二，灭火器倒提；第三，没有拔下保险销。那么，我们应该如何使用手提干粉灭火器喷出干粉呢？
旁白	同文字

■ 呈现对策

场景 5（真人演绎）

	内容
环境	消防演练场
人物	学员
行为	学员提起干粉灭火器，先上下颠倒几次；然后，放下灭火器，弯腰拔下保险销；最后，左手握住喷管，右手提着手柄，并按下手柄喷出干粉。
文字	正确使用干粉式灭火器有三个步骤： 1. 摇动灭火器；2. 拔下保险销；3. 压下手柄。
旁白	正确使用干粉式灭火器有三个步骤： 第一步，使用前，先把灭火器上下颠倒几次，使桶内干粉松动。 第二步，拔下保险销，然后走到离着火点上风向 3 米～ 5 米处。 第三步，一只手握住喷管，一只手用力压下手柄，喷出干粉。

■ 总结

场景 6（文字 + 旁白）

	内容
环境	黑色背景

（续表）

文字	总结 使用手提式干粉式灭火器喷出干粉有三个步骤： 第一，摇动灭火器；第二，拔下保险销；第三，压下手柄。 即一摇，二拔，三压。
旁白	同文字

有声图文微课《流量红包产品介绍》脚本

■ 课程主题

场景 1（文字）

	内容
环境	PPT 第 1 页
文字	流量红包产品介绍
旁白	同文字

■ 课程目标

场景 2（文字 + 旁白）

	内容
环境	PPT 第 2 页
文字	课程目标 学习本课程之后，您将能够： 1. 描述流量红包产品的种类；2. 注册流量红包账号，购买和赠送流量红包。
旁白	同文字

■ 要点介绍

场景 3（图文声）

	内容
环境	PPT 第 3 页
旁白	流量红包是面向个人用户和中小企业用户推出的，实现后向流量业务在线销售的产品。它可以在电脑 WEB 浏览器上实现，无需下载安装，直接在线打开，下面我就流量红包这款产品做一个简单的介绍。
文字	同旁白

场景 4（文字 + 旁白）

	内容
环境	PPT 第 4 页
旁白	第一，流量红包的种类。
文字	同旁白

场景 5（图文声）

	内容
环境	PPT 第 5 页
旁白	流量红包提供省内流量包和全国流量包的购买及赠送，其中省内流量包包括：10M、30M、100M、200M、500M；全国流量包包括：5M、10M、30M、50M、100M、200M、500M、1G。总共两类流量，13 种流量包。
文字	同旁白

场景 6（文字 + 旁白）

	内容
环境	PPT 第 6 页
旁白	第二，流量红包账号注册。
文字	下面让我们来了解一下流量红包的账号注册过程

场景 7（操作）

	内容
环境	×× 网页
旁白	第一步，在电脑 IE 浏览器中输入网址； 第二步，打开后在右上角点击免费注册，同意协议，点击确定； 第三步，需要输入邮箱、手机号及验证码创建账号进行注册； 第四步，设置登录密码，登录密码要求包括字母、数字及符号； 第五步，激活邮箱，进入邮箱，打开激活邮件，点击链接激活，注册成功。
文字	同旁白

场景 8（文字 + 旁白）

	内容
环境	PPT 第 7 页
旁白	第三，流量红包的购买与赠送。
文字	接下来让我们来了解一下如何购买及赠送

场景 9（操作）

	内容
环境	×× 网页

（续表）

旁白	首先，使用刚才注册的账号登录网站，点击右上角的购买流量，选择要购买的流量包，选择支付方式为话费支付，点击立即付款，输入支付密码，支付完成。点击现在赠送，创建赠送订单，输入赠送时间及赠送号码，输入支付密码，完成赠送。
文字	同旁白

■ 总结

场景 10（图文声）

	内容
环境	PPT 第 8 页
旁白	不要简单地理解流量红包就是流量包的购买及赠送，它的衍生意义在于企业可以购买这些流量分配给员工使用，从而实现“大流量池“的购买和分配。 “你的流量可以送，快去告诉你的用户吧，让流量红包飞一会儿！”
文字	同旁白

有声图文微课《三招应对顾客过度维权》脚本

■ 课程主题

场景 1（动画视频 + 旁白）

	内容
环境	动画视频片头
文字	三招应对顾客过度维权
旁白	同文字

■ 课程目标

场景 2（图文声）

	内容
环境	PPT 第 1 页
旁白	课程目标 学习本课程之后，您将能够： 1. 概述应对过度维权顾客的三个技巧；2. 运用三个技巧正确应对过度维权顾客。
文字	同旁白

■ 提出问题

场景 3（图文声）

	内容
环境	PPT 第 2 页
文字	过度维权的顾客有哪些特征呢？ 一、漫天要价。要求退一赔十等，会产生远超出法律法规的诉求。 二、推卸责任。一味将责任推到商场、商户，不承认自己的问题。 三、破坏骚扰。抱着“大闹大解决，小闹小解决，不闹不解决“的态度。 遇到此类顾客，是不是觉得很头疼呢？不用担心，今天我们来学习三招应对此类顾客的技巧。
旁白	同文字

■ 呈现对策

场景 4（图文声）

	内容
环境	PPT 第 3 页
文字	第一招“倾听并安抚”。 倾听是一门艺术，无论遇到任何类型的顾客，倾听顾客的需求和意图是最重要的，同时适当安抚顾客情绪，为我们下一步的处理奠定基础。
旁白	同文字

场景 5（图文声）

	内容
环境	PPT 第 4 页
文字	顾客：你们谁是这里的负责人？我要投诉，你们能处理吗？送错衣柜只给换？我告诉你们，今天必须给我十倍赔偿，否则我和你们没完。 客服：嗯，女士，很抱歉给您带来困扰，您的问题我已经了解，我们会核实情况，第一时间为您处理。
旁白	一天，一位女士气冲冲地闯进了客诉办公室。 顾客：你们谁是这里的负责人？我要投诉，你们能处理吗？送错货只给换？我告诉你们，今天必须给我十倍赔偿，否则我和你们没完。 顾客一直在不停地投诉，从顾客的言行举止我初步判断该顾客是典型的过度维权型顾客。 我在一旁静静地倾听她的一些诉求，待顾客情绪稳定后，我对顾客说：嗯，女士，很抱歉给您带来困扰，您的问题我已经了解，我们会核实情况，第一时间为您处理。

场景6（图文声）

	内容
环境	PPT 第 5 页
文字	第二招“软硬相结合”。 对人要软，言行、态度上要尊重顾客；对事要硬，第一时间摆明立场，明确地告知顾客什么要求可以满足，什么要求可以商量，什么要求无法办到，给予顾客的合理期望值。不要试图从道理上说服顾客，而是要强调我们的处理结果。
旁白	接下来该使用第二招了。 第二招“软硬相结合”。 面对顾客的过度维权行为，我们在处理时，对人要软，言行、态度上要尊重顾客；对事要硬，第一时间摆明立场，明确地告知顾客什么要求可以满足，什么要求可以商量，什么要求无法办到，给予顾客合理的期望值。另外，不要试图从道理上说服顾客，而是要强调我们的处理结果。

场景7（图文声）

	内容
环境	PPT 第 6 页
文字	顾客：是他们给我送错了，马上给我更换，并且给我十倍赔偿。 客服：女士，您的心情我可以理解，我们也非常抱歉！更换衣柜是必须的，十倍补偿的法律依据是没有的，但是我们会根据商场的规定给您适当的补偿。
旁白	同文字

场景8（图文声）

	内容
环境	PPT 第 7 页
文字	第三招“坚持处理结果”。 顾客的合理诉求可以予以满足，一旦给出处理结果，就要坚持立场，切忌变更处理意见，这样会给顾客造成“我闹得越凶，结果越有利”的错觉，不利于投诉的处理。
旁白	最后的第三招也是尤为重要的。 第三招“坚持处理结果”。 顾客的合理诉求可以予以满足，一旦给出处理结果，就要坚持立场，切忌变更处理意见，这样会给顾客造成“我闹得越凶，结果越有利”的错觉，不利于投诉的处理。

场景9（图文声）

	内容
环境	PPT 第 8 页
文字	顾客：我告诉你们，赶紧给我换了，耽误我使用，必须给我十倍补偿，否则我们法院见！

（续表）

文字	客服：女士，衣柜我们会马上为您更换的，至于赔偿，相关法律没有十倍的说法，但毕竟耽误了您的使用，我们按照商场的规定给您1000元的补偿，希望您能理解。
旁白	当我们给出处理结果，顾客虽然意识到不会有那么多的补偿，但是还不罢休，又大吵着想要把事情闹大，也许可以得到更多的补偿。 顾客：我告诉你们，赶紧给我换了，耽误我使用，必须给我十倍补偿，否则我们法院见！ 客服：女士，衣柜我们会马上为您更换的，至于十倍赔偿，我刚才跟您说过了相关法律法规是没有的，但毕竟耽误了您的使用，我们按照商场的规定给您1000 元的补偿，希望您能理解。 再次强调了我们的处理结果，顾客意识到我们的立场不会改变，同时也觉得自己的诉求得到了相对的满足，同意此方案，此客诉顺利结案。

■ 总结

场景 10（图文声）

	内容
环境	PPT 第 9 页
文字	总结 应对过度维权顾客，我们可以怎么做呢？ 第一，倾听并安抚；第二，软硬相结合；第三，坚持处理结果。
旁白	同文字

情境 & 有声图文微课《如何鉴别 2015 版人民币真假》脚本

■ 课程主题

场景 1（文字 + 旁白）

	内容
环境	动画视频
文字	如何鉴别 2015 版人民币真假
旁白	同文字

■ 课程目标

场景 2（文字 + 旁白）

	内容
环境	PPT 第 1 页

（续表）

文字	课程目标 学习本课程之后，您将能够： 1. 描述鉴别 2015 版人民币真假的四个方法；2. 运用四个方法准确鉴别 2015 版人民币真假。
旁白	同文字

■ 提出问题

场景 3（文字 + 旁白）

	内容
环境	PPT 第 2 页
文字	一天，两位银行工作人员上门到客户公司代收营业款……
旁白	同文字

场景 4（真人视频）

	内容
环境	某公司财务部办公室
人物	银行收款员小洪、小张，客户（某公司财务部出纳员）
机位	两个
景别	1 号机拍中景，2 号机拍近景
行为	银行收款员上门收款，点钞时发现一张 2015 版假人民币，收款员向客户讲解鉴别假币的方法。
对白	（敲门…） 收款员小洪：张经理，您好，我们来了。 客户：哦，你们来啦，快请坐 收款员小洪：最近工作怎么样？ 客户：哎…最近业绩不太好…这个星期的钱不多，还要麻烦你们跑一趟，这里是 10 万元，你们点一下（递钱）。 收款员小洪：没关系，您是我们的老客户了，这是我们应该做的，小张，你先点一下。 （小洪把钱递给小张，小张用点钞机开始点钱，点到一半发现有一张 2015 新版人民币异常，检查后低声与小洪交流，小洪仔细辨认后，转向客户……） 收款员小洪：张经理，这张人民币是假的。 客户：啊，怎么可能？！这是 2015 版的新钞，怎么会是假的？ 收款员小洪：张经理，正是因为这是新版的，大家对它的辨识度不高，所以容易造假，也很难分辨真假。 客户：那怎么办呢？这对我们来说可是防不胜防啊！

（续表）

对白	收款员小洪：您别着急，我这儿有四种方法可以帮您识别新版人民币的真假。 客户：噢，那太好了，你快教教我。 （画面淡出……）
文字	同对白

■ 呈现对策

场景 5（文字 + 旁白）

	内容
环境	PPT 第 3 页
文字	那么，我们应该如何识别 2015 版人民币的真假呢？
旁白	同文字

场景 6（图文声）

	内容
环境	PPT 第 4 页，照片（安全线）
文字	第一，检查是否有安全线。 2015 版人民币安全线在正面左中侧，透过光看，真钞安全线清晰。假钞无安全线。
旁白	同文字

场景 7（图文声）

	内容
环境	PPT 第 5 页，照片（毛主席头像水印）
文字	第二，观察水印是否清晰。 透过光看，2015 版人民币真钞毛主席头像水印清晰。假钞头像模糊。
旁白	同文字

场景 8（图文声）

	内容
环境	PPT 第 6 页，照片（毛主席头像、“中国人民银行”字样、国徽、人民大会堂）
文字	第三，触摸钞票有无凹凸感。 2015 版真钞毛主席头像、“中国人民银行”字样、国徽和人民大会堂都采用雕刻凹印印刷，触摸有凹凸感。假钞纸质光滑，触摸无凹凸感。
旁白	同文字

场景 9（图文声）

	内容
环境	PPT 第 7 页，照片（光彩光变 100 数字）

（续表）

文字	第四，检查光彩光变数字有无变化。 光彩光变100数字位于票面正面中间偏左位置，垂直观察，数字颜色以金色为主，倾斜观察，数字颜色以绿色为主，随着观察角度的改变，数字颜色在金色和绿色之间交替变化。假钞100数字颜色无变化。
旁白	同文字

场景10（真人视频）

	内容
环境	某公司财务部办公室
人物	银行收款员小洪、小张，客户（某公司财务部出纳员）
机位	1个
景别	中景
行为	客户学会如何鉴别假钞
对白	收款员小洪：通过这四个方法，我们就可以准确地鉴别出2015版人民币的真假了，您清楚了吗？ 客户：哦，原来是这样，谢谢你们！ （画面淡出）
文字	同对白

■ **总结**

场景11（文字+旁白）

	内容
环境	PPT第8页
文字	总结 鉴别2015版人民币的真假，我们可以怎么做呢？ 第一，检查是否有安全线；第二，观察水印是否清晰；第三，触摸钞票有无凹凸感；第四，检查光彩光变数字有无变化。
旁白	同文字

情境&有声图文微课《柜员班前准备8要素》脚本

■ **课程主题**

场景1（文字+旁白）

	内容
环境	PPT第1页：动画视频

（续表）

文字	柜员班前准备 8 要素
旁白	同文字

■ 课程目标

场景 2（文字 + 旁白）

	内容
环境	PPT 第 2 页
文字	课程目标 学习本课程之后，您将能够： 1. 描述网点柜员班前准备的 8 项内容；2. 按照 8 项内容做好班前准备工作，确保网点正常对外营业。
旁白	同文字

■ 提出问题

场景 3（文字 + 旁白）

	内容
环境	PPT 第 3 页
文字	我们先来看一段网点早上开班后的工作视频……
旁白	同文字

场景 4（真人视频）

	内容
环境	银行营业网点
人物	营业员、顾客
机位	一个
景别	全景
行为	网点早上开班，办理第一单业务时，打印机出现故障，影响客户办理业务。
对白	营业员：先生您的卡已经开好了，请问还要办理其他业务吗？ 客户（递钱给营业员）：我要存 1000 元到卡里。 营业员（接过钱）：好的，我帮您办理。 （营业员快速清点，并打印回单，此时打印机出现故障，无法打印。营业员先是自己摆弄打印机，故障无法排除，于是请会计主办过来帮忙维修……） 营业员：先生不好意思，让您久等了，打印机出现故障，我到隔壁柜台打印单子，给您签字。 客户（不满）：你快点吧，我等很长时间了！

（续表）

对白	营业员：好的，马上，马上。 （营业员到隔壁柜台请同事帮忙打印，客户起身来回踱步） 营业员：先生，不好意思啊，您在这里签个名，存款 1000 元。 （画面淡出……）
文字	同对白

■ 呈现对策

场景 5（文字 + 旁白）

	内容
环境	PPT 第 4 页
文字	专家点评 从刚才的视频中，我们可以发现由于网点柜员没有充分做好班前准备工作，尤其是机具、设备的检查测试工作，未能发现打印机色带出现异常，导致一笔用时 30 秒的 1000 元存款业务，用时 7 分钟才补打出回单送别客户。不仅严重影响了柜台的正常对外营业，还造成客户长时间焦虑等待，引起客户不满。 那么，柜员应该做好哪些班前准备工作，才能保证柜台正常营业呢？
旁白	同文字

场景 6（图文声）

	内容
环境	PPT 第 5 页，照片：柜员从高柜内擦玻璃、柜台玻璃明亮、扫地打扫卫生、清洁垃圾桶等。
文字	第一，清洁环境。 营造整洁舒心的办公环境，身心愉悦，员工满意、客户满意。
旁白	同文字

场景 7（图文声）

	内容
环境	PPT 第 6 页，照片：清洁设备、开机测试。
文字	第二，保养机具。 清洁保养业务 PC 机、点钞机、计算器、语音对讲设备、打印机等办公设备，并开机测试。如发生故障及时报修，以防在营业过程中出现问题影响业务办理。
旁白	同文字

场景 8（图文声）

	内容
环境	PPT 第 7 页，照片：6S 责任区域台卡，办公电脑、点钞机、计算器等归位，抽屉办公文具整齐摆放。

（续表）

文字	第三，整理桌面。 按照 6S 管理标准整理柜台和工作台，保持整洁，办公用具摆放有序，空白凭证是否充足，不摆放闲杂物品和个人物品。
旁白	同文字

场景 9（图文声）

	内容
环境	PPT 第 8 页，照片：理财销售资格证书。
文字	第四，检查证书。 检查个人理财销售资格证书摆放，注意是否正面面向客户摆放，公示理财销售人员信息清晰。
旁白	同文字

场景 10（图文声）

	内容
环境	PPT 第 9 页，照片：签到业务系统、印章盒定格、印章日期、现金、凭证、安防设备。
文字	第五，清点核对。 提前到岗做好营业前准备工作，如：签到、清点印章、调整印章日期、现金清点、重要空白凭证清点与核对、非重要空白凭证充足、安防器械到位，以确保准时营业。
旁白	同文字

场景 11（图文声）

	内容
环境	PPT 第 10 页，照片：大堂经理主持晨会场景、带领柜员练习礼仪动作。
文字	第六，参加晨会。 参加网点组织召开的晨会，晨会内容以传达重要通知及工作要求，练习服务礼仪等为主要内容。
旁白	同文字

场景 12（图文声）

	内容
环境	PPT 第 11 页，照片：晨会着装互相整理、着装示意挂图、整理后列队微笑。
文字	第七，整理仪容。 上岗前应整理仪容仪表，着装、发饰等符合统一规定，佩戴好工号牌，保持良好的精神状态。
旁白	同文字

场景 13（图文声）

	内容
环境	PPT 第 12 页，照片：大堂经理站立于叫号机旁边、各员工站立在本岗位迎接第一批客户。
文字	第八，微笑迎宾。 开门营业前听从大堂经理统一安排站立于岗位前，微笑迎接第一批客户光临。
旁白	同文字

■ 总结

场景 14（文字 + 旁白）

	内容
环境	PPT 第 13 页
文字	总结 每天开门营业前，柜员应该提前做好哪些准备工作呢？ 第一，清洁环境；第二，保养机具；第三，整理桌面；第四，检查证书；第五，清点核对；第六，参加晨会；第七，整理仪容；第八，微笑迎宾。
旁白	同文字

影视微课《双赢思维沟通技巧》脚本

■ 课程主题

场景 1（文字）

	内容
环境	黑色背景
文字	双赢思维沟通技巧
旁白	无

■ 课程目标

场景 2（文字）

	内容
环境	黑色背景
文字	课程目标 学习本课程之后，您将能够：1. 描述什么是双赢思维；2. 运用双赢思维与人沟通。
旁白	无

■ 提出问题

场景 3（文字 + 旁白）

	内容
环境	黑色背景
文字	您在与人沟通过程中有没有被人拒绝的经历？
旁白	同文字

■ 分析问题

场景 4（文字 + 旁白）

	内容
环境	黑色背景
文字	被人拒绝的原因有很多，其中一个很重要的原因是我们只站在了自己的角度考虑问题，没有考虑对方的需求。
旁白	同文字

■ 呈现对策

场景 5（文字 + 旁白）

	内容
环境	黑色背景
文字	要想使沟通变得高效，我们应该学会在沟通中使用双赢思维。双赢思维就是要让对方知晓做某事对双方都有好处，双方是利益共同体。
旁白	同文字

场景 6（图片 + 文字 + 旁白）

	内容
环境	背景：《极限特工 2》剧照 下方：70% 透明度黑色蒙版
人物	混混头目、特工德瑞斯、特工斯蒂尔
文字	掌握强大武装力量的国防部长要发动一场流血政变，危急之下两名特工试图说服一名混混头目帮助他们与国防部长对抗，看看特工是怎么说的.....
旁白	同文字

场景 7（影视片段）

	内容
环境	《极限特工 2》片段
人物	特工德瑞斯、特工斯蒂尔、混混头目

（续表）

行为	德瑞斯说服混混头目加入对抗国防部长的战斗
对白	开始：01:04:46 跳钢管舞的镜头，强劲背景音乐。 结束：01:06:30 混混头目分配任务，让手下行动起来。
文字	无
旁白	无

■ 解读对策

场景 8（文字 + 旁白）

	内容
环境	黑色背景
文字	双赢思维为什么有效，是因为它让双方结成了利益共同体，合则双赢，分则双输，在共同利益的基础上更容易产生信任，从而达成合作。
旁白	同文字

场景 9（图片 + 文字 + 旁白）

	内容
环境	背景：德瑞斯说服混混头目的剧照 中部靠下：70% 透明度黑色蒙版
人物	混混头目、特工德瑞斯
文字	在影片中，一开始混混头目一口拒绝，认为这事儿跟他没什么关系，但特工德瑞斯马上反驳并剖析这事儿跟他有密切关系，能给他带来很多好处，最终说服混混头目召集一帮手下加入战斗。
旁白	同文字

场景 10 （图片 + 文字 + 旁白）

	内容
环境	背景：秦晋联合攻郑图片、郑王委派烛之武图片、烛之武夜会秦王图片 下方：70% 透明度黑色蒙版
人物	烛之武、秦王
行为	烛之武说服秦王退兵
文字	春秋战国时期，中国历史也发生了一件双赢思维的经典案例。秦晋两国联合攻打郑国，郑王派烛之武与秦王谈判，烛之武向秦王深入分析了灭亡郑国对晋国有大利，对秦国表面上有利实际上有大害；而保全郑国对秦、郑两国皆有大利，在共同利益的前提下，烛之武成功说服秦王退兵。
旁白	同文字

■ 总结

场景 11（文字 + 旁白）

	内容
环境	黑色背景
文字	总结 在日常工作和生活中如何运用双赢思维呢？ 1. 如果我们要说服某人做某事，那么在沟通之前应该先考虑清楚对方能获得什么好处；2. 在沟通中还要让对方明白双方都能从中获益，这样就能让我们的沟通变得更加顺畅和高效！
旁白	同文字

影视微课《数字化沟通技巧》脚本

■ 课程主题

场景 1（文字）

	内容
环境	动画视频
文字	数字化沟通技巧
旁白	无

■ 课程目标

场景 2（文字）

	内容
环境	动画视频
文字	课程目标 学习本课程之后，您将能够： 1. 描述数字化沟通的三个要点；2. 运用数字化沟通技巧与人沟通。
旁白	无

■ 提出问题

场景 3（文字 + 旁白）

	内容
环境	黑色背景

（续表）

文字	在沟通中，你是否遇到过上司觉得自己讲得很清楚，你也认为自己听得很明白，但是执行的结果却让上司大为光火的情况呢？
旁白	同文字

■ **分析问题**

场景4（文字+旁白）

	内容
环境	黑色背景
文字	显然，这是沟通双方对沟通内容出现了理解上的偏差，出现理解偏差一个重要原因是没有使用数字化的沟通技巧。
旁白	同文字

■ **呈现对策**

场景5（文字+旁白）

	内容
环境	黑色背景
文字	数字化沟通要求在沟通时使用“第一、第二、第三”的表述方式来量化地、明确地表达自己想法，让对方准确地理解自己意思；同时，还要求在沟通结束时确认沟通内容，并就沟通内容达成一致。
旁白	同文字

■ **呈现问题**

场景6（影视片段）

	内容
环境	《温州一家人》第28集片段
人物	老板阿雨、服装设计师赵大明
行为	阿雨给赵大明布置任务，双方出现理解偏差。
对白	开始：阿雨找赵大明进办公室，让他连夜设计一套服装纸样设计和排料图。 结束：阿雨发现赵大明没有按照自己的要求设计，到处找他，却找不到。

场景7（图片+文字+旁白）

	内容
环境	影视剧照：阿雨手拿两款时装照片

（续表）

人物	阿雨
文字	在影片中，老板阿雨给下属赵大明布置任务时是这样说的……
旁白	同文字

场景 8（影视片段）

	内容
环境	《温州一家人》片段
人物	阿雨、赵大明
行为	阿雨将时装照片递给赵大明，赵大明接过来看。
对白	阿雨说："这两款时装帮我推推档，画出纸样设计和排料图，你辛苦一下，今天晚上加加班，明天一早我就要。"

场景 9（图片 + 文字 + 旁白）

	内容
环境	影视剧照：赵大明手拿两款时装照片
人物	阿雨、赵大明
文字	赵大明听了之后既没提出疑问也没跟老板确认任务内容，直接就说……
旁白	同文字

场景 10（影视片段）

	内容
环境	《温州一家人》片段
人物	阿雨、赵大明
行为	赵大明一边拿着时装照片，并与阿雨对话，说完后挥挥手走了。
对白	赵大明说："没问题。"阿雨说："别没问题，仔细点。"赵大明说："好好，就这点事儿啊。"

场景 11（图片 + 文字 + 旁白）

	内容
环境	影视剧照：阿雨斜眼看着离开的赵大明
人物	阿雨
文字	而老板阿雨同样没有就任务内容进行确认，这两人完全没有数字化沟通的概念。
旁白	同文字

场景 12（图片 + 文字 + 旁白）

	内容
环境	影视剧照：①阿雨手拿两款时装照片，②阿雨手拿电话，正与赵大明沟通，图片下方显示字幕："我是这么跟你说的吗？" 注：影视剧照要与文字、旁白匹配，两张剧照用交叉淡化切换。
人物	阿雨

（续表）

文字	如果，老板阿雨使用“第一、第二、第三”的表述方式向赵大明布置任务，任务就会更明确，赵大明可能就不会误解；如果阿雨和赵大明有一个人向对方确认任务内容，可能就不会产生理解偏差。 注：文字应与影视剧照匹配。
旁白	同文字

■ 呈现对策

场景 13（图片 + 文字 + 旁白）

	内容
环境	美剧《血族》第 1 季第 1 集影视剧照：老板和下属
人物	老板、下属
文字	我们来看下面这位老板是如何运用数字化沟通技巧给下属布置任务的……
旁白	同文字

场景 14（影视片段）

	内容
环境	美剧《血族》第 1 季第 1 集片段
人物	老板、下属
行为	老板向下属布置任务，三个要求，每伸一根手指头说一条要求，说完后要求下属重复。
对白	开始：老板伸出三根手指头，说：“三个要求。” 结束：老板问下属听清楚了吗？复述一遍三个要求。

■ 总结

场景 15（文字 + 旁白）

	内容
环境	黑色背景
文字	总结 在日常沟通中，使用数字化沟通技巧能够减少理解偏差，降低沟通成本，让执行变得更有效。运用数字化沟通技巧，我们需要做到： 1. 在沟通前要考虑好沟通的要点，最好在纸上列出来，并带着要点去沟通； 2. 根据列出的要点逐条与对方沟通，这样既清清楚楚又不会遗漏； 3. 在沟通结束时，做上司的应该要求下属重复沟通内容，做下属的要主动和上司确认沟通内容，直到双方达成一致。
旁白	同文字

软件微课《如何一次性隔行填充空白单元格》脚本

■ 课程主题

场景 1（文字）

	内容
环境	黑色背景
文字	Excel 微课（白色） 如何一次性隔行填充空白单元格（黄色）
旁白	无

■ 课程目标

场景 2（文字 + 旁白）

	内容
环境	黑色背景
文字	课程目标 学习本课程之后，您将能够： 1. 描述一次性隔行填充空白单元格的四个步骤；2. 按照四个步骤一次性隔行填充空白单元格。
旁白	同文字

■ 提出问题

场景 3（画面 + 旁白）

	内容
环境	Excel 数据表
旁白	有一张数据表，左边三列的数据不全，无法进行数据统计分析，因此需要将数据补全。
字幕	同旁白

■ 分析问题

场景 4（画面 + 旁白）

	内容
环境	操作 Excel 数据表
旁白	常规的做法是“复制 + 粘贴”，即复制需要填充的内容，粘贴到空白单元格中，循环操作直到完成。

（续表）

旁白	这种操作方法对于只有几行或几十行的数据来说是可以的，但如果数据有几百行，甚至上千行就会出现费时费力，效率低的问题。
字幕	同旁白

■ 呈现对策

场景 5（画面 + 旁白）

	内容
环境	Excel 数据表
旁白	如何一次性隔行填充空白单元格呢？其实，只需要进行四步简单的组合操作，就可以完成。
字幕	同旁白

场景 6（文字 + 旁白）

	内容
环境	黑色背景
文字	第一步，选中需要填充数据的单元格。
旁白	同文字

场景 7（画面 + 旁白）

	内容
环境	Excel 操作画面
旁白	从第一个空白的单元格开始选择，在本案例中要选中“A3：C3”。然后，用鼠标向下拖动右边的滑块直到数据结束，按住 Shift 键，同时用鼠标左键单击最后一个需要填充内容的空白单元格，这样就可以选中所有需要填充数据的单元格了。
字幕	同旁白

场景 8（文字 + 旁白）

	内容
环境	黑色背景
文字	第二步，只选中空白单元格。
旁白	同文字

场景 9（画面 + 旁白）

	内容
环境	Excel 操作画面
旁白	按 F5 键弹出“定位”对话框，单击“定位条件”，选中“空值”，点击 “确定”，这就从被选中的单元格中分离出了空白单元格，非空白单元格都被剔除掉了。
字幕	同旁白

场景 10（文字 + 旁白）

	内容
环境	黑色背景
文字	第三步，填充数据。
旁白	同文字

场景 11（画面 + 旁白）

	内容
环境	Excel 操作画面
旁白	直接按“=”，然后用鼠标左键单击第一个空白单元格上方的单元格，这里是 A2 单元格，A3 单元格内会生成公式“=A2”，然后按“Ctrl+Enter”键就能够一次性完成数据的隔行填充了。
字幕	同旁白

场景 12（文字 + 旁白）

	内容
环境	黑色背景
文字	第四步，转换数据。
旁白	同文字

场景 13（画面 + 旁白）

	内容
环境	Excel 操作画面
旁白	现在空白单元格中虽然有了数据，但数据都是由公式生成的，一旦进行排序操作数据就会混乱，所以必须将公式转换成数值。方法是选中有公式单元格的列标号，这里是“A：C”，鼠标右键单击选中的列，左键单击复制，右键再次单击选中的列，左键单击选择性粘贴，选择数值，点击确定。公式就变成数值了。至此，一次性隔行填充空白单元格的操作就结束了。
字幕	同旁白

■ 总结

场景 14（文字 + 旁白）

	内容
环境	黑色背景
文字	总结 一次性隔行填充空白单元格，我们可以怎么做呢？ 第一步，选中需要填充数据的单元格；第二步，只选中空白单元格；第三步，填充数据；第四步，转换数据。
旁白	同文字

软件微课《如何使用 Sony Vegas 渲染视频》脚本

■ 课程主题

场景 1（文字）

	内容
环境	黑色背景
文字	Vegas 微课（白色） 如何使用 Sony Vegas 渲染视频（黄色）
旁白	无

■ 课程目标

场景 2（文字 + 旁白）

	内容
环境	黑色背景
文字	课程目标 学习本课程之后，您将能够： 1. 概述 Vegas 渲染视频的参数设置及操作步骤；2. 使用 Vegas 将剪辑好的视频素材片段渲染成 mp4 格式视频。
旁白	同文字

■ 意义

场景 3（画面 + 旁白）

	内容
环境	Sony Vegas 软件界面
旁白	我们在 Vegas 中剪辑的视频素材如果不导出为纯视频，就无法通过播放器或其他途径打开观看。要将视频素材片段导出成为一个纯视频，以便在电脑、手机、iPad 等任何设备上播放，甚至上传至微信和视频网站分享，我们需要怎么操作呢？
字幕	同旁白

■ 呈现对策

场景 4（画面 + 旁白）

	内容
环境	Sony Vegas 软件界面

（续表）

旁白	在 Sony Vegas 中我们可以通过渲染视频这个功能将素材片段导出成一个完整的纯视频，这一共需要五个步骤。
字幕	同旁白

场景 5（文字 + 旁白）

	内容
环境	黑色背景
文字	第一，设置视频参数。
旁白	同文字

场景 6（画面 + 旁白）

	内容
环境	Sony Vegas 操作画面
旁白	渲染课件之前需要检查视频参数设置是否正确，点击“选项”菜单，点击“参数选择”子菜单，弹出“参数选择”控制面板，点击“视频”页面，在“GPU 加速视频处理”右边的下拉菜单中选择“关闭”选项。 注意：建议关闭 GPU 加速功能，否则相关参数设置不当渲染视频时会出现异常情况。关闭后点击 OK 退出“参数选择”面板。
字幕	同旁白

场景 7（文字 + 旁白）

	内容
环境	黑色背景
文字	第二，预览检查视频。
旁白	同文字

场景 8（画面 + 旁白）

	内容
环境	Sony Vegas 操作画面
旁白	视频编辑完之后，需要对视频进行预览，对视频从头至尾进行检查，以便发现问题，纠正错误，保证视频质量。
字幕	同旁白

场景 9（文字 + 旁白）

	内容
环境	黑色背景
文字	第三，选择渲染区间。
旁白	同文字

场景 10（画面 + 旁白）

	内容
环境	Sony Vegas 操作画面
旁白	将鼠标左键放置于黄色标记之上，当出现左右箭头时，按住鼠标左键并向右拖动就会出现标记区间，也就是需要渲染的视频片段。 用鼠标滚轮放大时间线，检查前后标记区间的位置是否准确，如果不准确，则进行调整。
字幕	同旁白

场景 11（文字 + 旁白）

	内容
环境	黑色背景
文字	第四，设置渲染模板。
旁白	同文字

场景 12（画面 + 旁白）

	内容
环境	Sony Vegas 操作画面
旁白	点击“文件”菜单，点击“渲染为”命令，弹出“渲染”对话框，点击“MainConcept AVC/AAC（*.MP4;*.AVC）”，向下翻动找到“Internet HD 1080P”选项，点击左下方“自定义模板”，弹出“自定义模板”对话框。 默认为“视频”页面，帧率改为 25.000（PAL），编码模式改为“仅用 CPU 渲染”。 注意：此处一定要改为仅用 CPU 渲染，否则渲染会死机。 将模板名称修改为自己看得懂的名字，比如“1920×1080”，点击右边的“保存”按钮保存模板，以后每次渲染视频都可以直接调用。
字幕	同旁白

场景 13（文字 + 旁白）

	内容
环境	黑色背景
文字	第五，渲染保存视频。
旁白	同文字

场景 14（画面 + 旁白）

	内容
环境	Sony Vegas 操作画面
旁白	点击“确定”退出“自定义模板”对话框，回到“渲染为”对话框。点击“浏览”设定视频渲染存储路径，填写视频名称，点击“保存”。

（续表）

旁白	在渲染前最后检查一遍，如果没问题则点击“渲染”，弹出渲染进度条。渲染时间由视频长度和画面质量决定，当进度条走完并关闭时，视频就渲染完成了，可以在刚才设定的存储路径中找到。
字幕	同旁白

■ 总结

场景 15（文字 + 旁白）

	内容
环境	黑色背景
文字	总结 在 Sony Vegas 中将视频素材片段渲染成为 mp4 纯视频，我们可以怎么做呢？ 第一，设置视频参数；第二，预览检查视频；第三，选择渲染区间；第四，设定渲染模板；第五，渲染保存视频。
旁白	同文字

第5章 视频微课素材的准备

视频微课素材的种类

视频微课是由很多素材构成的，有的看上去还挺复杂，这可能会令一部分初学者心生忧虑，担心学不会，其实忧虑大可不必，视频微课由视频、音频、图片、背景音乐、音效、形状等七种素材构成，只要了解了这七种素材，就不难掌握视频微课的拍摄技巧和剪辑技术。

一、视频

一段连续的、伴有声音的、动态的画面，可通过自己拍摄获得，也可以从已有的视频中截取。拍摄视频我们可以使用家用高清摄像机或者手机，分辨率一般都是1920×1080超清格式，帧率为25以上。随着手机摄像功能的日益强大，使用手机拍摄视频的效果越来越好，所以，我们经常使用手机尤其是iPhone拍摄微课所需的视频素材。

连续动态画面

二、音频

人物之间的对话，称之为对白；一个人对着镜头讲话，也叫作独白；对画面的解说，也就是旁白。音频的录制可以使用录音笔和手机，如果是手机，建议使用 iPhone 的语音备忘录进行录制。通常，录音笔录制的音频格式是 mp3，iPhone 录制的格式是 m4a，mp3 是一种通用音频格式，各种影视剪辑软件都能识别，而 m4a 格式则可通过格式工厂转换成 mp3。

对白

独白

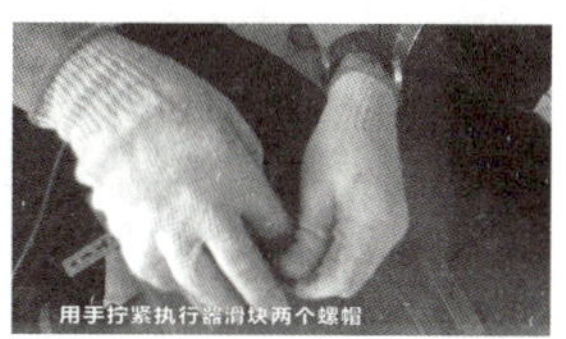

旁白

三、图片

常用的图片格式有 JPG 和 PNG，可以作为视频画面的一个组成部分，也可以作为画面背景。图片获取的途径主要有两个，一是自己拍摄，二是网上获取。如果经常需要处理图片，并将图片作为微课的重要素材使用的话，建议掌握简单的 Photoshop 使用技巧，这将对视频微课制作非常有帮助。

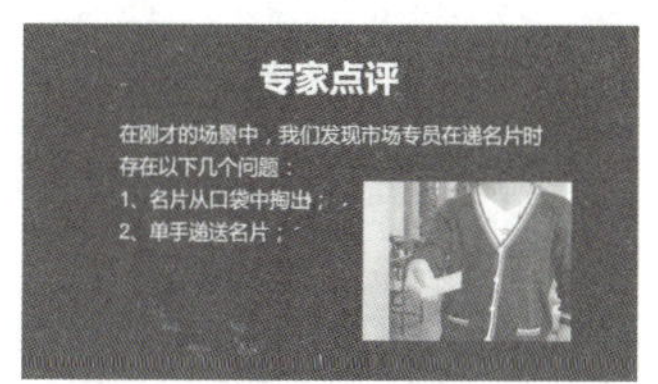

作为画面组成部分

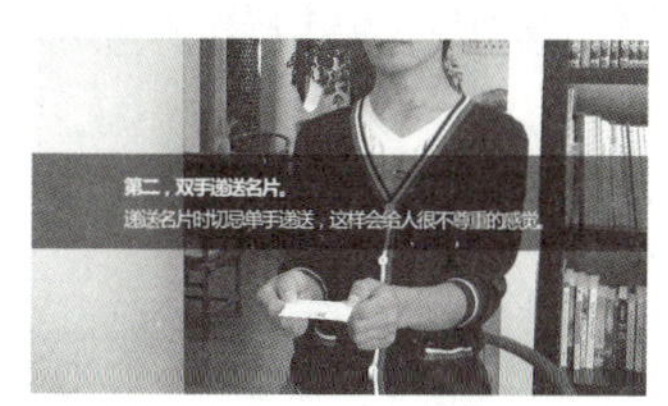

作为画面背景

四、文字

视频画面上出现的字幕，以及描述性、过渡性、总结性等文字一般在影视剪辑软件中制作，有些文字也可以在PPT中制作，然后录制成视频插入进去。

第一步，电话预约。

在陌生拜访前，要提前跟拜访的客户进行电话预约，商定好见面的时间、地点。

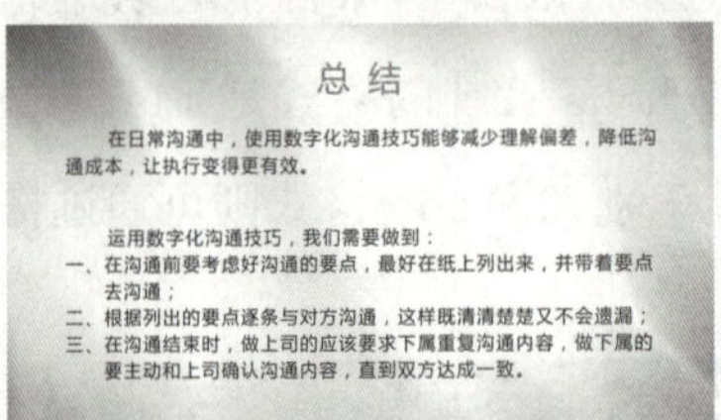

文字画面

五、背景音乐

为视频微课添加轻柔舒缓或节奏明快或慷慨激昂的背景音乐，能给人身临其境的感觉。理查德·克莱德曼、雅尼等名家名曲是很常用的微课背景音乐，当然也可以根据微课内容和场景挑选合适的背景音乐。

六、音效

音效能营造逼真的现场效果，微课常用的音效比如时钟走动声、敲门声、鼓掌声、电话铃声、微信铃声、雨声、雷声、汽车声等等。

七、图形

实操微课、电脑软件操作类微课经常需要使用箭头、圆圈、方框、横线、叉号（×）、对勾（√）等图形，用于聚焦视线、突出重点。

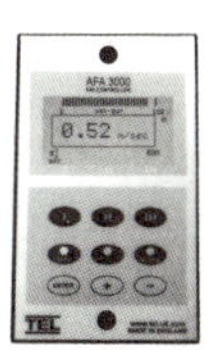

图形

有声图文微课 PPT 的设计原则

有声图文微课是先在 Word 中写脚本，然后在 PowerPoint 中设计和制作脚本内容，最后用录屏软件录制成视频。由于 PPT 的设计理念牵涉到人们的价值观和审美观，所以，很难界定哪种 PPT 设计理念是最佳的。

但是，从培训效果和效益的角度来讲，我们通常认为课程开发应该以内容为王，PPT 只是承载内容的工具，因此，PPT 不能喧宾夺主。我们不应该将 PPT 的动画、特效做得太华丽。因为，那不仅会将学习者的注意力从内容吸引到形式上来，而且还需要投入巨大的时间和精力，投入产出比太低。

那么，在制作微课 PPT 时，我们应遵循哪些原则呢？

第一，风格简约。微课 PPT 应力求简约，简约的极致表现是使用白色作为幻灯片的背景，一切与内容主旨无关的修饰性元素统统去掉，只保留必须的内容。使用白色背景能为幻灯片带来简约风格是基于两个原因，一是白色背景很容易在视觉上造成留白的效果；二是网上下载的图片多为白色底色，不用处理就能与幻灯片的白色背景相融合。

第二，图文并茂。每一页幻灯片都应尽可能做到图文并茂，图文并茂不是将图片和文字简单地堆砌在页面上就了事，而是要经过精心的构思与合理的排版。每页幻灯片呈现的文字要尽可能的少，这就需要对大段的文字进行提炼、精简和拆分。不仅如此，所使用的图片还必须与文字密切相关，否则

小贴士

在制作图文并茂效果时，我们经常需要对图片进行处理，包括裁剪、渐变融入效果等，因此，建议大家学习一些Photoshop的基本技巧，这会有助于提升幻灯片的视觉效果。

就会令人感到可笑。使用图片的目的绝不仅仅是为了吸引人眼球，更深层次的原因是为了创设情境，所以，应该优先考虑使用真实照片，其次才是设计图片、卡通图片、图形符号等。

第三，文字对比。但凡在幻灯片上呈现文字，就需要使用对比的手法强调关键词、句，以增强视觉效果，让学习者一眼就能看懂本页幻灯片的中心意思。强调文字常用的技法有颜色对比、大小对比和粗细对比。

第四，动画合理。幻灯片动画效果是一个巨大的无底洞，很多人陷入其中无法自拔，实际上动画的意义和价值并不高。在正式场合做演示时，使用的动画一般都比较简单，过于复杂和炫丽的动画效果会给人哗众取宠的印象。除非有必要，动画还是简单为妙。微课PPT动画需要做到简单合理，简单是指使用出现、飞入、擦除等最基本的动画效果，合理是指文字进入画面的方向应符合人们的阅读习惯，进入的路径应在距离上为最短，且动画过程中内容不要相互干扰。微课PPT中使用动画有三个目的，一是让学习者的目光始终聚焦当前内容上，而非自行阅读，以保持思维的同步与专注；二是实现文字与旁白的音画同步效果；三是使画面生动而不呆板。

视频微课素材的准备

一、视频素材的准备

（一）录制视频

录制屏幕能够获得视频，既可以录制软件操作画面，比如Excel、ERP、CRM等软件的操作，也可以录制PPT演示画面，比如产品介绍、培训课程的

PPT 演示等，录制软件和方法都是一样的。

1. 录制屏幕前的准备

录制屏幕前需要准备好脚本、软件和电脑。

· 脚本：录制要按照脚本中的场景，以及场景中的操作步骤来录制。

· 软件：目前录制屏幕效果最好的两款软件是 Camtasia Studio 和会声会影。

· 电脑：使用电脑操作软件或放映 PPT，并录制电脑屏幕。

2. 使用 Camtasia Studio 录制屏幕

（1）Camtasia Studio 8 参数设置。

第一步，打开 Camtasia Studio 8，点击录制屏幕按钮。

录制屏幕按钮

第二步，弹出屏幕录制工具，点击“工具”，点击“选项”。

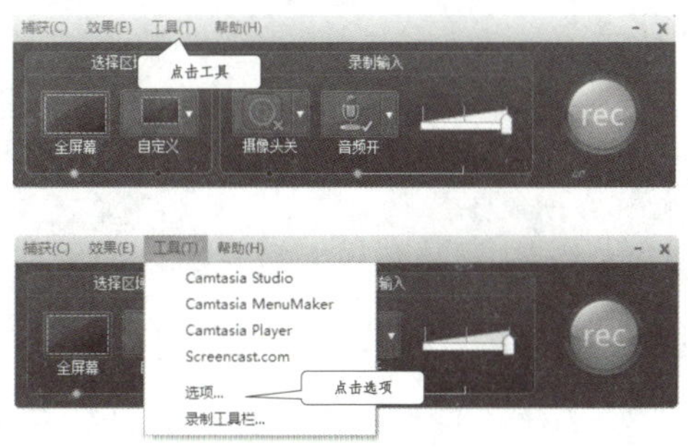

工具对话框

第三步，在“常规”选项卡中将保存格式从“.trec”修改为“.avi”，临时文件夹默认是C盘，建议改为其他盘，如只有C盘没有其他盘则可忽略。

保存格式和地址

第四步，在“输入”选项卡中设置捕获帧率为“30”，其余保持默认，点击“OK”退出即可。

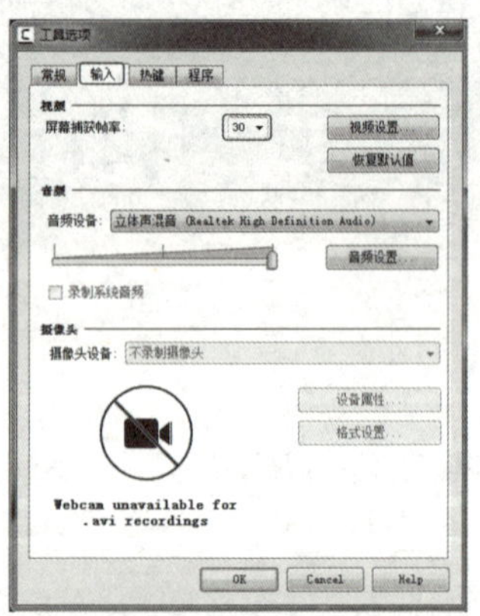

设置帧率

（2）使用 Camtasia Studio 8 录制屏幕。

打开需要录制的PPT或软件，这里以PPT为例进行介绍。先点击“全屏幕”，再点击“rec”弹出“3、2、1”的倒计时画面，并开始录制，同时屏幕录制工具缩小至下方菜单栏。

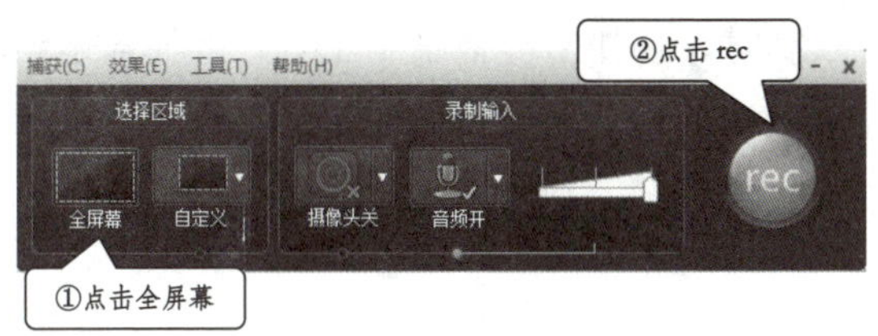

先点击全屏幕，再点击 rec

自动转换至 PPT 界面，按键盘 F5 键或鼠标单击 PPT 右下角的放映按钮开始演示幻灯片，将鼠标拖拽至屏幕之外，隐藏鼠标。同时，建议通过键盘向下或向右箭头切换动画和幻灯片，这样按键噪音最小，不建议通过鼠标单击画面进行切换。

PPT 界面

在录制过程中，按 F9 或 Fn+F9 可以暂停录制，再按 F9 或 Fn+F9 则继续录制，可反复循环；录制完后，按 F10 或 Fn+F10 停止录制。那么，究竟是按 F9 还是 Fn+F9，要看电脑键盘的设计。F9 在键面上半部分，则按 F9；F9 在键面下半部分，则按 Fn+F9。如下图：

按 F9

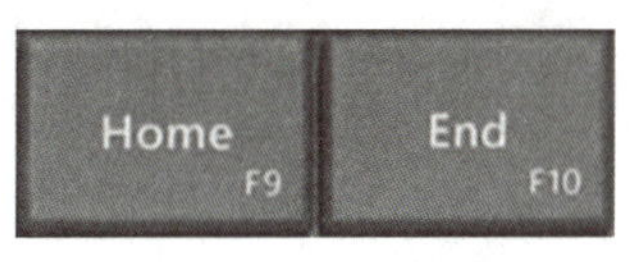

按 Fn+F9

当按 F9 暂停录制时，会弹出屏幕录制工具，上面显示录制持续时间，以及删除、继续和停止按钮。删除就是把已经录制的视频扔掉；继续就是接着刚才停止的地方往下录制；停止就是不录了，保留已录制的视频，等待导出。

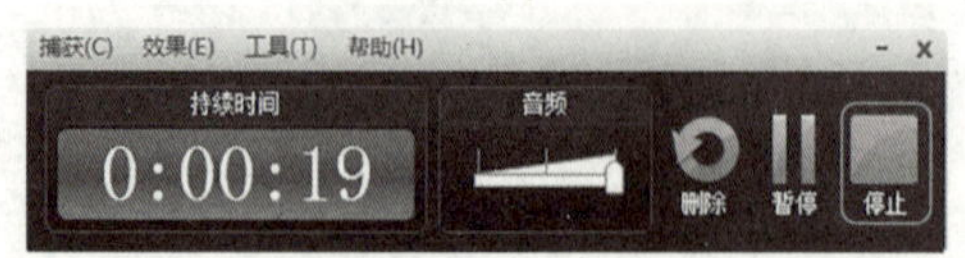

屏幕录制

（3）保存为 avi 格式视频。

录制屏幕完成，点击“停止”按钮，弹出“预览”对话框，如下图：

预览对话框

点击“生成（Produce）”弹出“Camtasia Recorder”对话框，为视频命名，视频格式为 avi，同时设定保存路径，最后点击“保存”就可以把录制的屏幕保存为 avi 格式的视频了。

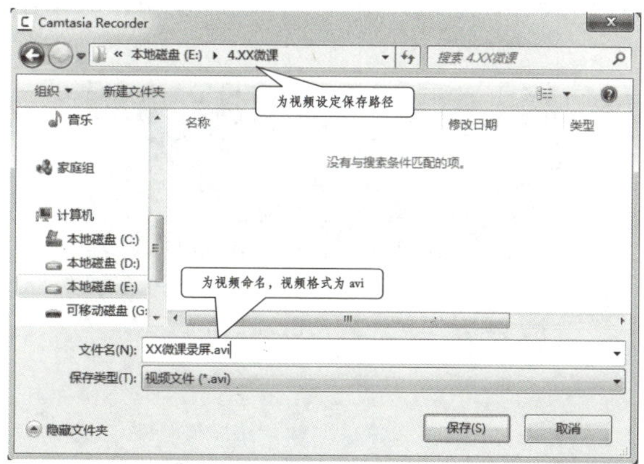

保存对话框

3. 使用会声会影录制屏幕

第一步，单击“捕获”选项，然后再单击“屏幕捕获”。

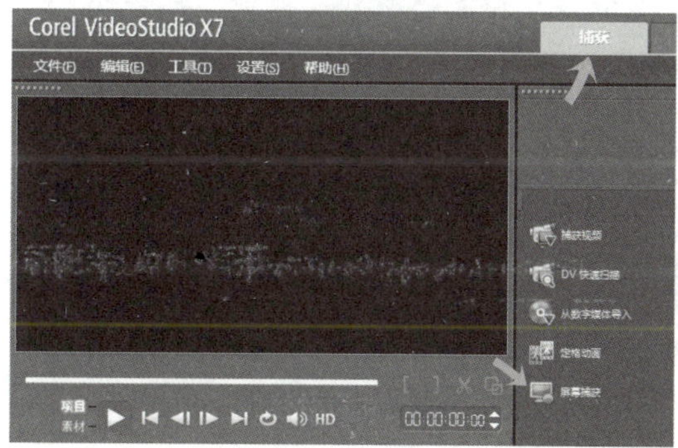

单击屏幕捕获

第二步，单击“红点”进行录制。

单击“红点”开始

第三步，当我们录制好之后，单击“停止”按钮，单击“确定”。

单击“停止”和“确定”

第四步，捕获好的视频在“编辑”菜单下“样本”文件夹最末端，拖拽到视频轨道编辑即可。

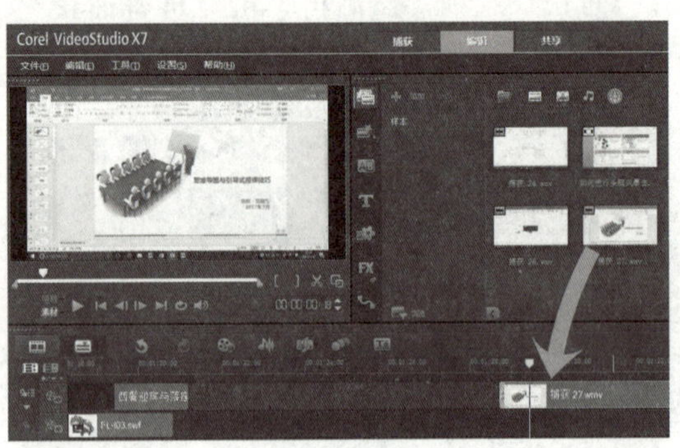

拖拽到视频轨道

【案例分享】

有一次辅导上海一家企业开发 CRM 系统操作的软件微课，学员两名，辅导目标有两个：第一，教会学员软件微课开发技术；第二，2 天制作 30 个 CRM 软件微课。

接到这个辅导项目，我深感压力大，一度犹豫要不要接。第一个目标好说，半天就可以搞定，关键是第二个目标对数量的要求太多了，困难如下：

· 我对课程质量有较高的要求。一般软件微课的做法是边操作边讲解，这样速度是很快，但讲解和配音质量不高，时有错误发生，这对我来说绝对无法接受。我要求画面和讲解完全同步，并且讲解没有瑕疵。

· 学员的积极性和投入度不确定。如果只是学习技术，这没什么问题，但是学了马上就要做出这么多微课，肯定需要加班加点，我担心学员的意愿不够。

后来，我接了这个项目，并且 2 天之内圆满完成了辅导目标，这是怎么回事呢？这是因为在微课开发过程中，我运用了一个管理技巧——流水线作业。具体如下：

· 一个学员专门负责录制微课素材。①录制时一边操作一边讲解，需要注意的是操作画面和讲解声音在时间上要同步，讲解有瑕疵没关系。②录完以后，将讲解内容写成文字稿，然后用录音笔或手机将文字稿录成旁白，中间如果讲错了，隔三秒将错的部分重讲一遍直到正确为止，这遍要求吐词清楚、发音标准、声音洪亮。录完将视频和音频打包给另外一位学员。

· 另一个学员专门负责后期剪辑。①先将第一位学员录制的旁白掐头去尾，删除空白和错误，剪成完美版。②然后在影视剪辑软件中将视频原声删掉，添上完美版旁白，最后调节音画同步即可。

总结：运用流水线作业的方式大大提高开发效率，这是完成辅导目标的前提；合理分配开发任务，没有瓶颈，使开发效率最大化，这是完成辅导目标的关键；重新配音使讲解没有瑕疵，产出高品质软件微课，这是客户满意的保证。

（二）拍摄视频

微课中真实场景、真人演绎的视频素材有五种：情景剧视频、实操视频、讲解视频、访谈视频和影视片段，前四种视频是我们自己拍摄的，最后一种是直接从影视作品中截取的。前四种视频素材在拍摄方面既有相同之处，也有一些区别，我们以前三种为例介绍其异同点。

1. 视频拍摄前的准备。

拍摄视频前要准备好微课脚本、摄像机或手机、三脚架或手机支架、录音笔或手机。

微课脚本严格意义上还不能用于拍摄，因为它还不是分镜头脚本，但是微课脚本一般人能看懂，如果写成分镜头脚本不仅难度大，而且专业性太强，一般人看不懂也写不来，就会望而却步。所幸微课不是影视作品，拍摄手法都是最简单的平拍，景别的运用也就是最基本的中景、近景，没有那么花样和技巧，要求无须那么苛刻，所以微课脚本在非专业人士手里也能拍出视频来，有的效果还不错。

专业拍片现场

摄像设备使用一般的家用高清摄像机就可以了，记得与三脚架一起使用。如果没有摄像机，可以用 iPhone 代替，也尽量配合支架使用以保持画面稳定。如果没有手机支架，可以将人体当作支架，只要方法得当也能拍出比较稳定的画面。

摄像机与三脚架

手机与支架

录音设备使用录音笔，Sony 或爱国者的录音笔效果都不错，如果没有录音笔，iPhone 的录音效果也很棒，可以与录音笔相媲美。为什么要用单独录音呢？主要是因为拍摄现场有环境噪音，会影响视频的音质效果，在离音源较近的位置单独录音后，替换掉拍摄视频时同步录制的原声，这是一种成本低、效果好、简单易行的收音解决方案。

2. 情景剧视频的拍摄要求。

情景剧原本是指一种室内轻喜剧，比如大家熟知的美剧《老友记》、国内的《我爱我家》，在这里是指有一定故事情节、人物对话及肢体互动的视频。

（1）内容：依据脚本。

拍摄过程中最忌讳不按脚本演绎，这有可能导致后面的情节错乱，所以脚本一定要提前定好，定好就要按照脚本演绎，不能随意发挥。那么，万一拍摄过程中发现受到各种条件制约，需要修改脚本怎么办？遇到这种情况建议暂停拍摄，对各项因素进行重新评估后再做决定。

（2）拍摄：横拍不竖拍。

日常生活中，我们遇到有趣的事，拿起手机拍摄视频，绝大多数人的方式是竖着拍，但我们在拍摄情景剧的时候一定要横着拍，这主要是为了适应目前普遍采用的 16:9 宽屏视频格式，而竖拍的视频剪辑出来两边会有很宽的黑边。

手机竖拍

手机横拍

（3）构图：一个中心，两个基本点。

画面只出现一个人，人物位于画面中心，呈现正面。

一机一人：位于画面中心

画面出现两个人有两种构图法：第一，两人位于画面两侧，拍侧面；第二，透过一人肩膀（此人的肩、侧脸或后脑勺在镜头内）拍摄另一人，叫作过肩拍。

一机两人：分列画面两边

一机两人：过肩拍

（4）机位：灵活运用。

当只用一台摄像机拍摄的时候，如上所说，拍一人，拍正面；拍两人，拍侧面或过肩拍。

如果用两台摄像机拍摄，拍两人，1 号机对主角使用过肩拍，拍正面；2 号机拍两人，拍侧面。

1 号机拍主角

2 号机拍侧面

假如有三台摄像机拍摄，拍两人，1 号机过肩拍主角正面，2 号机过肩拍配角正面；3 号机拍两人侧面。

1 号机拍主角

2 号机拍配角

3 号机拍两人侧面

（5）镜头：不变焦，不抖动。

在微课拍摄过程中，尤其是使用手机拍摄时，我们一般不需要使用变焦功能来放大或缩小画面，以免画面出现失帧、噪点，即使需要放大或缩小画面，也建议通过软件后期制作来实现。

使用手机拍摄，一般不需要变焦

摄像机或手机最好用支架或借助物体固定，防止因抖动造成画面模糊、虚化，影响视频画质和效果。画面构好图，摄像机定好位就不要再动了，保持稳定直到拍摄结束。如果演员表演失误，某个场景需要重新拍摄，也需尽量保持原先的构图和定位。

借助物体固定手机

（6）光线：顺光不逆光。

我们可能有这样的经验，对着窗口的人物拍照，拍出来的照片很暗淡，这是因为逆光导致曝光不足的缘故，所以，拍照的时候要顺着光拍摄，以获得明亮、清晰的照片。专业拍摄都有灯光设备，非专业拍摄没有灯光设备怎么办呢？其实很简单，那就是充分利用室内灯光和室外自然光，在拍摄人物时，尽量让光线照在人的脸上，而摄像机则背着光拍摄。

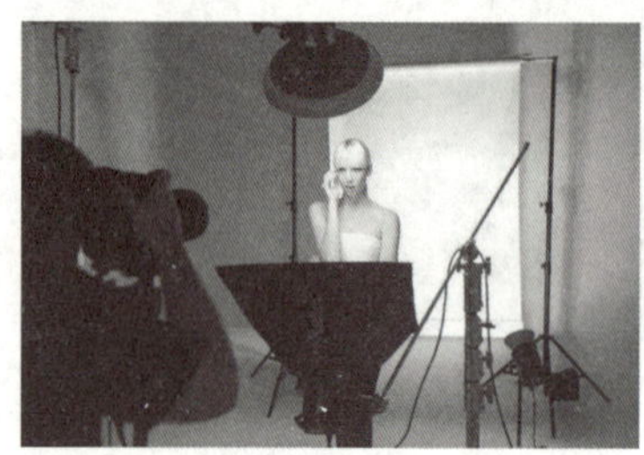
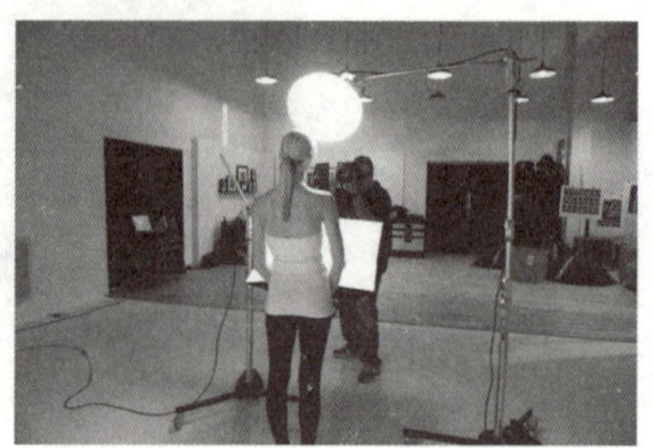

专业拍摄使用灯光

逆光拍摄效果

顺光拍摄效果

（7）录音：尽量没有噪音。

专业拍摄现场会有专业收音设备，电影电视剧拍摄用挑杆话筒收音，访谈节目用小蜜蜂收音。我们拍摄微课没有那么专业的收音设备，而且拍摄现场通常就是工作场所，很难做到静音，那么，这种情况下我们该如何获得较好的音质呢？我的做法有两点：第一，尽量利用上班前、下班后或者中午休息相对安静的时段拍摄；第二，巧妙隐藏录音笔或将手机作为演员道具，就近采集演员对白声音。

专业拍摄使用挑杆话筒收音

使用录音笔收音

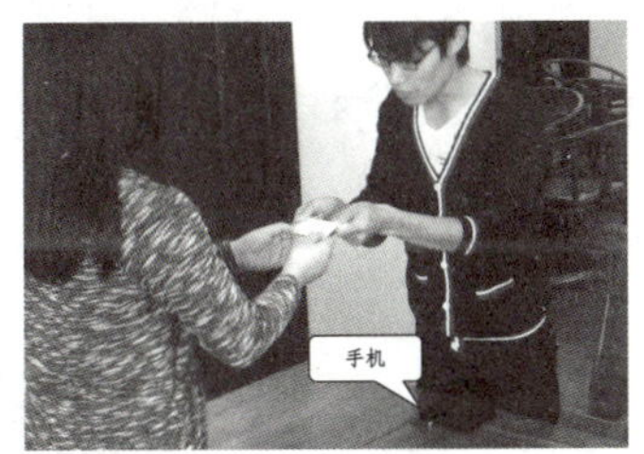

使用手机收音

（8）讲话：大声、清晰。

除非夜深人静的时候，否则空气中总是弥漫着噪音，因此，拍摄微课时演员讲话必须大声、洪亮、清晰，目的在于使演员讲话的声音盖过噪音，从而获得较好的音质。

（9）排练：三到五遍。

我们开发微课的目的是解决工作中的实际问题，这要求我们制作的微课必须反映真实的情况，那么，演员的表演就必须要真实、自然。而演员只有在熟悉台词、动作、表情和走位的基础上，才能演绎得真实、自然，所以，在正式拍摄前需要排练几遍。排练的目的在于帮助演员熟悉表演内容，查漏补缺，纠正偏差。根据经验，拍摄一个场景对于非专业人士来说，一般排练三五遍也就差不多了。倘若不排练，表演的时候就会忘记台词，表情生硬，动作脱节，总而言之错漏百出，严重影响拍摄进度和质量。

（10）表演：真实演绎。

真实演绎要求演员的表演符合工作实际和生活经验，工作和生活是怎么做的，演的时候就怎么演，就是要做到自然。

首先，表演时不能看镜头。非专业演员在表演过程中眼睛容易下意识地瞟向镜头，台词说完了不等导演喊停就马上看向镜头，这样就穿帮了，并且后期剪辑处理起来也比较困难。

其次，表演要符合生活和工作实际。比如打字敲键盘，应该像弹钢琴似的，但用手掌拍击键盘那就不真实；再比如，输入手机号码要敲击键盘十一下，只敲三下也不真实。这只是两个小例子，在拍摄微课的过程中我们会遇到各种各样不真实的表演动作，很多时候只是演员一个不经意的动作，自己发现不了，这就要求导演有一双火眼金睛发现问题，重新拍摄。

拍击键盘

最后，基于真实场景拍摄。模拟场景给人很不真实的感觉，如果是因为培训现场条件限制而使用模拟场景练习拍摄技巧，这是可以理解的。但如果是正式课件那就最好在真实的场景中拍摄，因为只有的真实场景才有情境感、代入感，才能最大限度地体现知识和技能的应用环境。

模拟身份证识别器

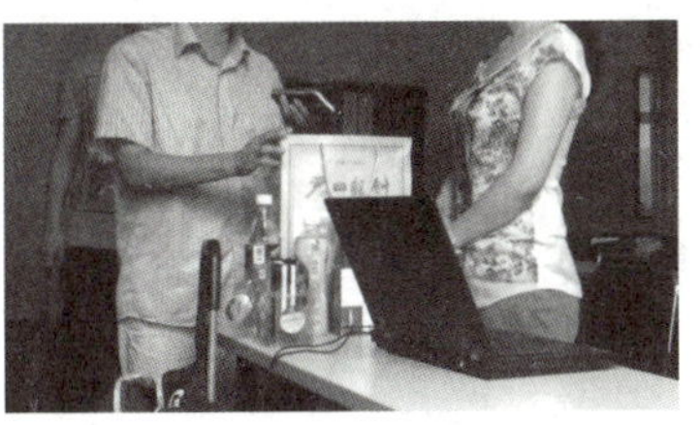

模拟收银台

（11）错了：重新拍或重拍错误场景。

演错了是从头重新拍，还是只拍错误的场景，这个要根据摄像机数量和对视频品质的要求。如果只有一台摄像机，并且对视频品质要求较高，那么演错了就只能重来；要求不高的话，可以隔三秒只将错的场景重演，后期剪辑时将错的片段切掉，前后视频相交做叠化（交叉淡化）处理。两者区别在于，前者完美无瑕，后者在错误切除前后视频交叉的地方会有一段过渡虚影。

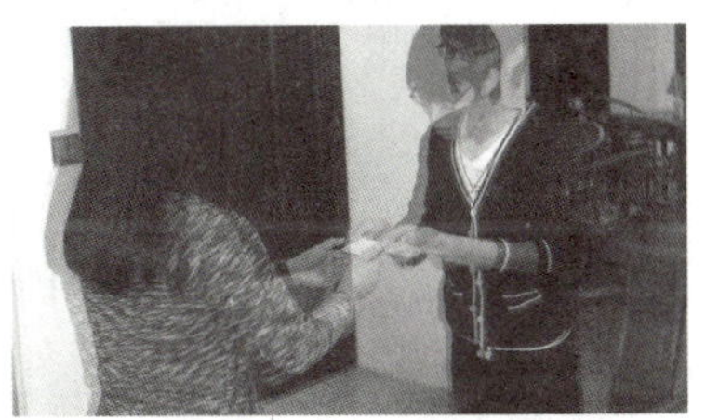

叠化处理产生的虚影

如果有两台摄像机那就好办了，使用双机位同时拍摄，哪里错了隔三秒把错的部分重演一遍，直到正确为止。后期剪辑时，通过切镜头进行处理，即把错误的部分剪掉，然后错误前用 1 号机位的画面，错误后用 2 号机位的画面，镜头一转换，画面天衣无缝。

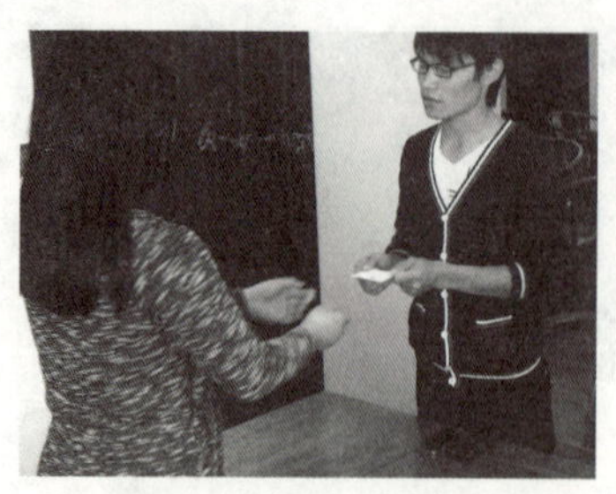
1 号机位画面

2 号机位画面

（12）时间：前三秒后三秒。

导演喊开始之后，演员不能马上就开始表演，要等待 3 秒以后再开始，以便于后期剪辑处理。反之，导演一喊开始演员马上就开始表演，两者说话的声音粘连在一起，后期剪辑比较麻烦。

戏演完了，导演没喊停演员就不能松懈下来，更不能看向镜头，要保持住最后一个动作、表情至少 3 秒，听到导演喊停了才能停下来。

（13）口令：明白就好。

导演技术是从国外传入国内的，通常开始喊“action”，结束喊“cut”，但我们拍微课视频则没那么多讲究，大家约定口令能听明白就好。在拍摄情景剧的实践中，根据非专业演员的特点，我总结出一套简单、实用的导演口令：

· 保持安静。提醒现场全体人员现在要拍戏了，请保持安静。

· 演员就位。提醒演员走好位，做好准备。

· 情绪调整。这个是专门针对演员的，因为非专业演员表演时特别容易笑场，有的时候笑得莫名其妙，而且停不下来，所以要情绪调整。

· 录音开始。指示开启录音笔或手机的录音功能，录制声音要先于拍摄视频。

· 摄像开始。指示开启摄像机或手机的摄像功能。

· 准备。在前序工作做好以后，再次提醒演员马上要开始表演了。

· 开始。指示演员 3 秒后开始表演。

· 停。指示停止表演，停止摄像，停止录音。

3. 讲解视频的拍摄要求。

讲解视频顾名思义就是一个人对着镜头讲话，这种表现形式常用于案例讲述、经验分享、产品介绍、专家点评等微课场景。拍摄讲解视频，专业的一般会使用虚拟摄影棚，新闻节目有专门的演播室，业余爱好者则可以准备一张合适的背景板，在相对安静的房间拍摄。

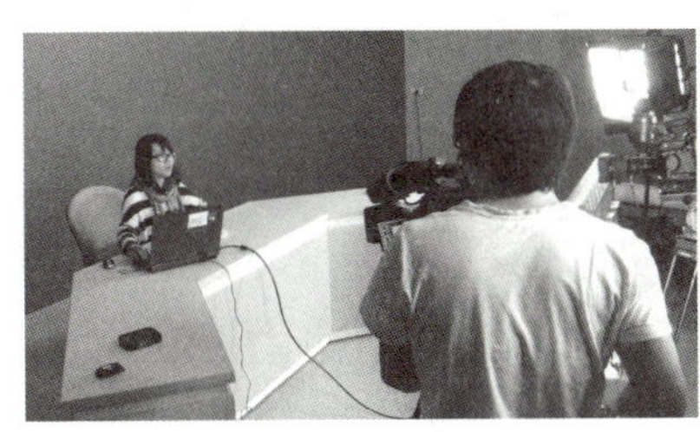
在虚拟摄影棚拍摄

在演播室拍摄

讲解视频的拍摄要求与情景剧视频既有相同的地方，也有不同的地方。

其中相同的要求包括：

（1）内容：根据脚本。

（2）拍摄：横拍不竖拍。

（3）镜头：不变焦，不抖动。

（4）光线：顺光不逆光。

（5）时间：前三秒后三秒。

（6）录音：尽量没有噪音。

（7）排练：三到五遍。

不同的要求包括：

（1）构图：画面中心。

讲解视频一般是一个人对着镜头讲话，所以将人物置于画面中心比较好。

讲解视频演员位于画面中心

（2）机位：一个机位。

专业拍摄使用一至三个机位都有可能，微课视频拍摄一般一个机位即可。

（3）表演：自然、流畅。

讲解视频演员不需要演绎，但讲解时要做到表情自然，语言流畅。

（4）讲话：抑扬顿挫。

讲解首先要求声音洪亮，以便获得好的音质；其次，注意抑扬顿挫，语速快慢有度，富有节奏感。

（5）错了：重拍错误场景。

专业拍摄会使用提词器，提词器的外屏幕可以显示文字，背面连着摄像机，演员看着提词器上的台词就是在看镜头，摄像机透过提词器能拍到演员，但拍不到字。有了这个神器，演员就不用背台词了，但这不意味着就容易了，专业拍摄的要求会更高，更注重演员的形象气质、声音魅力、肢体语言及表情神态等。

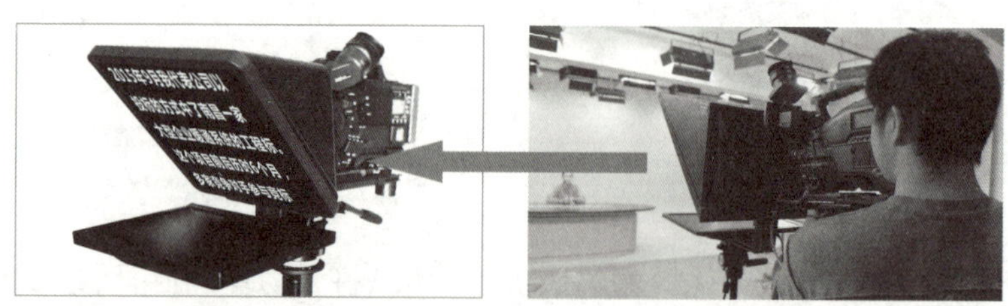

使用提词器拍摄讲解视频

非专业拍摄没有提词器，台词记不住就成了大问题，解决方法是分段拍摄，也就是一段一段地拍，每次只用记一段台词。如果讲错了，那么哪一段错了就重拍哪一段，后期可通过切景别或切镜头的方式实现视频的无缝衔接。这样做的好处是大大降低了演员背台词的难度。

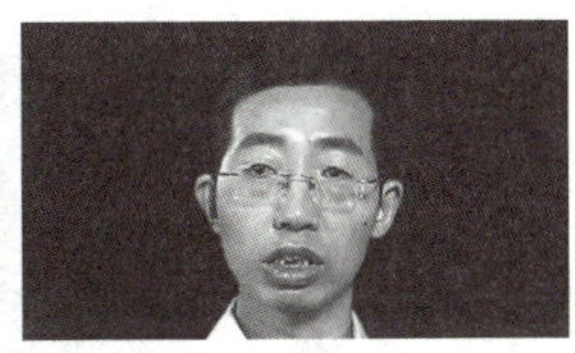

单机位拍摄通过切换中景、近景和特写来处理错误

（6）口令：简单。

拍摄前喊“开始”，结束时喊“停”。

4. 实操视频的拍摄要求。

实操视频展示的是操作的方法或步骤，比如产品的生产、安装与调试，服务的流程、规范与要点等。实操视频的拍摄要求与情景剧视频也有相同之处，但也有不同。

相同的要求包括：

（1）内容：根据脚本。

（2）拍摄：横拍不竖拍。

（3）镜头：不变焦，不抖动。

（4）光线：顺光不逆光。

（5）讲话：大声、清晰。

（6）时间：前三秒后三秒。

不同的要求包括：

（1）构图：画面中心。

实操视频往往聚焦在人的肢体或产品上，所以最佳的构图模式就是将需要展示的内容置于画面中心，这样拍摄即使后期需要调整画面，也很方便在影视剪辑软件中实现。

一般情况下，实操微课不需要展示操作人员的脸部，但某些类型的实操微课需要这样，比如呈现服务人员为顾客提供服务的过程，两者之间有语言交流或肢体互动。

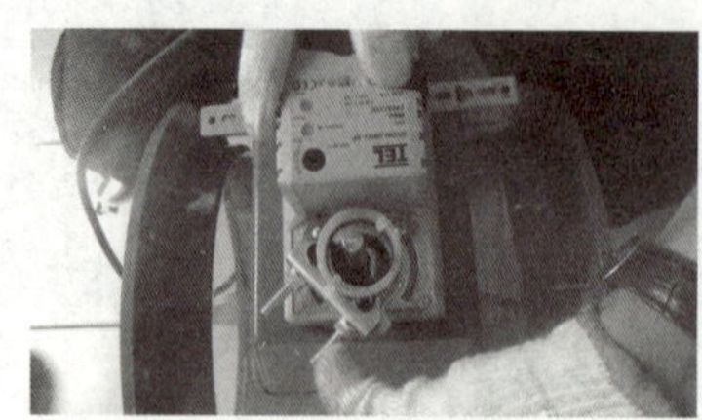
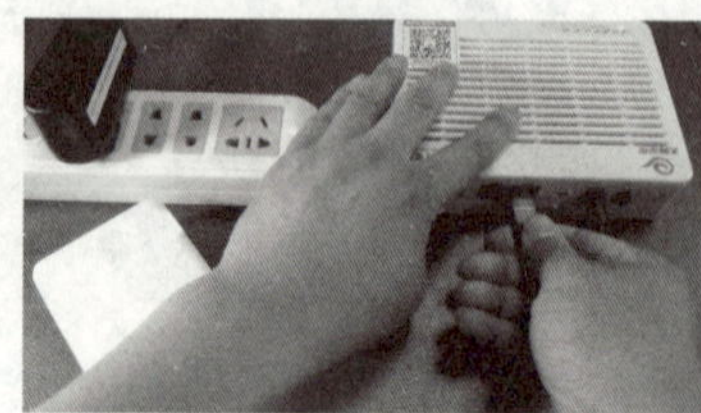

安装操作

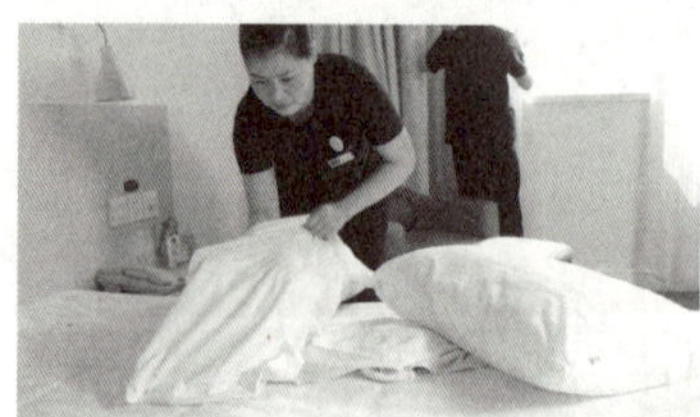

服务操作

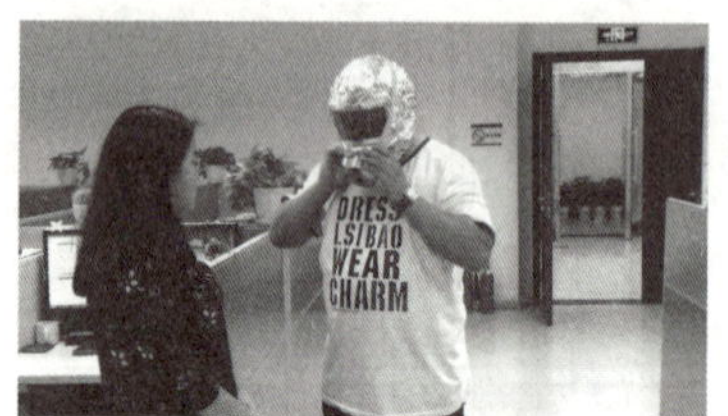

安全操作

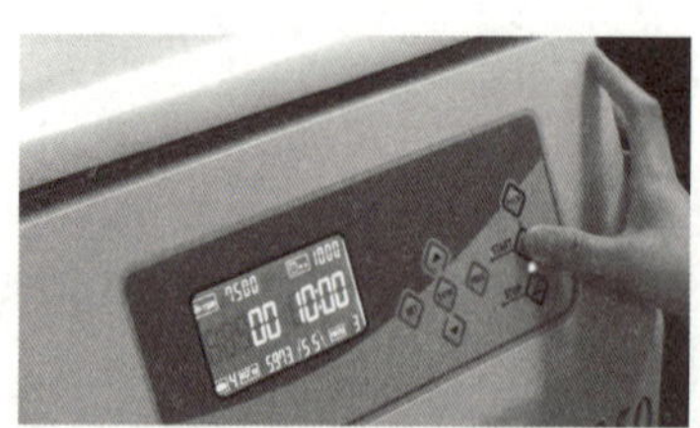
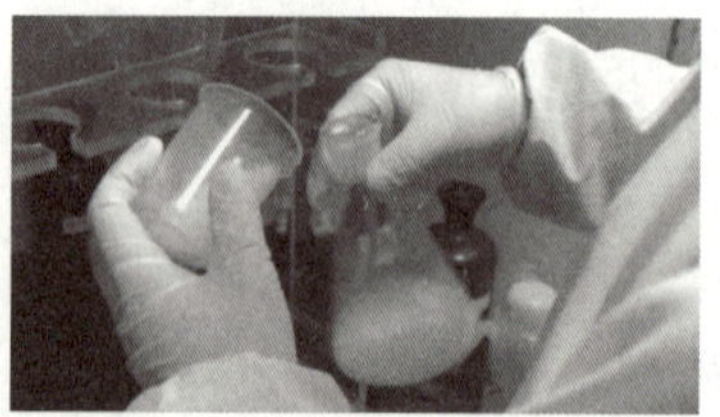

实验操作

礼仪规范

（2）机位：一至两个。

实操微课一般使用一个机位拍摄即可满足需要，但必要时也会使用两个或多个机位，比如要从不同角度展示操作过程，或者有多个人物需要展示。

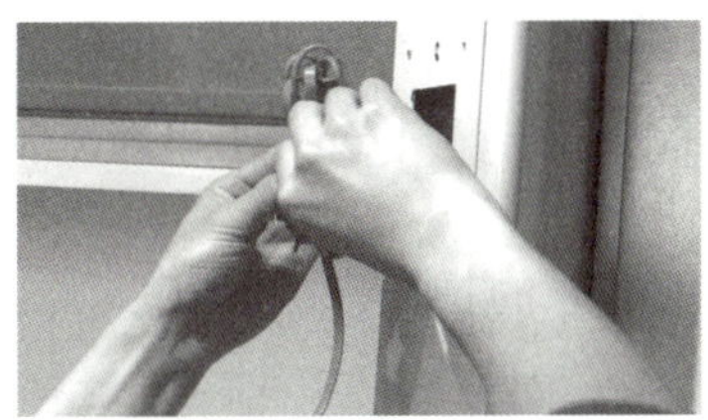
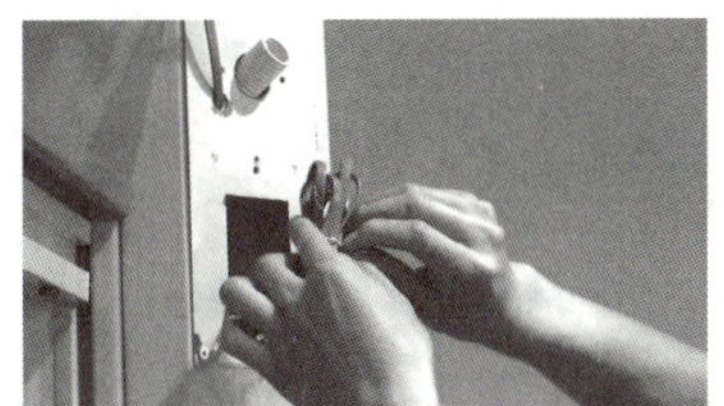

当一个角度的视线被遮挡时切换至另一个角度

（3）录音：边操作边讲解。

实操视频拍摄时要求操作人员边操作边讲解，将操作动作和讲解声音同步录制下来，但对讲解声音没有太高的要求，只要能听得清就行，因为后期制作会根据讲解编写旁白稿，给视频重新配音。

边操作边讲解

（4）排练：一到两遍。

一般来说，实操微课的操作者对操作内容都非常熟悉，所以实操微课的排练是指导演与操作者根据脚本确定操作步骤，以便合理安排拍摄流程、机位、角度和景别等。

（5）表演：规范操作。

与情景剧需要演绎不同，实操无需表演，只需要按照规范操作就可以了。

（6）错了：重拍错误场景。

即使只有一个机位，在切除错误片段前后视频衔接会出现虚影，对于实操微课来说也丝毫不影响学习效果。当然，如果有两个机位，通过切换镜头那就根本看不出错误了。

（7）口令：简单。

拍摄喊“开始”，结束喊“停”。

以上对情景剧视频、讲解视频和实操视频的拍摄准备和拍摄要求做了详细的阐述，下面用一张表格做一个横向对比，作为总结。

<table>
<tr><th>要素</th><th>情景剧视频</th><th>讲解视频</th><th>实操视频</th></tr>
<tr><td>内容</td><td>依据脚本</td><td>依据脚本（或讲稿）</td><td>依据脚本（或大纲）</td></tr>
<tr><td>场地</td><td>①工作场景
②灯光明亮
③噪音最小化</td><td>①有合适背景的场地
②灯光明亮
③噪音最小化</td><td>①工作场景
②灯光明亮</td></tr>
<tr><td>设备</td><td colspan="3">家用高清摄像机（或用 iPhone 替代）、三脚架（或用人体替代）、电脑</td></tr>
<tr><td>软件</td><td colspan="3">Adobe Audition、Sony Vegas Pro 或会声会影、Camtasia Studio 或会声会影、格式工厂</td></tr>
<tr><td>分工</td><td colspan="3">一机位：导演兼摄像、演员
多机位：导演、演员、摄像</td></tr>
<tr><td>拍摄</td><td colspan="3">横拍不竖拍</td></tr>
<tr><td>构图</td><td>1 人：画面中心，正面
2 人：画面两边，侧面
2 人：过肩拍，正面</td><td>1 人：画面中心</td><td>1 人：画面中心</td></tr>
</table>

（续表）

机位	1 机 1 人：正面 1 机 2 人：侧面 2 机 2 人：1 号机过肩拍主角正面，2 号机拍 2 人侧面 3 机 2 人：1 号机过肩拍主角正面，2 号机过肩拍配角正面，3 号机拍 2 人侧面	1 机 1 人：正面 2 机 1 人：1 号机正面，2 号机侧面	1 机：正面 2 机：1 号机正面，2 号机侧面
镜头	不变焦，不抖动		
光线	顺光，不逆光		
讲话	大声、清晰	抑扬顿挫	大声、清晰
录音	尽量没有噪音	尽量没有噪音	边操作边讲解
排练	三到五遍	三到五遍	一到两遍
表演	真实演绎	自然，流畅	规范操作
错了	重新拍或重拍错误场景	重拍错误场景	重拍错误场景
时间	前三秒后三秒		
口令	保持安静、演员就位、情绪调整、录音开始、摄像开始、准备、开始、停	开始、停	开始、停

【案例分享】

有一次，我辅导学员拍摄《如何摆放桌面物品》的微课。说实话，这个主题之前已经在其他客户那里开发过两次了，但之前我都只辅导了脚本和拍摄技巧，没有亲自导演，结果两次的效果都不太好。但这个课程对客户很重要，所以这次我决定亲自导演一次，并且至少是双机位拍摄。一切准备就绪正准备开拍的时候，一位学员提了个问题，她说当演员从门口走向工位的时候，摄像机怎么跟拍呢？

她这个问题我根本回答不了，因为我们用的是手机拍摄，角度有限，再加上拍摄现场条件限制，所以无法将门口、走道和工位整个全景都拍到画面里来。其实，我也没打算跟拍，一开始我就打算使用分段拍摄，于是我就跟演员、摄像讲了我的想法。

第一个镜头拍员工从门口通过走道走向工位，一台摄像机，放在工位旁边走道上。如下图：

第一个镜头

第二个镜头拍摄员工到工位坐下及摆放桌面物品，两台摄像机，1 号机从走道拍员工右侧脸及桌面情况，2 号机从员工右后侧拍员工桌面情况。如下图：

1 号机

2 号机

第三个镜头拍摄主管从走道走过来检查，一台摄像机，位置与第一个场景一样，如下图：

第三个镜头

第四个镜头拍摄主管指出员工桌面摆放不正确及员工纠正的内容，两台摄像机，1 号机从员工左侧拍主管正面，2 号机从员工右后方拍桌面情况。如下图：

1 号机

2 号机

然后，大家讨论一番，都觉得可行，拍完以后剪辑出来一看效果还真不错。再后来这个微课就成了客户的精品微课。

再举一个例子，在拍摄《西餐迎宾与落座服务》微课时，有一个场景是服务员引导顾客从餐厅门口走向座位，这段距离较长，拍摄的时候不需要跟拍服务员引导顾客走的全过程，而是选了三个位置定点拍摄。

第一个镜头在门口拍摄，如下图所示：

第一个镜头

第二个镜头在走廊拍摄，如下图所示：

第二个镜头

第三个镜头在座位拍摄，如下图所示：

第三个镜头

这三个镜头衔接起来，连续播放就可以完整表达服务员引导顾客落座的全过程，这也是电影、电视剧常用的拍摄手法。

以上是使用分段的方式拍摄视频的案例，这种方式不仅适用于情景剧视频的拍摄，也适用于拍摄讲解视频和实操视频。分段拍摄就是将难以一次性拍完的场景，拆分成几个镜头来拍，化整为零，化繁为简，等每个镜头都拍好了再组合成一个场景。

二、音频素材的准备

视频微课的音频素材包括对白、旁白和独白三种，在实际制作过程中，我们需要单独录制的音频素材只有旁白，因为对白和独白是随着画面同步录制下来的。旁白主要运用在实操微课、有声图文微课和软件微课中，是对操作动作或图文动画的同步解说，在情境微课、案例微课、影视微课中也有部分运用，譬如专家点评、总结等。

（一）录音前的准备

如果使用录音笔或 iPhone 录音，需要准备：

· 硬件：录音笔或 iPhone、电脑。

· 软件：iTunes、91 手机助手。

· 录音稿：需要从脚本中单独抽取出来，然后打印在纸上。

· 录音场地：要求没有噪音，最佳选择为录音棚，如果没有录音棚，夜晚安静的小房间也是不错的选择。

如果使用电脑录音，需要准备：

· 硬件：台式或笔记本电脑、麦克风。

· 软件：Adobe Audition CS5.5。

· 录音稿和录音场地的要求与上同。

（二）使用录音笔或 iPhone 录音

在安静的小房间，端坐于桌前，录音稿放置于桌上，录音笔或 iPhone 放置于嘴巴下方的桌上，设备距离嘴巴 15 厘米左右。请注意，录音设备不能离嘴巴太近，否则会喷麦产生噗噗响的噪音。录音前先调整情绪，使内心平静，然后开启录音设备，使用普通话大声、洪亮地朗读录音稿，保持语速正常，不快不慢，并适当运用抑扬顿挫。如果读错了，停顿 3 秒，将错的句子重读一遍，再错再重读，直到正确为止。重读时一定要间隔 3 秒，以方便后期剪辑。录音完毕，点击录音设备停止录音键。以下为使用 iPhone 语音备忘录录音的步骤：

> **小贴士**
>
> 录音笔录制的音频格式一般为 mp3，连接电脑后可以直接导出；iPhone 录制的音频格式是 m4a，需要在电脑上安装 iTunes 和 91 手机助手，然后打开 91 手机助手找到语音备忘录导出录音，其中 iTunes 只需安装，无需打开。

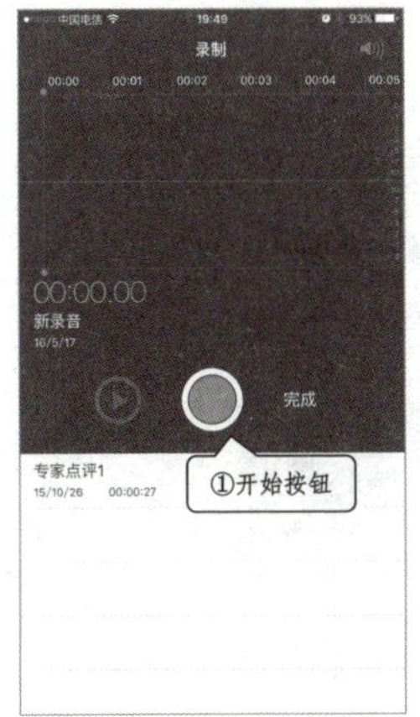

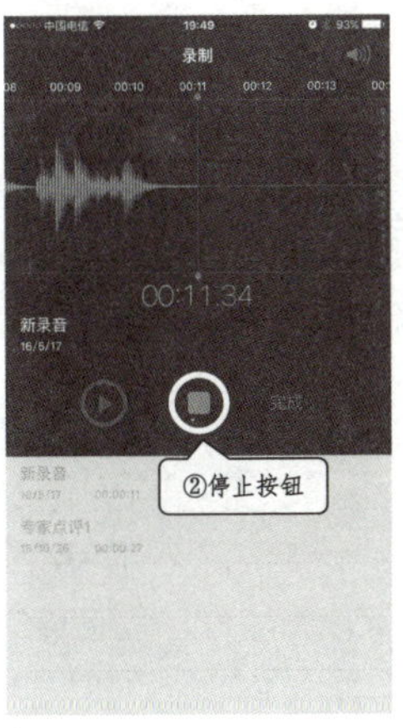

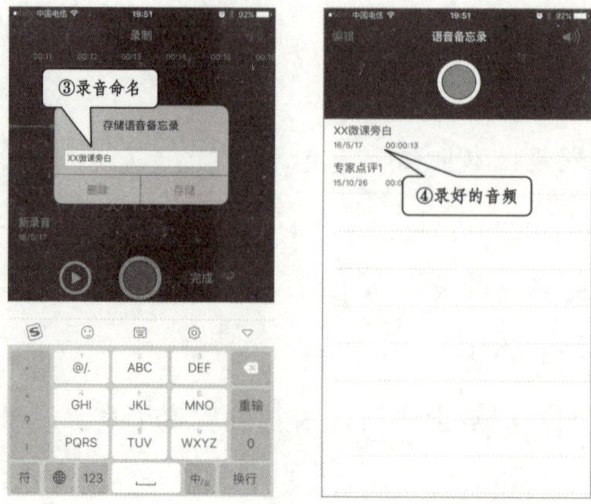

iPhone 录音步骤

（三）使用电脑录音

使用台式或笔记本电脑录音，需要配备一只麦克风，100 元左右的就可以了。笔记本电脑虽然自带麦克风，但录音效果不佳，不建议用之录音。

在电脑中打开 Audition CS5.5，连接、调试好麦克风，点击“录音”按钮新建一个录音文件，填写文件名后点击“确定”开始录音。对着麦克风讲话，录音完毕，点击“停止”按钮停止录音，另存为 mp3 或 WAV 格式，以下为电脑录音的步骤：

第一步，单击“录音”按钮。

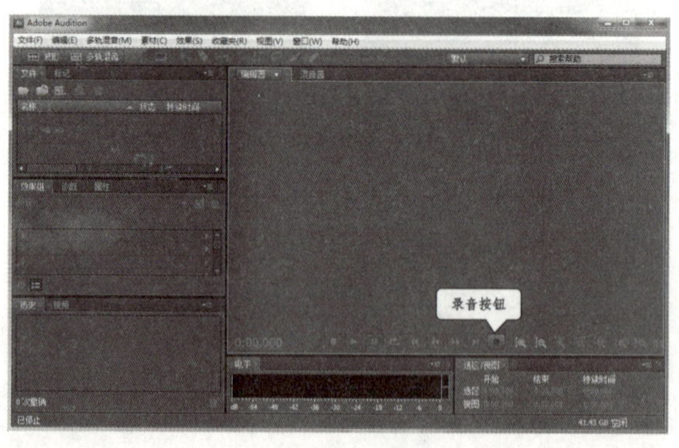

单击开始录音

第二步，给录音文件命名。

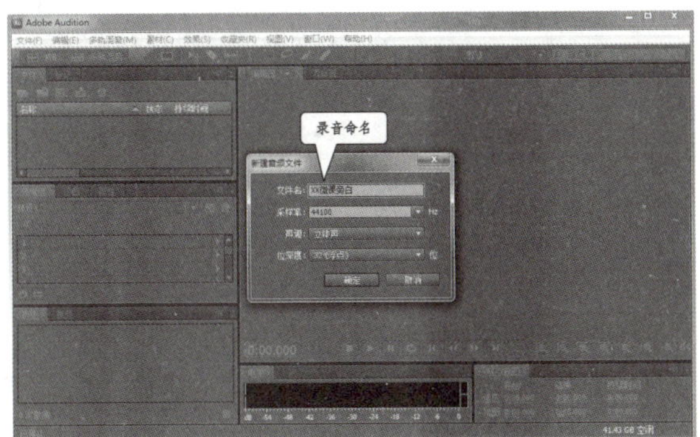

录音文件命名

第三步，录完后单击“停止”录音按钮。

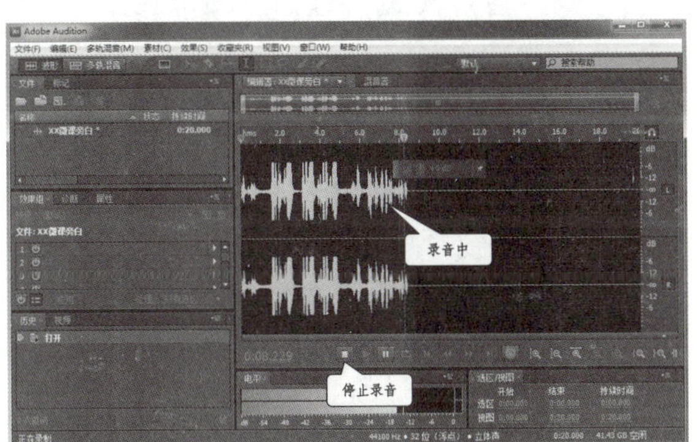

停止录音

第四步，单击“文件”菜单，单击“存储”录音命令。

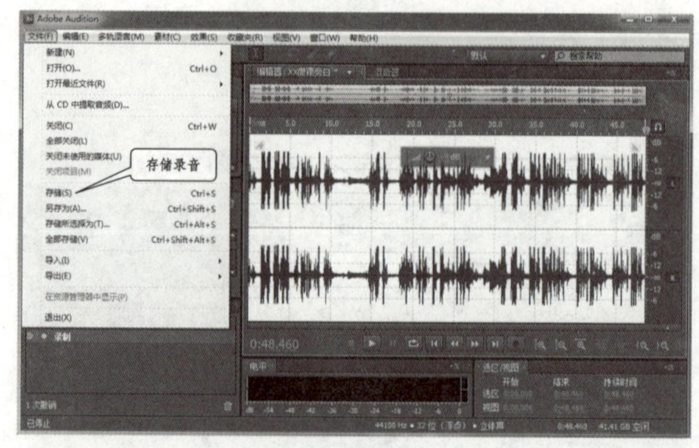

存储录音

第五步，单击“浏览”设定存储路径，单击“格式”下拉菜单选择音频格式为mp3，单击“确定”完成录音。

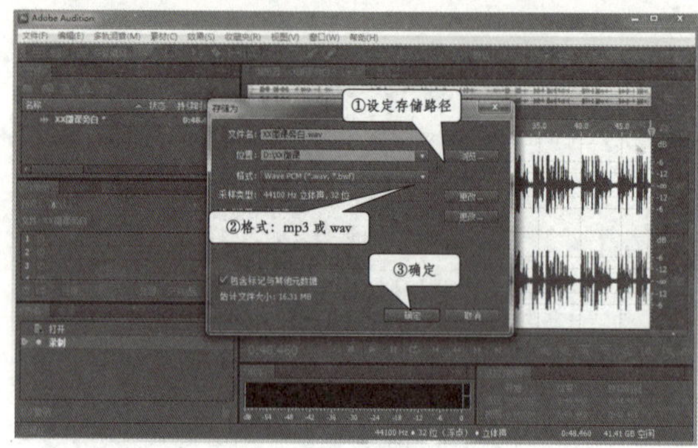

完成录音

三、如何从 iPhone 中导出数据

由于 IOS 系统相对封闭，且苹果系统的操作习惯与 Window 有较大差异，使用 itunes 从 iPhone 中导出数据并不容易，但如果利用第三方软件，比如 91 手机助手导出数据，那就方便多了。

iTunes

91 手机助手

（一）从 iPhone 中导出 mov 视频

第一步，连接 iPhone 和电脑，首次连接需要在手机上点击“信任”。

第二步，在电脑的 91 手机助手左侧上找到“视频管理”，并单击，右侧会显示视频缩略图。

第三步，鼠标单击想要导出的视频，左上角出现被选中“√”标记，右键单击任意一个被标记的视频，单击“导出”即可导出视频。如下图所示：

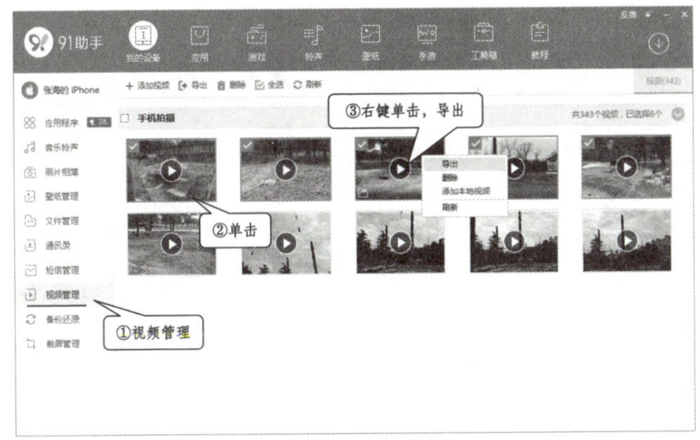

视频导出

（二）从 iPhone 中导出 jpg 图片

第一步，连接 iPhone 和电脑，首次连接需要在手机上点击“信任”。

第二步，在电脑的 91 手机助手左侧上找到“照片相簿”，并单击，右侧会显示照片缩略图。

第三步，鼠标单击想要导出的照片，左上角出现被选中“√”标记，右键单击任意一张被标记的照片，单击“导出”即可导出照片。如下图所示：

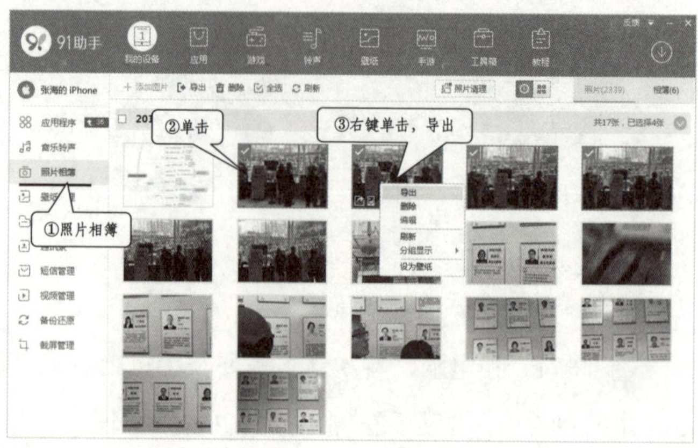

图片导出

（三）从 iPhone 中导出 m4a 音频

第一步，连接 iPhone 和电脑，首次连接需要在手机上点击“信任”。

第二步，在电脑的 91 手机助手左侧上找到“文件管理”，并单击，右侧会显示“语音备忘录”。

第三步，在 91 手机助手右侧找“语音备忘录”，双击打开可以看到后缀名为 m4a 的音频文件。

第四步，Ctrl+ 鼠标选中需要导出的 m4a 音频文件，右键单击任意一个被选中的 m4a 文件，单击“导出”即可导出到音频。如下图所示：

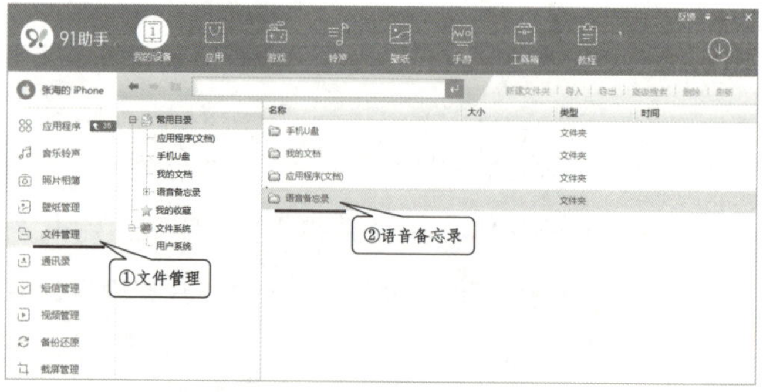

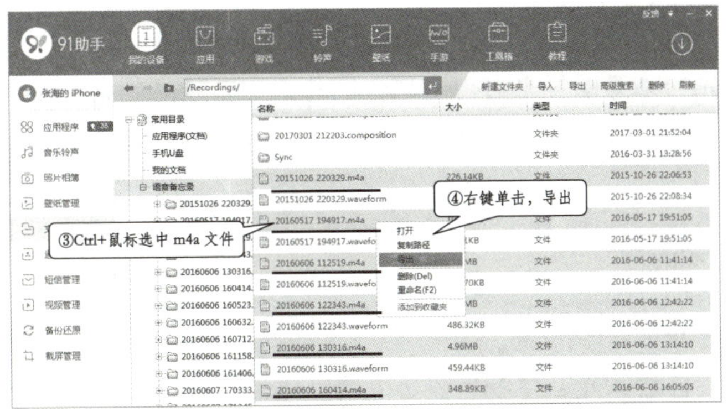

m4a 音频导出

四、图片素材

（一）哪些微课需要图片

图文微课以图片配少量文字；有声图文微课是图片、文字加旁白；H5 微课为图片、文字加背景音乐；互动式微课包含场景、图片、文字和旁白，可以互动。从以上四种微课的表现形式来看，这四种微课对图片的需求量都比较大，而情境微课、实操微课、案例微课、软件微课、影视微课等均以视频为主要表现形式，所以对图片需求量相对较小。

（二）从哪里获得图片

1. 从图片网站下载。

国内外有很多图片网站，大家在网上搜索一下就会发现有很多资源，著名的比如 iStockphoto、Dreams Time。国外图片网站的优点是图片质量比较高、种类齐全、数量庞大，缺点是收费比较昂贵，而且网站打开速度比较慢，所以，这里重点介绍几个国内的图片网站。

（1）全景网。

中国大型图片库机构之一，最大的优势在于图片资源的整合。独家代理世界范围内 100 多家著名图片品牌和数百位国内知名摄影师，提供一千多万张高品质图片，包括创意图片、职场图片、生活图片，特点是含大量东方元素图片。

（2）视觉中国。

国内领先的创意图片平台，上亿张图片，千万精品创意图片，保持每月 5 万余张更新，提供来自全球的优质创意图片和影视素材，包含大量优质的中国元素内容。

（3）昵图网。

提供大量摄影图片、设计图片、矢量图片，包括 Photoshop 源文件。主要涵盖旅游、自然风光、生物世界、人物、生活百科以及艺术园林等。

（4）百度图片。

最大的中文图片搜索引擎，可检索图片超过 1 亿张，具有新闻性、实时性、更新快等特点，但是寻找合适的图片需要很长时间。同类网站还有 360 图片。

2. 从视频中截取。

有时候可以从视频中截取剧照作为图片，很多视频播放器都有截图功能，比如 QQ 影音播放器，按 Alt + A 组合键就可以截图，方便快捷。

3. 自己拍摄。

与工作、生活密切相关的图片网上资源没有，需要自己用照相机或手机拍摄。

五、其他素材

（一）背景音乐素材

背景音乐需要根据课程内容选配，但不是必须的，需要的话可以从百度音乐、酷我音乐上试听和下载。

（二）音效素材

音效用好了能给视频增色不少，音效下载网站也有很多，可以在 ChinaZ.com、爱给网上找音效素材。

（三）形状素材

在开发微课时，你有没有遇到过这样的问题：想用红色的箭头、圆圈或横线指示、强调某个对象，却不知道从哪里获得这样的形状素材？

形状素材一般用于实操微课和软件微课，用于聚焦操作对象，或突出重点内容。

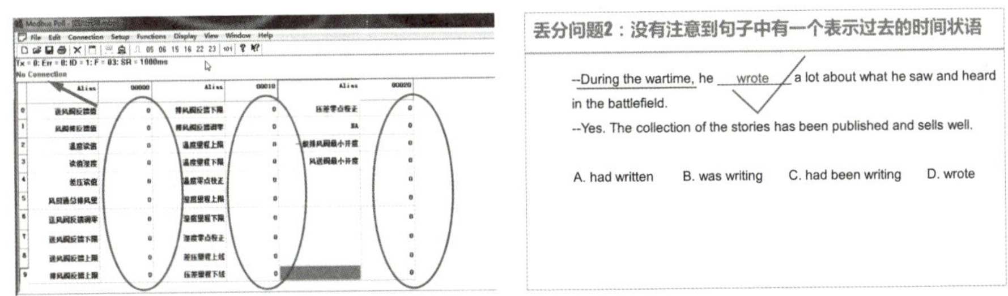

常用形状

常用的形状素材有箭头、椭圆（圆）、方框、横线、叉号（×）、对勾（√），等等。

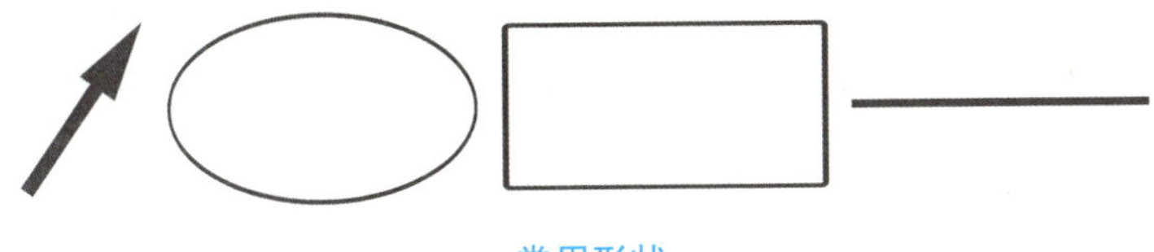

常用形状

这种素材可以根据自己需要来制作，专业的可以用 Adobe Illustrator 或 Adobe Photoshop 绘制，然后另存为 .png 格式图片；一般的也可以用 PowerPoint 绘制，直接在幻灯片中添加形状，调整为自己想要的样子和颜色，然后将形状另存为 .png 格式图片即可。

第6章 视频微课素材的剪辑

素材的规范管理

一、素材命名与存放的常见问题与对策

微课开始剪辑制作之前，一定要对微课的所有素材进行规范的命名和有序的存放，这就是微课素材的管理。这样做的目的是为了防止出现以下两个问题：

第一，素材不按规范重新命名，而是保留摄像机或手机中的原始数字名称，导致无法从名称直接判断素材是什么，导致要用的时候不能马上找到，剪辑效率低下。那么，素材应该如何命名才规范呢？应该按照微课脚本中场景的次序命名，哪个场景的视频就用“场景+数字”的方式命名。错误的命名与正确的命名对比。如下图所示：

20161119 132623.m4a 20161119 133111.m4a 20161119 134041.m4a	场景3.m4a 场景4.m4a 场景5.m4a
视频素材错误命名方式	视频素材正确命名方式

IMG_1787.MOV	场景3.MOV
IMG_1794.MOV	场景4.MOV
IMG_1795.MOV	场景5.MOV
音频素材错误命名方式	音频素材正确命名方式

第二，素材存放于桌面或多个文件夹中，上一次使用 Vegas 剪辑没问题，后来不小心将某个素材挪动了位置，或无意中删掉了，再次打开 Vegas 时提示无法找到素材，如下图所示：

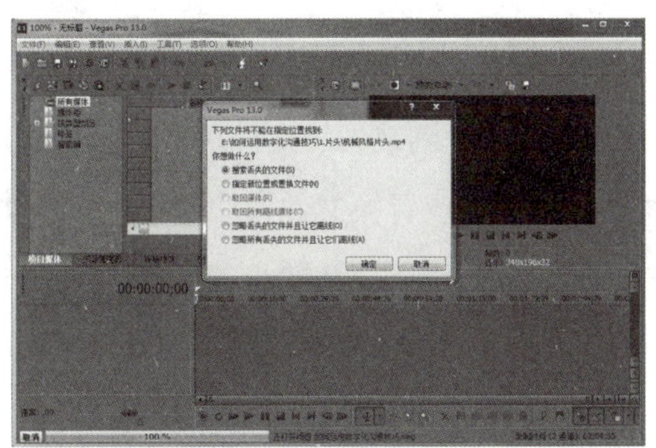

Vegas 提示素材缺失

那么，素材应该如何有序地存放呢？应该根据素材属性分类存放，微课的片头、文案、视频、音频、背景音乐等所需用到的每个素材，按种类分别建立文件夹，每种素材单独存放，各种素材一目了然。如下图所示：

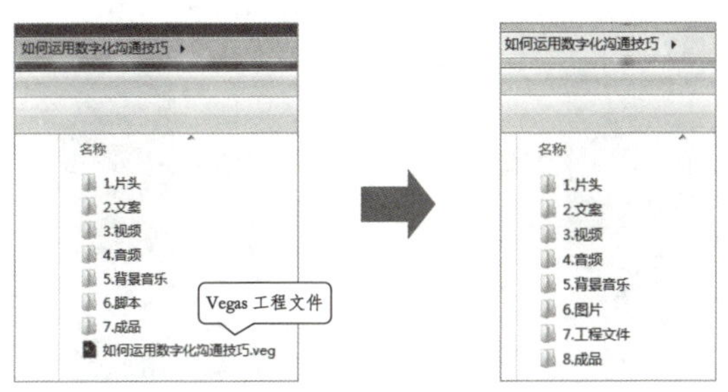

有序存放的微课素材 1　　有序存放的微课素材 2

以上这种素材分类的方式不是固定不变的，可以根据情况自行调整，比如将脚本文件夹剔除另外存放，增加图片文件夹存放需要用到的图片，新建一个工程文件文件夹将 Vegas 工程文件放进去等等，但无论怎样都要达到有序管理的目的。

二、Vegas 提示找不到素材怎么办

如果遇到 Vegas 提示找不到素材，我们应该如何解决呢？

首先，我们应该看清楚缺失的是什么素材，路径是什么。在上面的案例中，缺失的素材是“机械风格片头 .mp4”，路径是“E:\ 如何运用数字化沟通技巧 \1. 片头 \”。

接下来，就要从其他地方找到缺失的素材，并复制到以上路径的文件夹中。

最后，点击“指定新位置或置换文件（N）”在“E:\ 如何运用数字化沟通技巧 \1. 片头”文件夹中重新指定素材“机械风格片头 .mp4”。如下图所示：

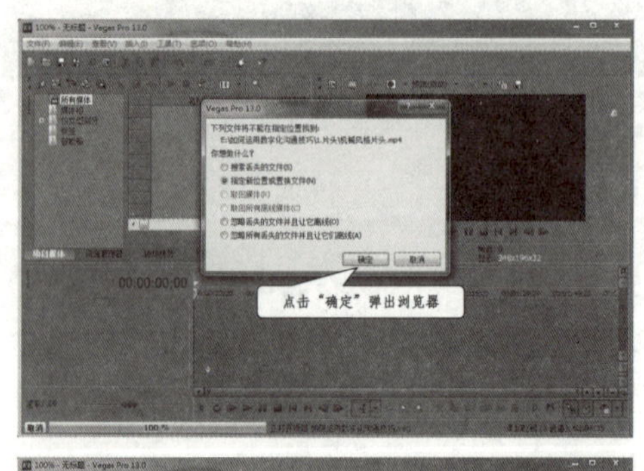

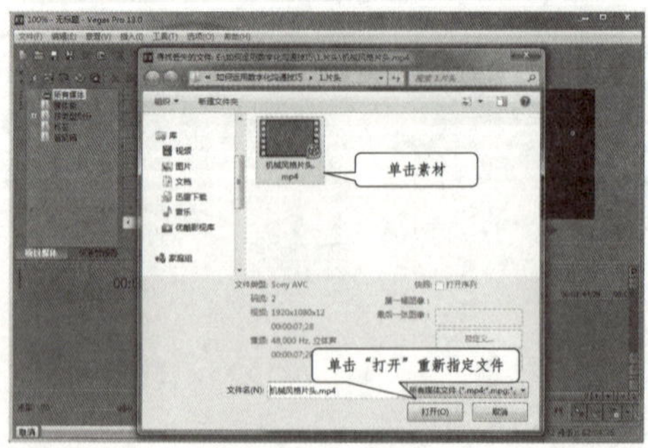

找回素材

素材格式的转换

一、为什么要转换素材格式

使用摄像机、手机摄像，以及使用录音笔、手机录音，这些设备所生成的素材格式各异，有的素材格式不能被影视剪辑软件识别，也就无法直接导入进去剪辑制作。以下为常用设备生成的常见素材格式：

设备	生成素材	素材格式	是否被软件识别
Sony 高清摄像机	视频	mts	能被多数影视剪辑软件识别
iPone 手机	视频	mov	能被苹果影视剪辑软件识别
录音笔	音频	mp3	能被全部音频剪辑软件识别
iPone 手机	音频	m4a	能被部分音频剪辑软件识别

在实践中，我们发现安装音视频解码插件并不是一个很好的解决方案，对于大多数电脑来说，这会导致剪辑过程中视频预览卡顿。所以，我们建议将通过格式工厂将视频素材一律转换为 mp4 格式，音频素材一律转换为 mp3 格式。这两种格式是最为通用的格式，无论任何音频、视频剪辑软件都能轻松识别和完美支持。

二、格式工厂介绍

格式工厂（Format Factory）是一款免费的，也是最好用的格式转换软件，其界面如下：

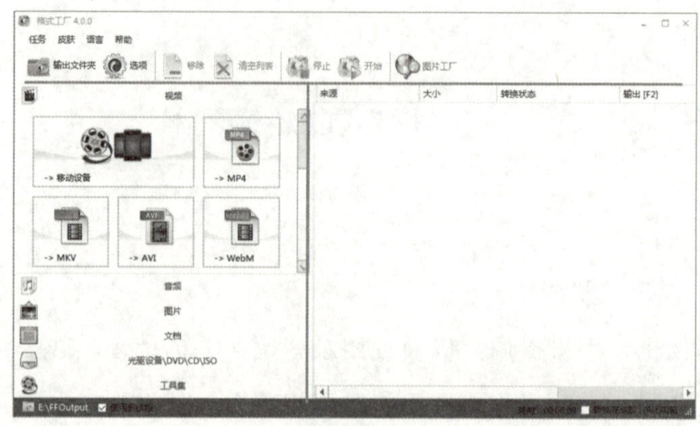

格式工厂界面

格式工厂界面为“T”字形结构，上部为菜单区，输出文件夹是素材转换后的存放区，选项可设置各种参数，停止可终止转换，开始可启动转换；左侧是格式区，支持视频、音频、图片、文档等不同类型素材；右侧是转换区，显示转换素材的来源、大小、转换进度等信息。

三、将视频素材转换为 mp4 格式

第一步，点击“视频”→“mp4”，弹出“输出配置”对话框。如下图所示：

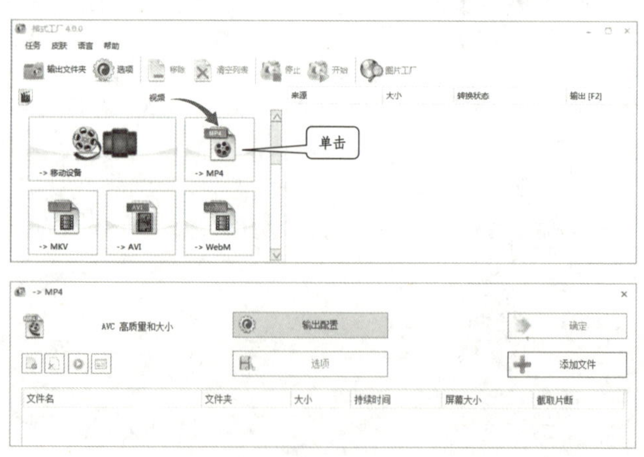

输出配置对话框

第二步，单击“输出配置”弹出“视频设置”对话框。如下图所示：

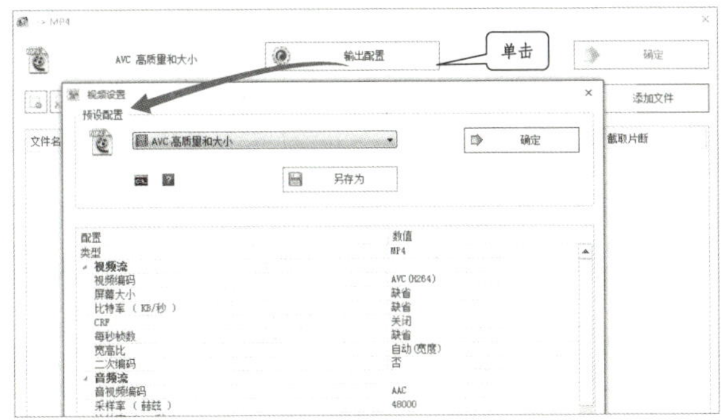

视频设置对话框

第三步，选择“预设配置”，如下表所示：

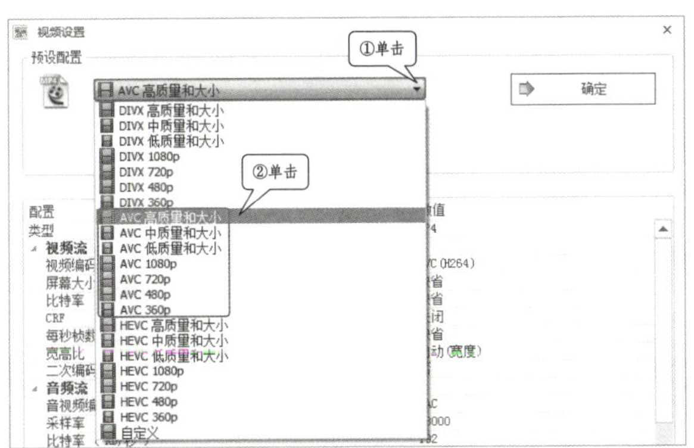

预设配置对话框

如何选择合适的预设配置呢？以转换 mov 格式视频为例，如下表所示：

预设配置选项	约为原始 mov 视频	备注
AVC 高质量和大小	1/6	与 AVC 1080P 差不多
AVC 中质量和大小	1/20	与 AVC 480P 完全一样
AVC 低质量和大小	1/45	实际为 AVC 240P

（续表）

AVC 1080P	1/6	适合 PC 本地播放
AVC 720P	1/10	适合 PC 网络、手机 WIFI 传播
AVC 480P	1/20	适合 PC 网络、手机 WIFI 传播
AVC 360P	1/30	适合微信 4G 传播

如果要将 iPhone 拍摄的素材转成 mp4 格式，然后导入影视剪辑软件中剪辑，那一定要尽量保持原始视频的清晰度，此时，应该选择“AVC 高质量和大小”。

如果是要将高清视频转换成体积小的普清视频，那么，可以选择“AVC 720P”或“AVC 480P”，这两种预设转换出来的视频，体积较小，同时清晰度也比较高，通过 PC 网络和手机 WIFI 传播都没问题。

如果要通过手机微信传播视频，并且耗费宝贵的 4G 流量的话，那么，可以选择“AVC 360P”，这种预设转换出来的视频，体积被大大压缩，但在手机屏幕上播放还是比较清晰的。

第四步，单击“确定”回到“输出配置”对话框。如下图所示

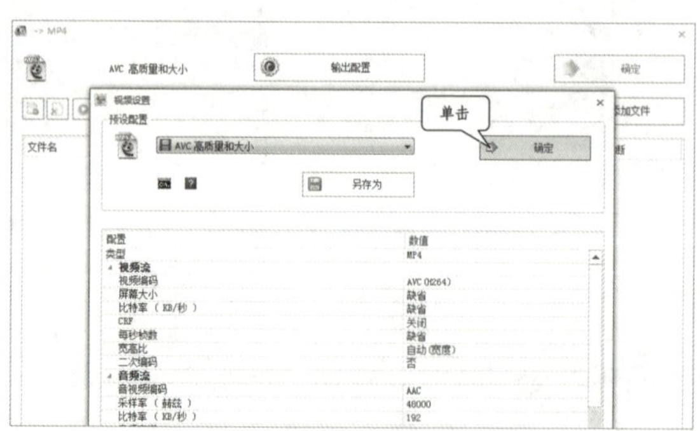

输出配置对话框

第五步，单击“添加文件”弹出资源管理器，选择视频文件，单击“打开”将视频导入。如下图所示：

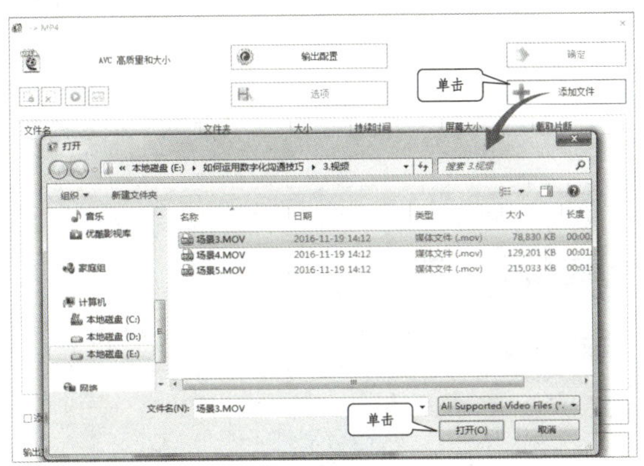

资源管理器

第六步，单击“确定”返回格式工厂主界面，单击“开始”按钮启动转换程序，转换过程中会显示转换进度。如下图所示：

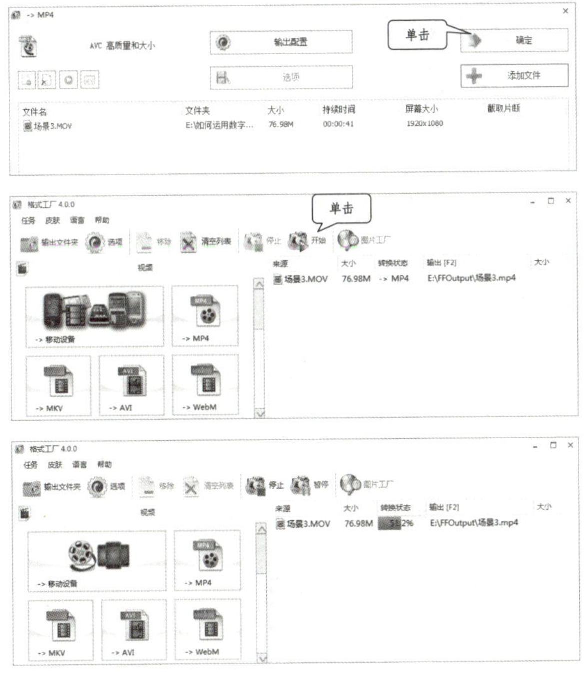

转换进度界面

第七步，转换完成后单击“输出文件夹”，即可找到转换好的mp4视频文件。如下图所示：

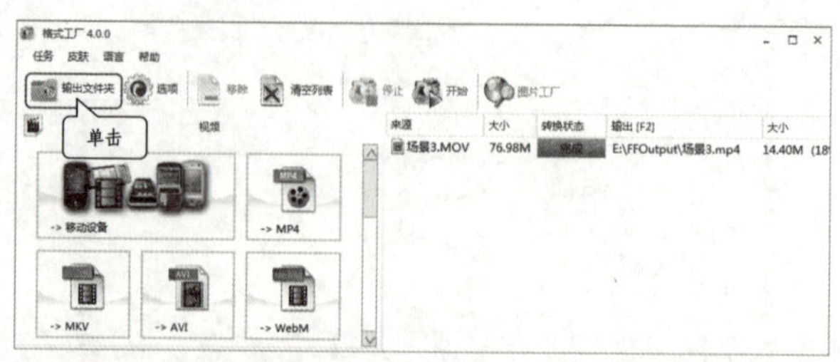

输出文件

四、将音频素材转换为 mp3 格式

第一步，点击“音频”→“mp3”，弹出“输出配置”对话框。如下图所示：

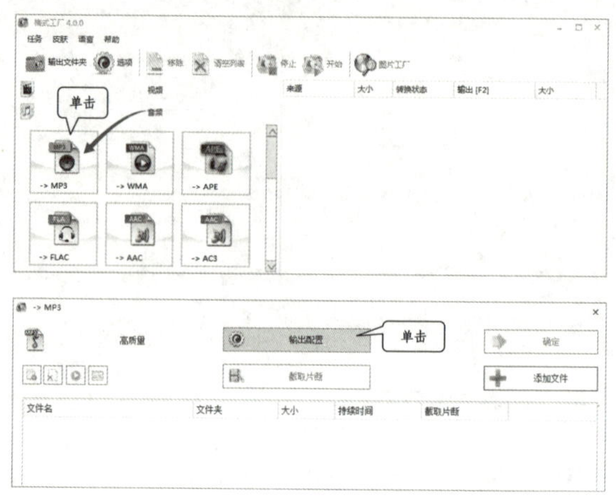

输出配置对话框

第二步，单击“输出配置”弹出“音频设置”对话框，选择高质量，再单击“确定”回到“输出配置”对话框。如下图所示：

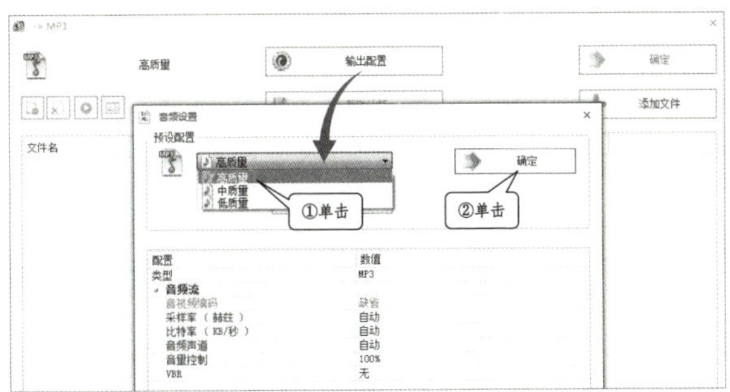

音频设置对话框

音频文件本身体积不大，为保障微课的音质效果，在转换音频格式时，一定要选择“高质量”的预设配置。

第三步，单击“添加文件”弹出资源管理器，选择音频文件，单击“打开”将音频导入。如下图所示：

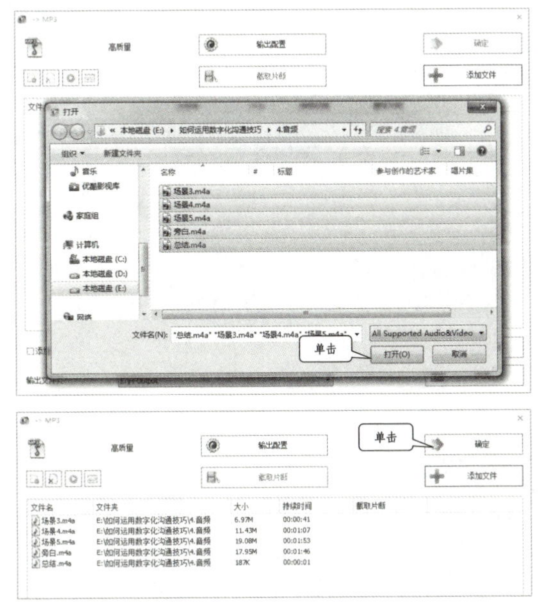

音频导入

第四步，单击“确定”返回格式工厂主界面，单击“开始”按钮启动转换程序。

如下图所示：

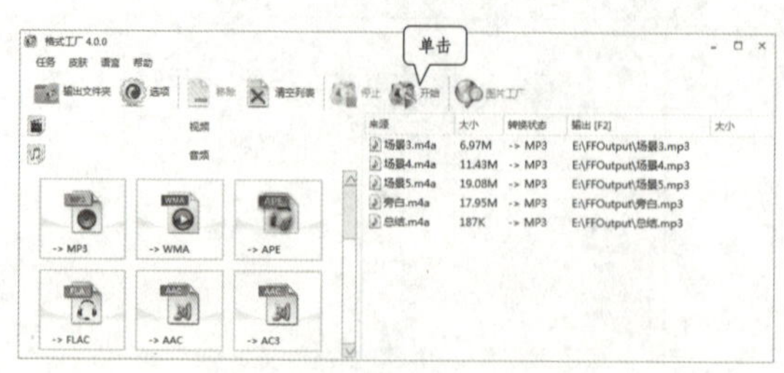

转换音频

第五步，转换过程中会显示转换进度，转换完成后单击“输出文件夹”，即可找到转换好的 mp3 音频文件。如下图所示：

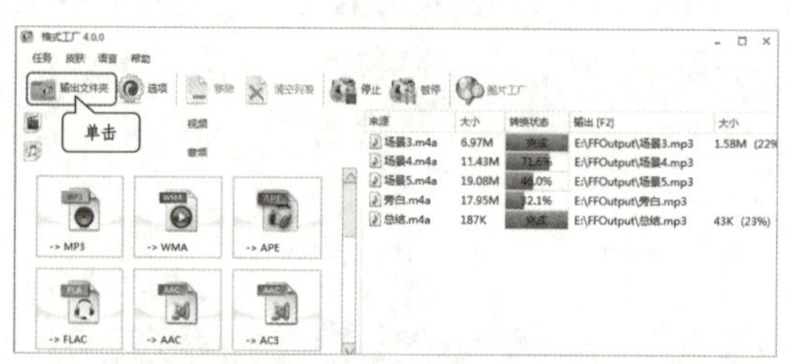

输出文件

音频素材剪辑

一、微课配音出现的问题

我经常看到这样的微课：①边播放 PPT，边录制讲解声音，音画是同步了，可是时不时有讲错的、讲得不准确的，甚至咳嗽声；②旁白的声音比较大，情景剧的声音却很小，整体来看配音忽高忽低。造成上述配音问题的根本原因就是没有使用音频剪辑软件对配音进行处理，下面让我们一起来使用 Adobe Audition（以下称 Audition）这款软件剪辑音频。

二、Adobe Audition CS5.5 基本操作

打开 Audition CS5.5，软件界面如下图所示：

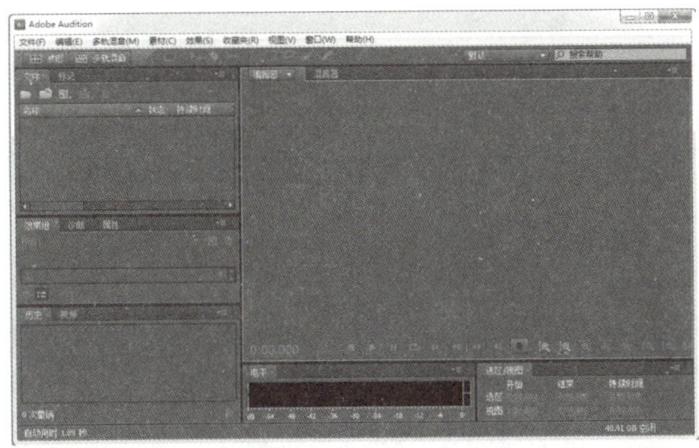

Adobe Audition CS5.5 界面

（一）Audition 快捷键

Audition 快捷键的使用与 Office 软件一致，常用的有：Ctrl ＋ N 新建工程、Ctrl ＋ C 拷贝、Ctrl ＋ V 粘贴、Ctrl ＋ X 剪切、Ctrl ＋ Z 撤销、Ctrl ＋ Y 恢复。

（二）导入音频文件

方法一：通过“文件”菜单中的“打开”命令找到音频文件并导入。如下图所示：

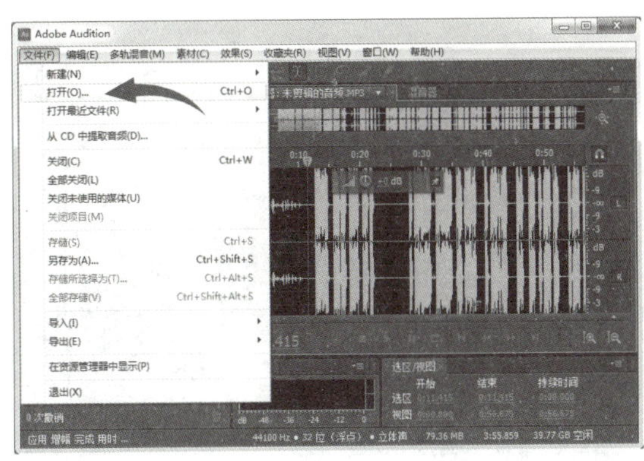

导入音频

方法二：直接将音频文件从文件夹中拖拽进入 Adobe Audition 编辑器中。如下图所示：

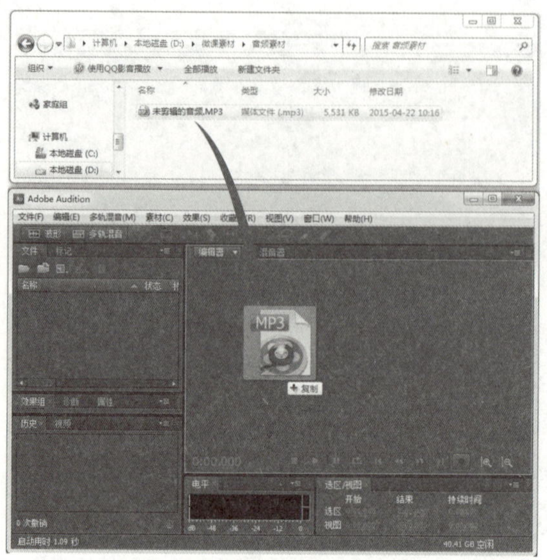

音频文件导入 Adobe Audition 编辑器

导入音频文件后 Audition 界面发生了变化，左边显示文件名，右下区域显示音频轨道和音频波形，右上区域是轨道移动与缩放滑块，轨道上有一根垂直的红线——时间指针。如下图所示：

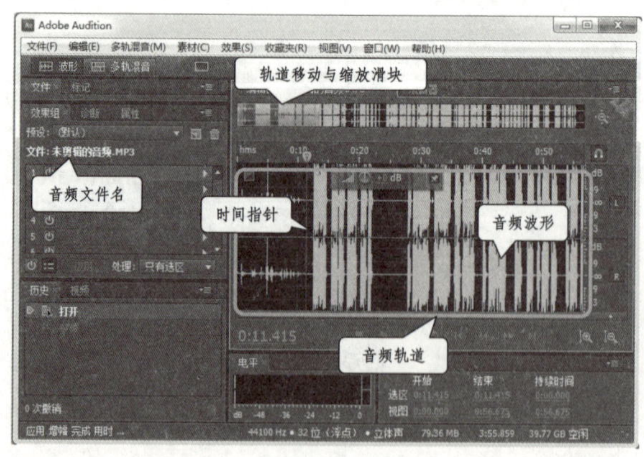

Audition 界面

（三）放大缩小波形

将鼠标放置于波形上，向下转动鼠标滚轮缩小波形，看全貌；向上转动鼠标滚轮放大波形，看细节。如下图所示：

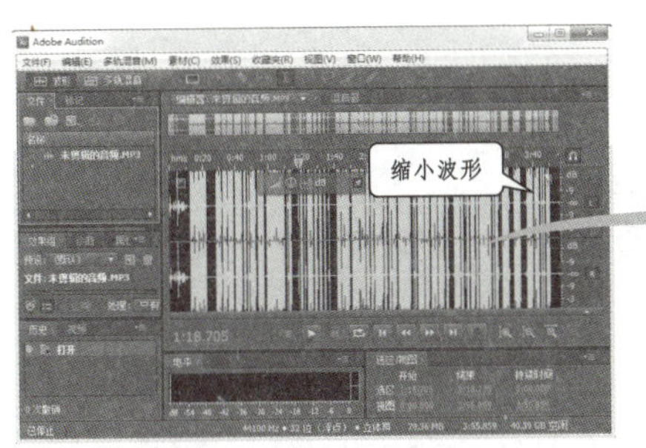

缩小波形

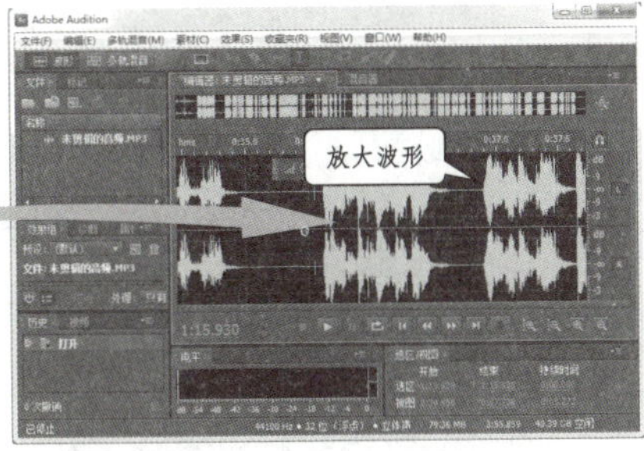

放大波形

（四）预览音频与停止预览

拖动轨道滑块至轨道最左侧，也就是音频波形起始的位置，然后在起始位置单击鼠标，时间指针会自动移至此处，也就是说时间指针会跟随鼠标单击位置变动。如下图所示：

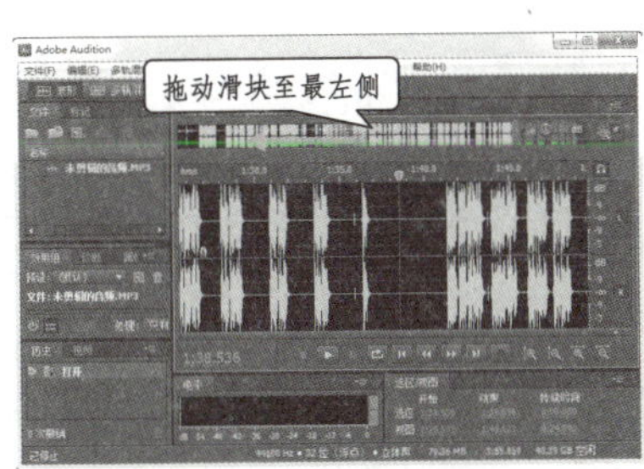

拖动滑块

按空格键时间指针开始向右走动，电脑会传出声音，这就是预览音频；再按空格键停止预览，时间指针停止走动。如下图所示：

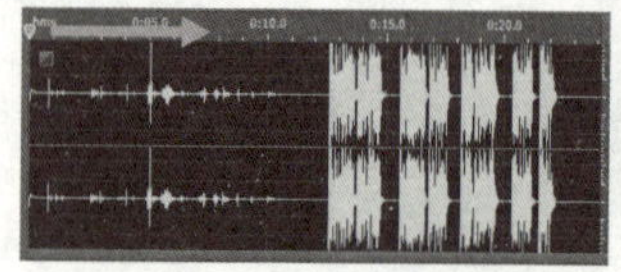
按空格键预览音频

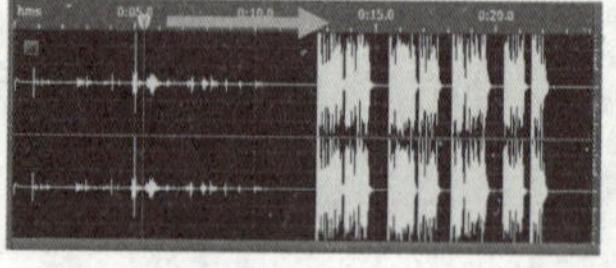
时间指针走动

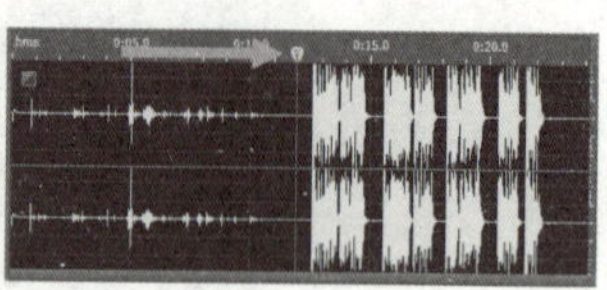
再按空格键时间指针停止

（五）删除音频

先选中需要删除的音频段，然后按 Delete 键删除即可，这跟在 Word 中删除一段文字的操作是一样的。如下图所示：

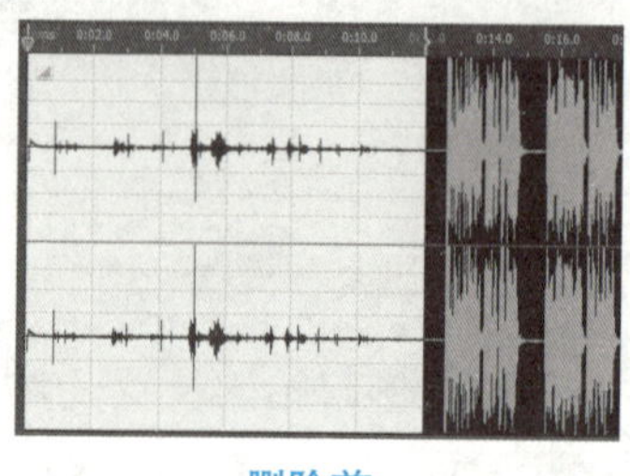
删除前

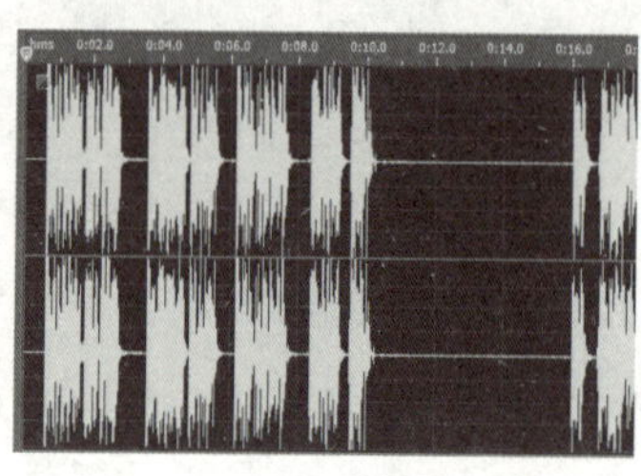
删除后

（六）保存音频

保存音频文件的操作步骤详见第 5 章使用电脑录音，这里不再重复。

三、音频的剪辑技巧

剪辑就像雕刻，雕刻是将一块石头上多余的部分去掉，剩下的就是艺术作品，剪辑也是如此。那么，一段刚刚录好的旁白究竟应该剪掉哪些东西呢？

（一）掐头去尾

录音的时候是先开启录音设备，然后再开始讲话；结束的时候是先停止讲话，然后再停止录音设备。所以，一段旁白的头和尾肯定是要删掉的。

（二）删除空白

日常讲话我们的发音、语速、语调都很正常，一般也不会紧张，但是正式录音的时候感觉就变了，莫名其妙就发音不准了，吐词不清了。这时侯就需要停下来平复一下情绪，调整一下状态，问题在于我们可以停下来，但是录音设备不用停，还在继续录着，于是空白就出现了。所以，音频中话与话之间的空白是要被删掉的，需要注意的是空白不能全删，要保留正常的时间间隔。如下图所示：

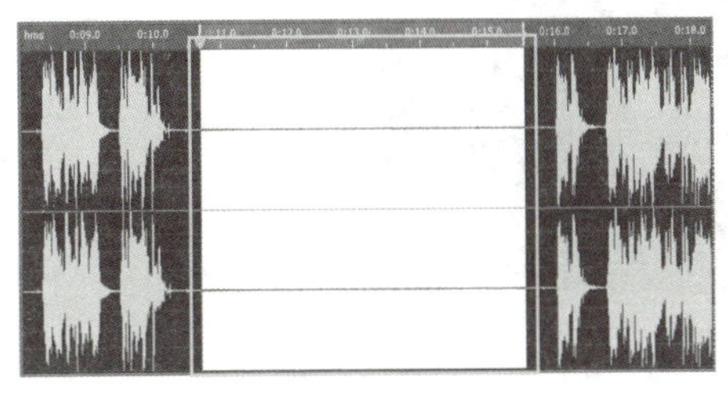
删除话与话之间的空白

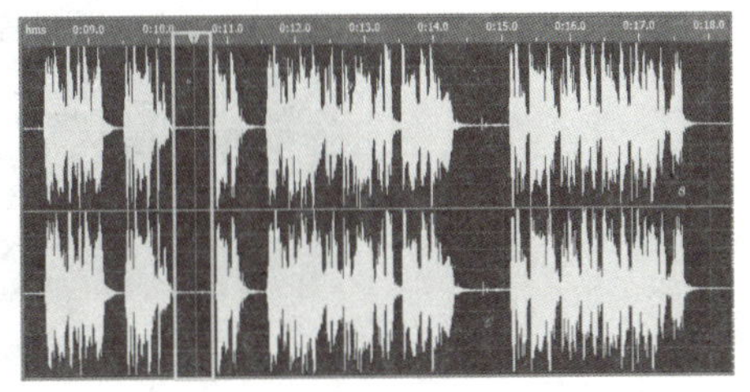
保留正常的间隔

（三）删除错误

录音时讲错了怎么办，是重头再录一遍，还是不管它继续录？其实这两种做法都不对，应该隔三秒将错误的重录一遍，直到正确为止。假如某一句话讲错了两次，第三次才讲对，那么剪到这儿的时候，就要把前两遍删掉，留下第三遍正确的。如下图所示：

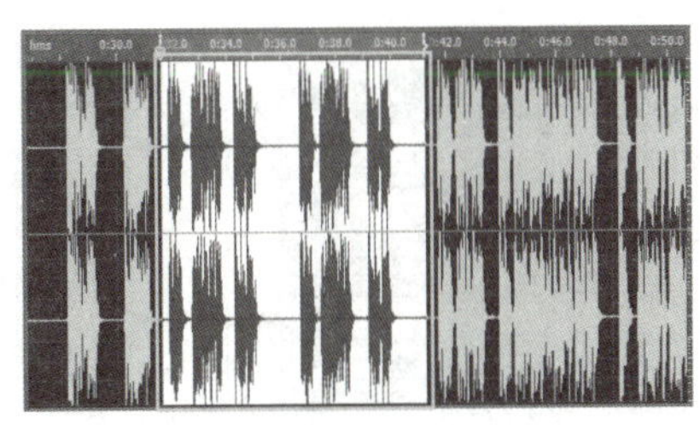
删除前：两遍讲错的

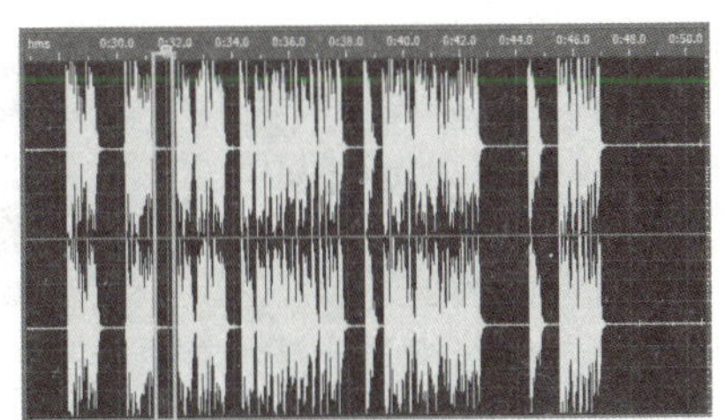
删除后：错误没有了

（四）删除杂音

在办公室、家庭这种非专业录音环境中录音，不可避免地会录入杂音，比如录音者咳嗽声、关门声等，这些杂音必须删除，否则会影响配音效果。

杂音的特点是孤立出现，如果是在讲话过程中出现的杂音那就是噪音了，噪音无法直接删除，需要做降噪处理。下图显示的杂音为录音者吞咽口水的声音，这是很常见的一种杂音，在剪辑时遇到了就删除，同时空白部分也要进行处理。如下图所示：

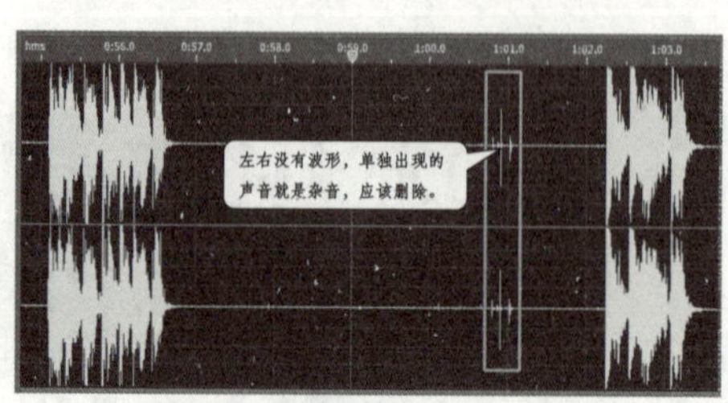

删除杂音

（五）降噪处理

噪音无处不在，想找一个绝对安静的地方录音很不容易，那么录音时把环境噪音录进去了，能不能把噪音去掉呢？这个问题有很多学员都问过，下面介绍使用 Audition CS5.5 降噪的步骤。

步骤一：选择一段较长的噪音。选择较长的噪音是为了作为样本让电脑分析，噪音样本越长分析出来越精准，降噪效果越好。 如下图所示：

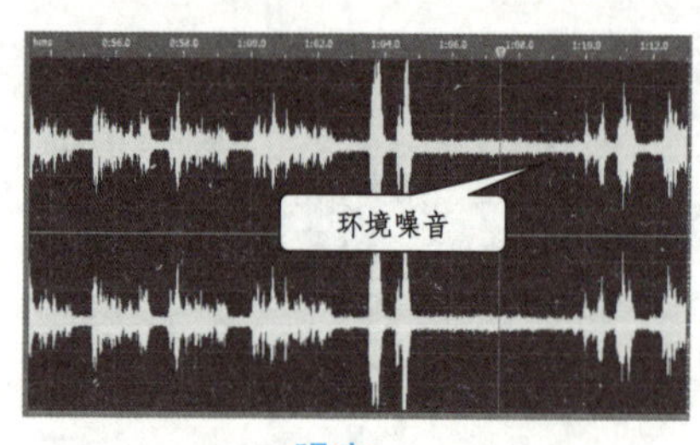

噪音

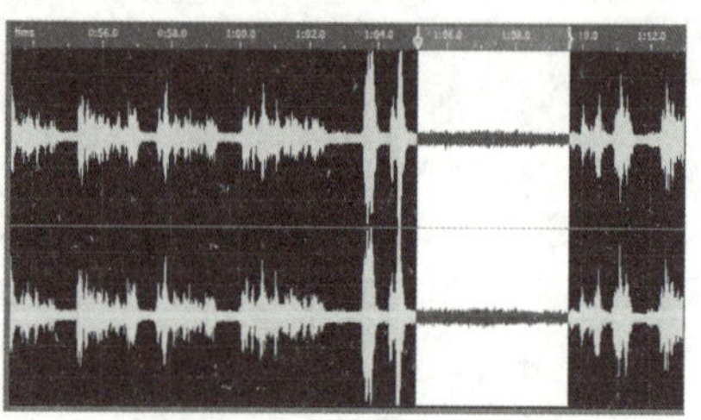

选中一段较长的噪音

步骤二：捕捉噪音样本。右键单击选中的噪音，弹出菜单栏，从中找到“捕捉噪音样本”并单击，或者按 Shift + P 快捷键。如下图所示：

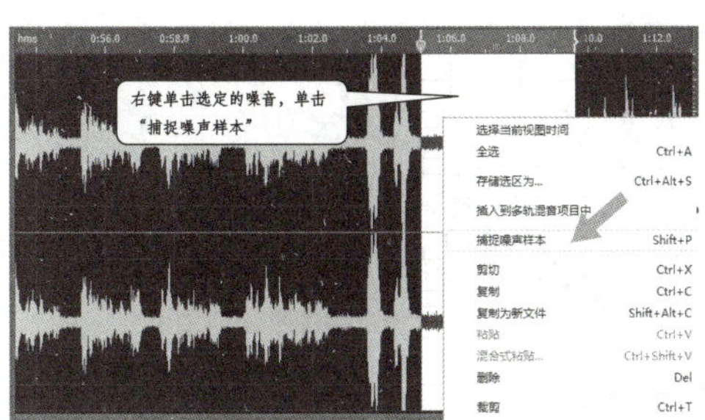

捕捉噪音样本

步骤三：降噪处理。Ctrl + A 全选整个音频，在“效果”菜单中点击“降噪（N）/ 恢复”子菜单，点击“降噪（N）（进程）”工具，弹出“效果 - 降噪”对话框，点击“应用”即可。如下图所示：

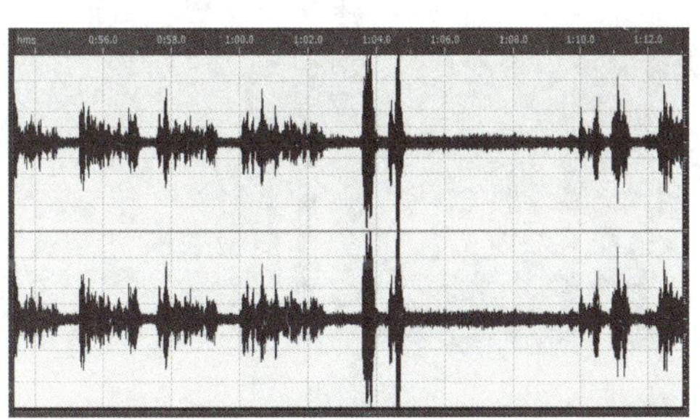

Ctrl + A 全选整个音频

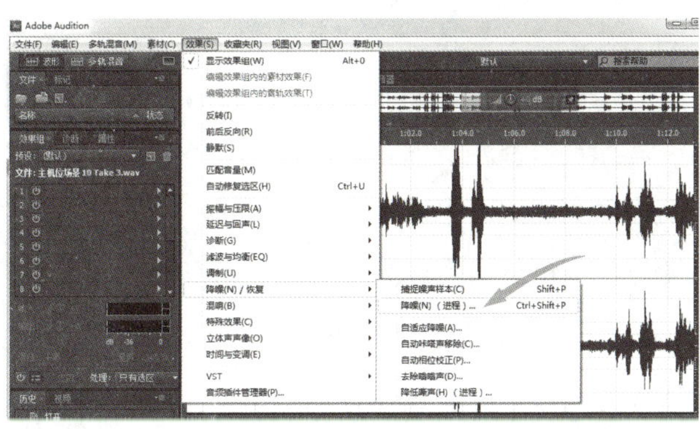

点击“降噪（N）（进程）”

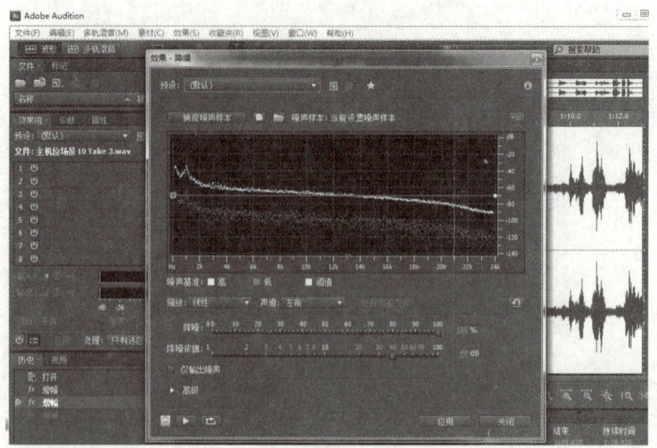

点击“应用”按钮

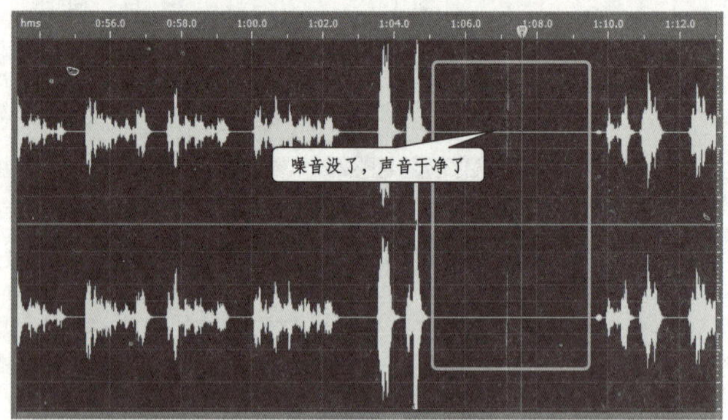

降噪后的效果

视频素材剪辑

傻瓜照相机的普及使拍照不再是专业人士的“特权”，成为人们的日常行为；智能手机的普及也使摄像成为一种日常行为，于是我经常被人问到两个问题：第一，我拍了一段自我介绍，可是有一个地方没讲好，我又重讲了，怎么把不好的部分剪掉？第二，我在一部电影中看到一个场景特别适合放到我的课件里，怎么截取出来？

以上两个只是一般性问题，还有做微课的小伙伴会问一些专业性的问题：怎么给画面配音？怎么给微课上字幕？我用两只手机同时拍摄了视频，怎么剪辑？

诸如此类的问题该怎么解决？本章将为大家讲解如何使用 Sony Vegas Pro 13 和会声会影 X7 剪辑视频素材。当然，这两个软件的功能都非常强大，本书不可能全部介绍，只针对视频微课剪辑制作需要的技术进行讲解。

一、使用 Sony Vegas Pro 剪辑视频素材

（一）Sony Vegas Pro 介绍

Sony Vegas 家族共有四个系列，包括 Vegas Movie Studio、Vegas Movie Studio Platinum、Vegas Movie Studio Platinum Pro Pack 和 Vegas Pro。其中前三个系列是为家用级的非线性编辑系统提供的产品解决方案，后一款 Sony Vegas Pro 是为专业级别的影视制作者们准备的音视频编辑系统，可以制作编辑出更完美的视频效果。

Sony Vegas Pro 具备强大的影视后期处理功能，可以随心所欲地对视频素材进行剪辑合成、添加特效、调整颜色、编辑字幕、动画控制等操作，还可以将编辑好的视频迅速输出为各种格式的视频、直接发布于网络。

Vegas Pro 的特点是操作简单，容易上手，功能强大，不论是专业人士或是业余爱好者，都可因其简易的操作界面而轻松上手。目前，Sony Vegas Pro 最新版本为 13.0，本书将以 13.0 版为例讲解视频剪辑的基本技术。

（二）Veags Pro 13 界面介绍

Vegas Pro 13 的界面从总体上看分为上中下三个部分，上半部分是窗口区，下半部分是轨道区，中间是标记区，如下图所示：

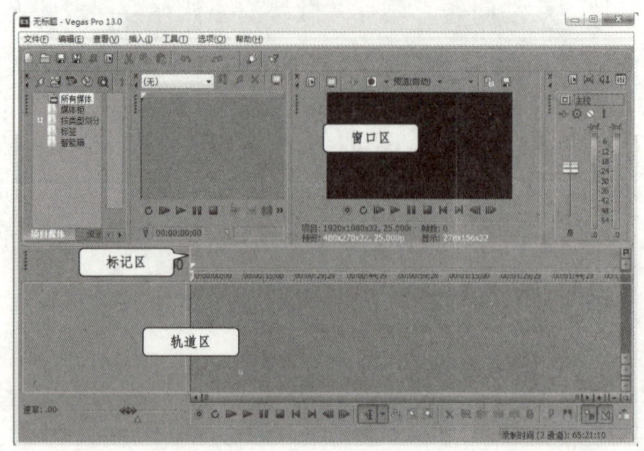

Vegas Pro 13 界面

1. 窗口区。

窗口区有两个窗口不常用，为了让界面看起来更加简洁，需要把这两个窗口关掉，方法是点击窗口左上角的“×”，如下图所示：

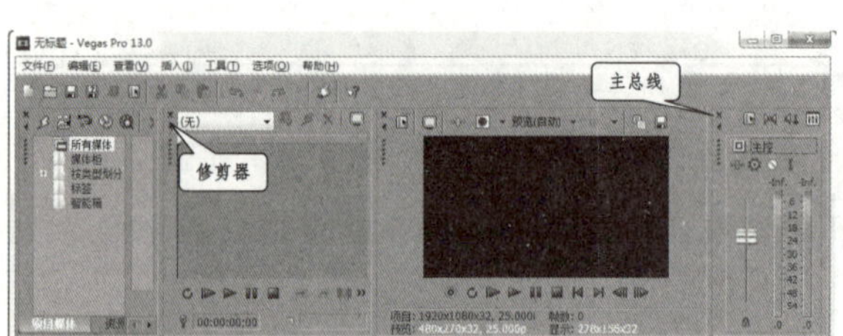

窗口区

关掉不常用窗口后，界面简洁多了，如下图所示：

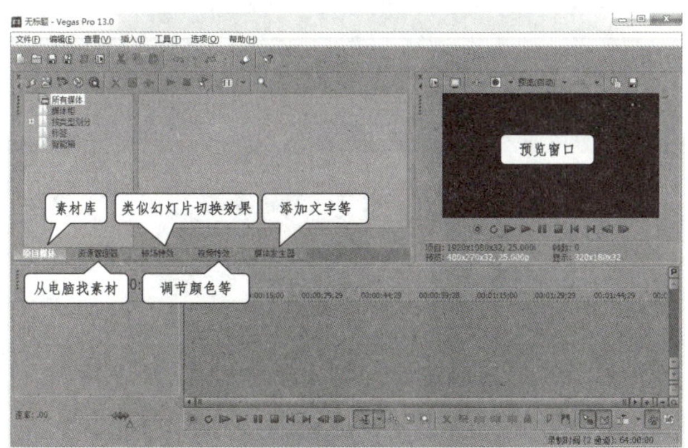

常用窗口

2. 轨道区。

轨道是剪辑素材的地方，打个比方食材放在砧板上切配，素材放在轨道上剪辑。轨道分为左右两部分，左边是轨道标签，用数字 1、2、3 等表示轨道编号；右边是轨道放置素材。

轨道分为两种：视频轨道、音频轨道，分别以胶片和喇叭作为 Logo 进行区分，胶片代表视频轨道，喇叭代表音频轨道。所有能被眼睛看见的素材，比如视频、图片、文字、形状等都放在视频轨道上，所有能被耳朵听到的素材，比如对白、旁白、背景音乐、音效等都放在音频轨道上。

素材不同，占用轨道数量也不同。视频素材占用一根视轨和一根音轨，画面放在视轨上，波形放在音轨上，并且画面和波形是组合（捆绑）在一起的，无论是切割、删除、扩展、收缩、移动等操作都会对两者同时产生作用。文字、图片、形状等素材只占用一根视轨，旁白、背景音乐、音效等素材只占用一根音轨。

在 Vegas 中，轨道的数量是无限的，可以非常方便地添加多根轨道；也可以随意改变轨道的位置，方法是按住轨道标签不放向上或向下拖拽。如下图所示：

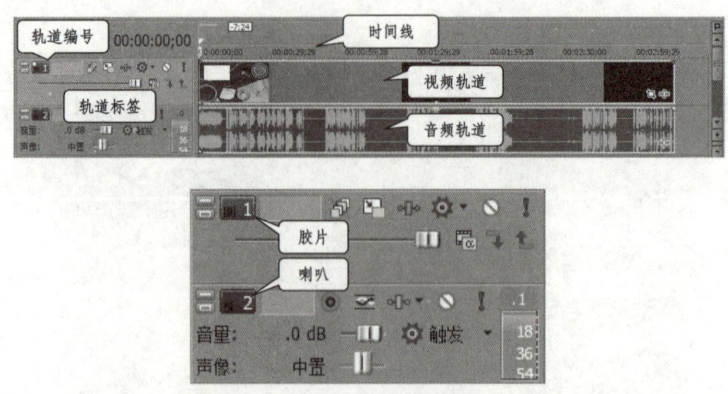

轨道添加或移动

轨道上的素材可以看全局，也可以看细节，方法是通过鼠标滚轮缩小和放大时间线。向下转动滚轮缩小时间线可以看到素材全局，时间间隔很大，音频波形非常明显；向上转动滚轮放大时间线可以看到素材细节，时间间隔很小，音频波形几乎为直线。如下图所示：

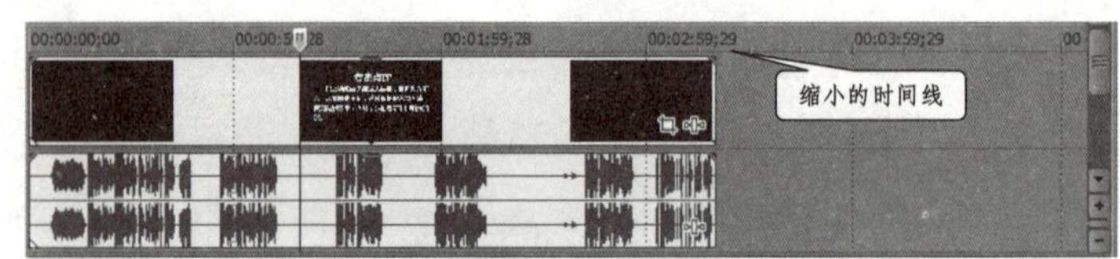

缩小时间线查看素材全局

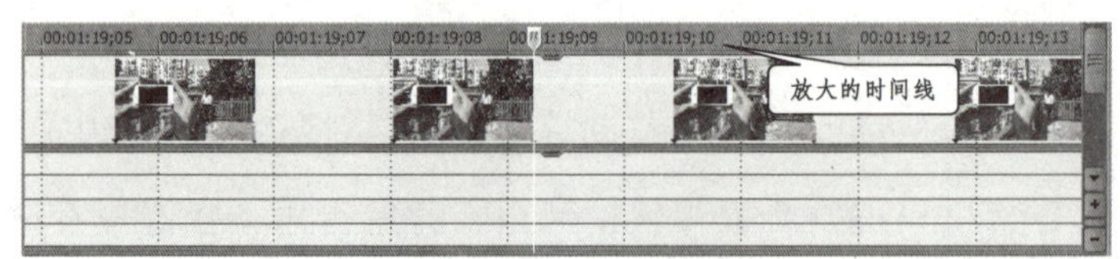

放大时间线查看素材细节

3. 时间指针。

时间指针是用来指示当前编辑的时间位置，可以被左右拖动，在正常播放时，指针会随着时间移动。所有影视剪辑软件中都有时间指针这个工具，只是每个软件的形态不一样而已。

移动时间指针包含顶部的锥体和下部的垂线，移动指针有两种方法：第一，使用鼠标在标记区点击，时间指针会自动转移到鼠标点击的位置；第二，拖动垂线移动，注意不要拖动锥体移动，因为拖动锥体很吃力，而拖动垂线则很平顺。如下图所示：

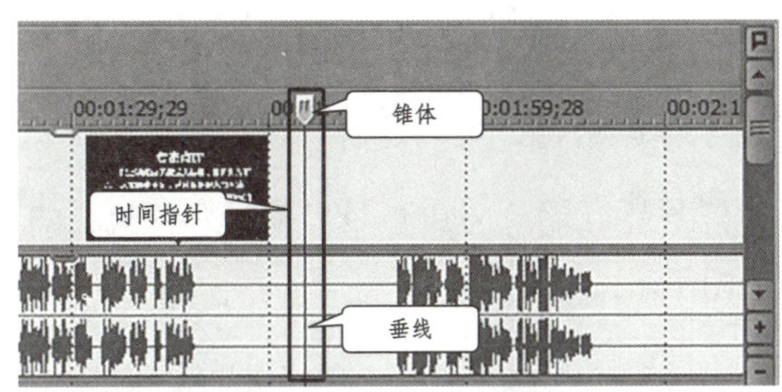

移动时间指针

4. 标记区。

标记区位于窗口区和轨道区之间，主要有三个用处：①对素材位置做标记，②单击鼠标移动时间指针，③选择区间。如下图所示：

标记区

对素材位置做标记。在剪辑的过程中，有时候需要对素材的某个位置做标记，以方便查找，可以通过快捷键“M”实现。

单击鼠标移动时间指针。剪辑时经常需要在素材上来回移动，最佳的方式就是在标记区素材的相应位置点击鼠标，这样时间指针就会跟随移动。

选择区间。素材剪辑完之后需要渲染出来成为一个纯视频，渲染前需要在标记区选择一个渲染区间，这样渲染时只渲染选择区间中的素材；如果不选择渲染区间，则会将轨道上所有的素材都渲染出来。

5. 项目媒体。

项目媒体是用于存储素材，可以理解为素材资源库，只要导入到Vegas的素材都会在项目媒体中存放，右击素材可以查看素材“属性”，可显示该素材的地址。如下图所示：

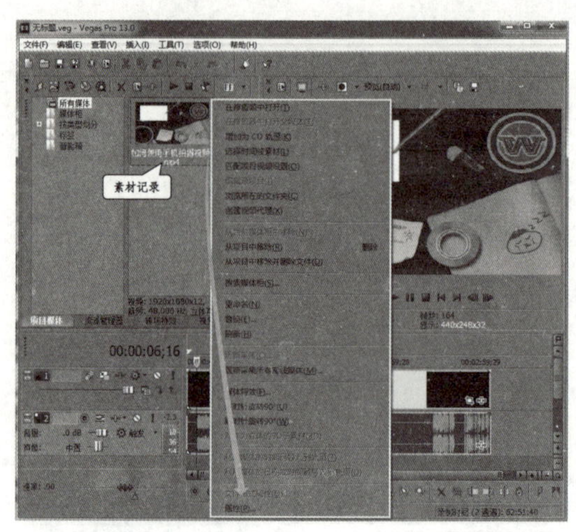

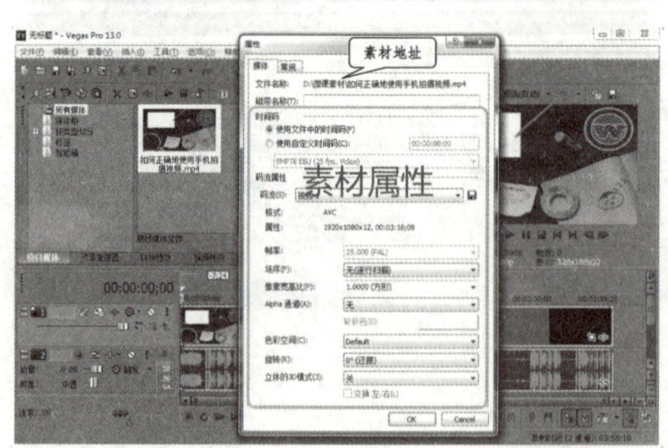

从项目媒体中看素材地址

6. 资源管理器。

资源管理器是寻找素材用的，功能和 Windows 系统的资源管理器一样，通常我们找素材是直接在 Windows 资源管理器中寻找，找到后直接拖拽进入项目媒体或轨道，一般不用 Vegas 的资源管理器，所以可以忽略。如下图所示：

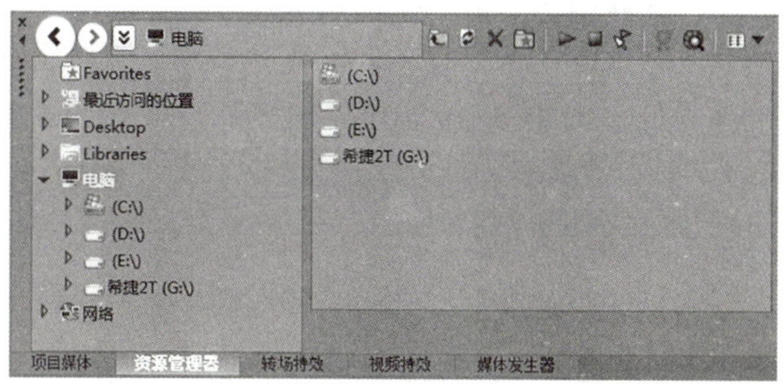

资源管理器

7. 转场特效。

转场特效就是场景转换的效果，我们演示幻灯片的时候喜欢在一张幻灯片转到下一张时使用翻转、棋盘、百叶窗、立方体、涡流等切换效果，Vegas 转场特效与幻灯片切换效果类似，就是对图片、视频起到过渡的一种作用。如下图所示：

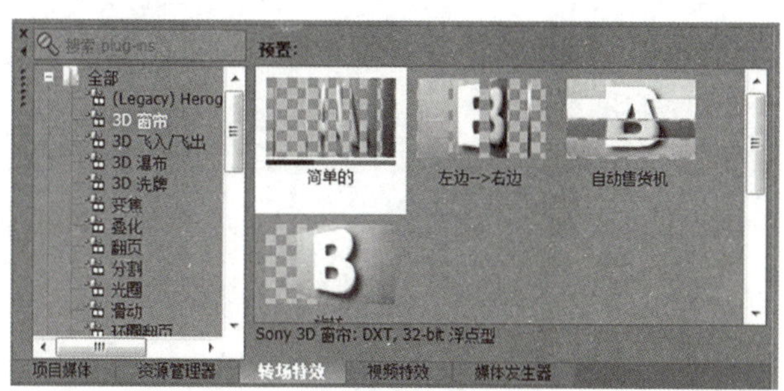

转场特效

8. 视频特效。

视频特效对于微课剪辑来说用的很少，但有一种情况必须用到，就是当拍摄的视频光线比较暗的时候，可以使用视频特效中的色彩曲线、亮度和对比度进行调节。如下图所示：

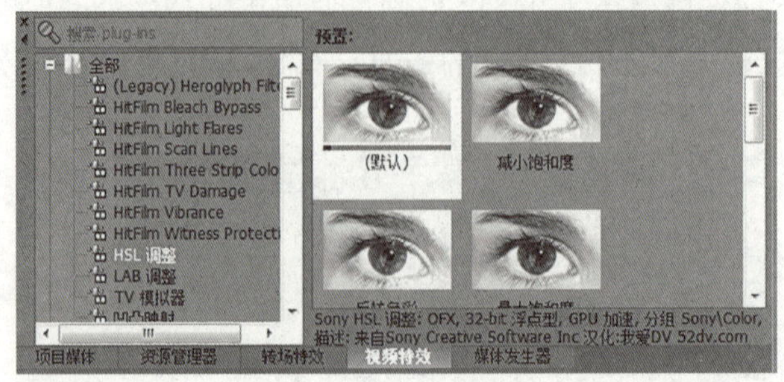

视频特效

9. 媒体发生器。

媒体发生器用得最多的就是PTT字幕，就是给视频添加文字；其次是纯色，在视频上添加文字如果遇到背景颜色比较杂的时候，可以添加纯色作为底色，再在底色上面写字。如下图所示：

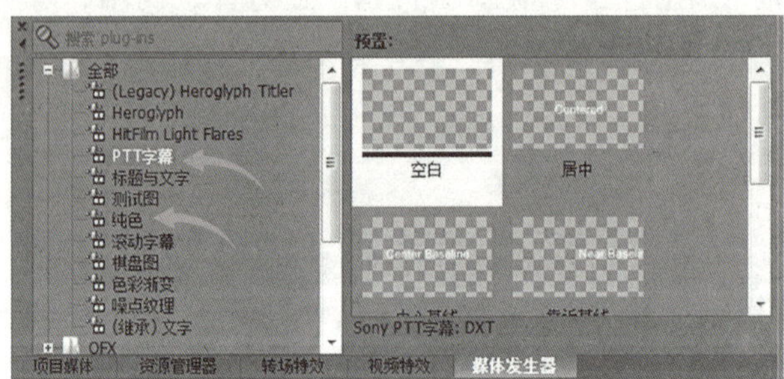

媒体发生器

10. 视频预览窗口。

视频预览窗口用于预览视频，通俗地说就是一台电视机，这台电视机显示的是时间指针所在位置的实时画面。当时间指针静止不动时，电视机显示为静态图片；当时间指针移动时，电视机显示为连续动态图片。

电视机的清晰度分为16个级别，其中最佳（全屏）清晰度最高，草图（四分之一）清晰度最低。视频预览的清晰度与电脑性能有关，电脑性能越强，预览清晰度就可以调得越高，否则预览起来就会很卡，影响剪辑效率，一般的笔记本电脑使用默认清晰度预览（自动）即可。

视频预览的清晰度与最终导出（或渲染）视频的清晰度无关，只影响剪辑过程中预览是否流畅。如下图所示：

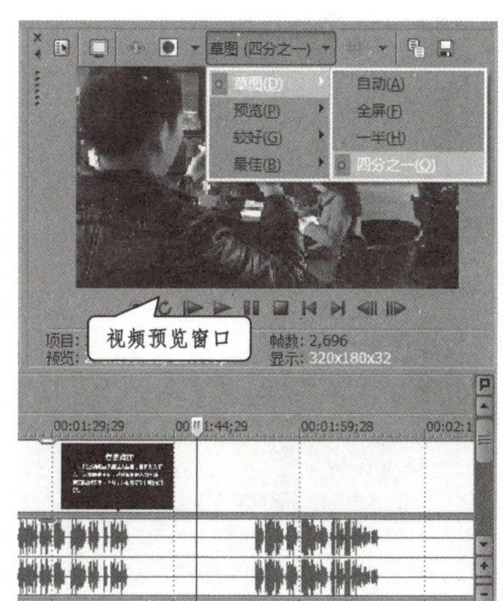

视频预览

（三）Veags Pro 13 功能键介绍

我们需要了解 Veags 一些功能键的作用和使用方法，以便在剪辑的时候更得心应手，效率更高。

1. 标准编辑工具与包络编辑工具。

一般我们在剪辑素材时，都是启用“标准编辑工具”，如果不小心按了“D”键切换为包络编辑工具或鼠标不小心点击了“包络编辑工具”，那么就会导致素材无法删除和移动等异常情况。这时，我们可以用鼠标点击“标准编辑工具”或按“CTRL+D”启用“标准编辑工具”。如下图所示：

启用“标准编辑工具”

启用“包络编辑工具”

2. 吸附功能。

吸附功能的 Logo 是磁铁，我们可以很形象地理解开启吸附功能后，当一个素材与另一个素材相交时会自动吸附到一起，同时相交处会发出蓝色光芒。如下图所示：

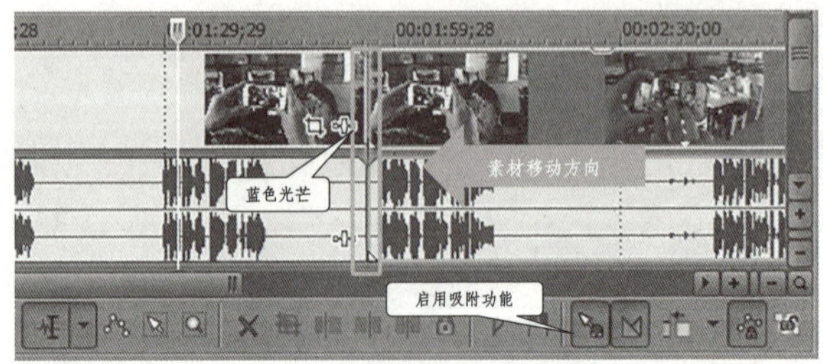

两个素材相交时自动吸附

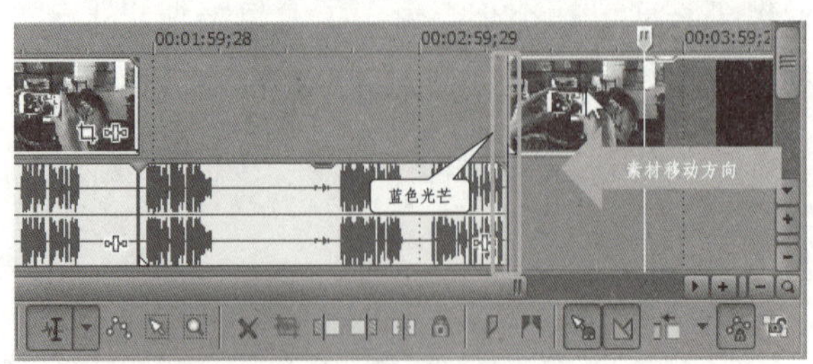

两个素材相交时自动吸附

自动吸附功能为素材拼接提供了便利，尤其是在放大时间线查看素材全局的情况下，蓝色光芒意味着两个素材是无缝衔接的，中间不会出现缝隙。

3. 自动交叉淡化。

只用一台摄像机或手机拍摄的视频，如果中间有一段错误，将错误删掉后，前后画面衔接就会出现明显的跳跃感，这种现象叫作跳帧。处理跳帧问题最佳的方式是多机位切镜头，但如果只有一个机位时就只能使用交叉淡化（或称叠化）了。

交叉淡化顾名思义就是两段视频前后相交，相交的部分会各自变得透明化，这样看上去过渡就更加自然。要实现交叉淡化效果就必须开启“自动交叉淡化”功能，如下图所示：

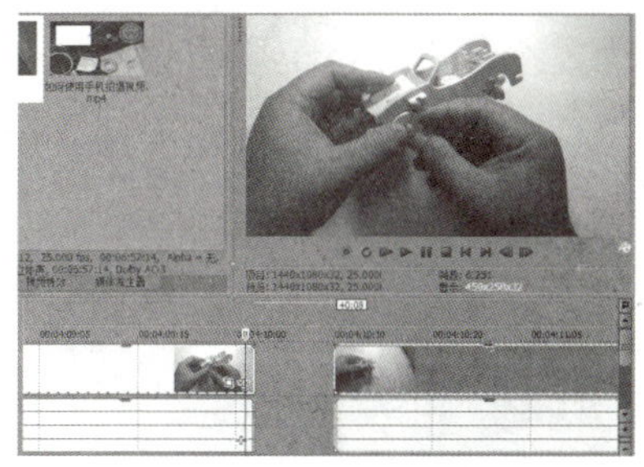

前段视频结尾画面

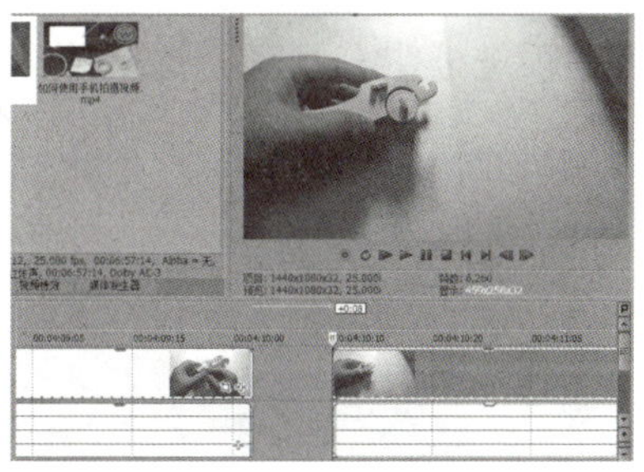

后段视频开始画面

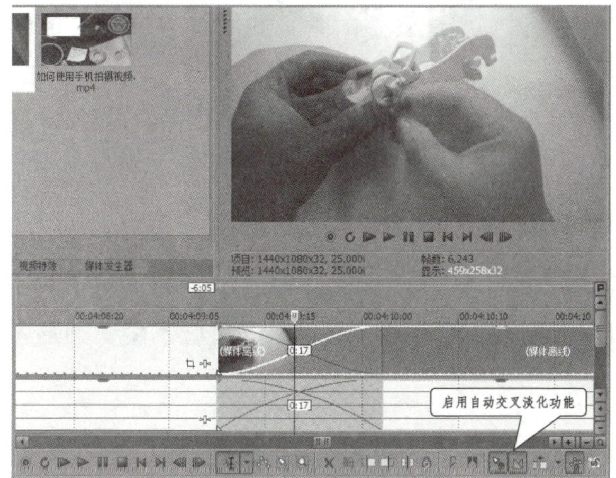

前后视频交叉淡化效果

4. 自动跟进。

自动跟进功能可以实现素材的同步移动，给剪辑工作带来很多便利，但该功能默认是关闭的，要启用自动跟进功能只需单击自动跟进按钮即可。如下图所示：

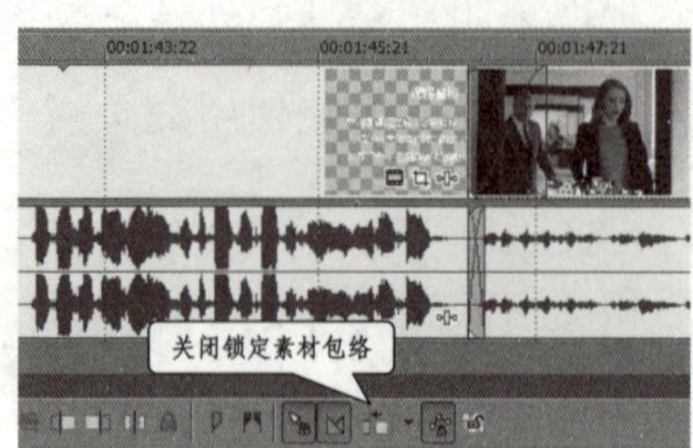

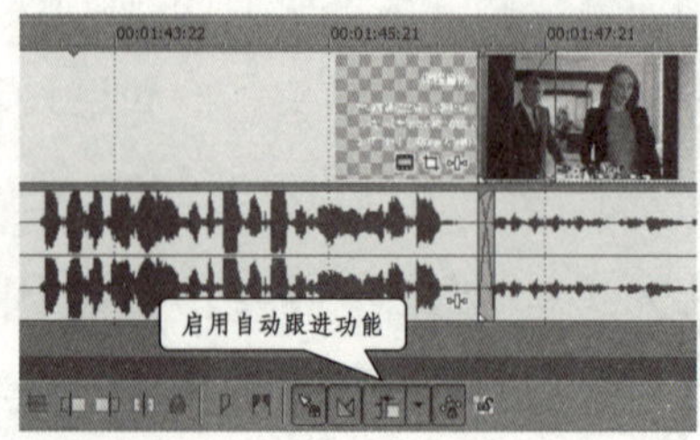

启用自动跟进功能

自动跟进按钮右侧有下拉菜单，包含三个子选项：①受影响的轨道；②受影响的轨道、总线轨道、标记和区域；③所有轨道、标记和区域。如下图所示：

自动跟进功能的三个子选项

5. 锁定素材包络。

对于只是使用 Vegas 剪辑视频微课的普通用户来说，锁定素材包络这个功能基本用不上，启用或不启用关系不大，这里就不做详细阐述。如下图所示：

锁定素材包络

6. 忽略素材分组。

将一个视频素材添加到轨道上会自动分离成视频素材和音频素材，并且分置于两根轨道上，默认情况下视频素材和音频素材是组合在一起的。如果素材是组合在一起的，选中其中一个素材，其他素材会出现蓝色边框。

这时，移动或删除组合中的任何一个素材，其他素材都会跟着移动或被删除，但如果开启了“忽略素材分组”功能，就可以单独移动或删除其中一个素材了。

如果不开启“忽略素材分组”功能，而又想删除组合中的一个素材的话，就只能先解除素材组合（快捷键 U），使每个素材成为独立个体，然后才能删除其中一个素材。如下图所示：

解除素材组合

（四）Veags Pro 13 操作技巧

本节我们将介绍使用 Vegas Pro 13 剪辑制作微课所需要用到的相关技巧。

1. 新建工程。

在建立了以微课主题命名的文件夹，并且所需要的素材都分类准备就绪后，我们就可以开始剪辑制作微课了，剪辑的第一步是新建一个 Vegas 工程（或称 Vegas 项目）。新建 Vegas 工程的方法有两种，都很常用。

第一种方法，在现有的工程文件中新建。点击“文件”菜单，再点击“新建”工具弹出“新建项目菜单”，也可直接通过快捷键“Ctrl+N”。如下图所示：

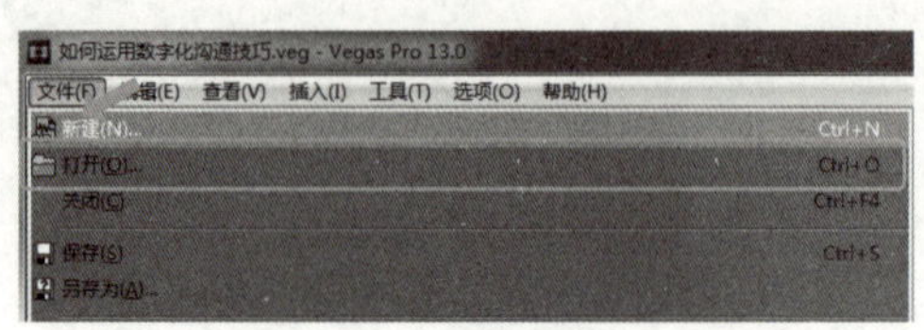

新建 Vegas 工程

模板选择“HD 1080-50i（1920x1080, 25.000 fps）”，勾选“将这些设定用于所有新建的项目”左边的方框，点击“OK”新建完成。如下图所示：

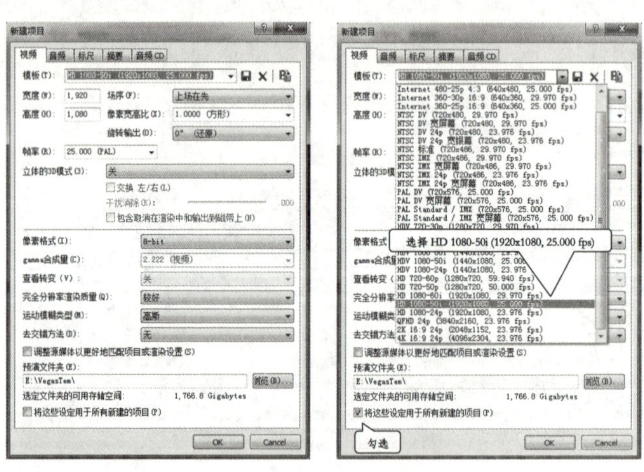

选择模版

新建工程后，需要马上保存工程文件（Ctrl+S），并且要以微课主题名称来命名 Vegas 工程文件。如下图所示：

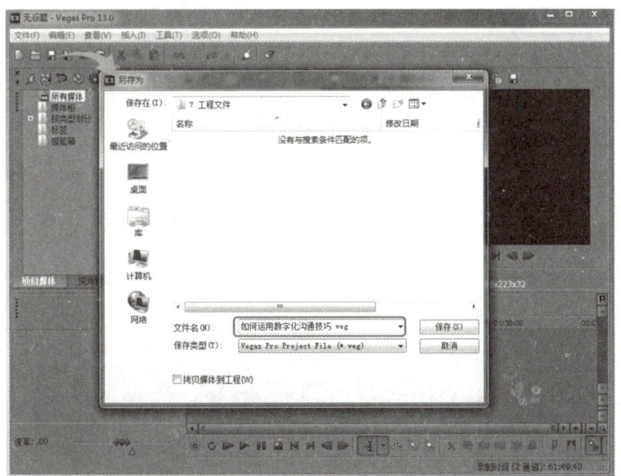

保存工程文件

第二种方法，双击桌面 Vegas 快捷方式新建。要实现通过双击桌面 Vegas 快捷方式新建工程的功能，必须先进行参数设置，点击“选项”菜单，再点击“参数选择”子菜单，弹出“参数选择”控制面板。如下图所示：

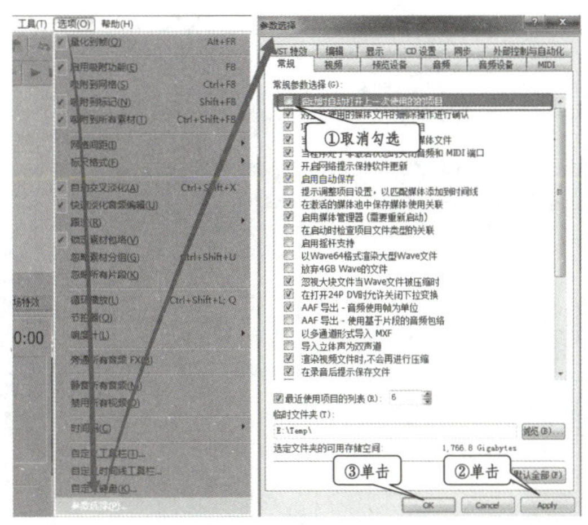

新建并保存 Vegas 文件

在“常规”面板中找到“启动时自动打开上一次使用的项目”，默认左边方框是勾选的，在这里需要取消勾选，然后单击“Apply”，最后单击“OK”

小贴士

第一种方式中工程模板还可以选择“HD 1080-60i（1920x1080，29.970 fps）”和“HD 1080-24p（1920x1080，23.976 fps）”。我个人更喜欢双击Vegas快捷方式新建工程，因为第一种方式新建工程文件时，会自动关闭现有的工程文件，而第二种则不会对现有的工程文件产生任何影响。

即可。

取消勾选后，在桌面上双击Vegas快捷方式就可以新建一个工程文件，如果不取消勾选，双击Vegas快捷方式时就会打开上一次使用过的工程文件。

2. 导入素材。

建好了工程文件以后，我们就可以把视频、音频、图片、形状等各种素材导入Vegas剪辑了。导入方法如下：

单击“文件”菜单，再单击“打开”工具弹出“打开”对话框，找到所需的素材并单击，再点击右下方“打开”按钮，即可将素材导入到Vegas轨道上。如下图所示：

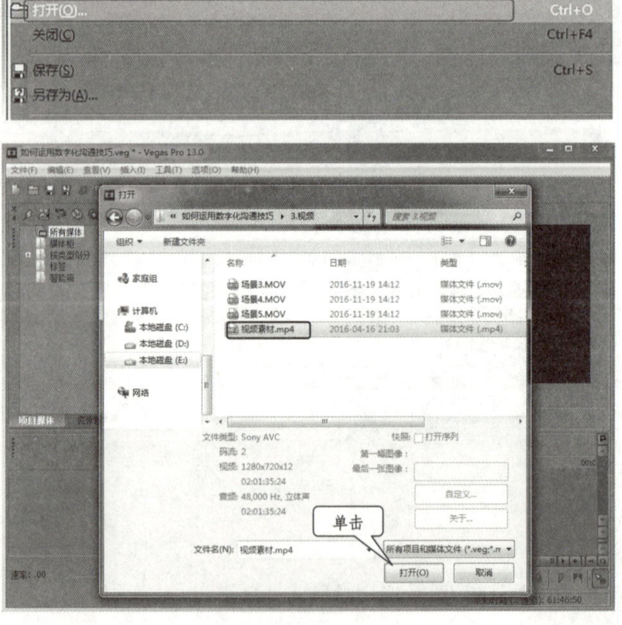

找到素材

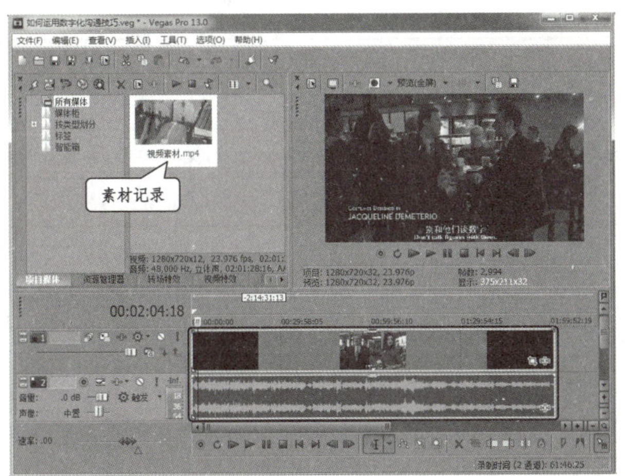

导入素材

素材导入后会自动加载到轨道上，并同时在项目媒体中显示记录，如上图所示。

另外，还有一种更为直截了当的导入方式，就是直接从文件夹中把素材拖拽进入轨道或项目媒体。如下图所示：

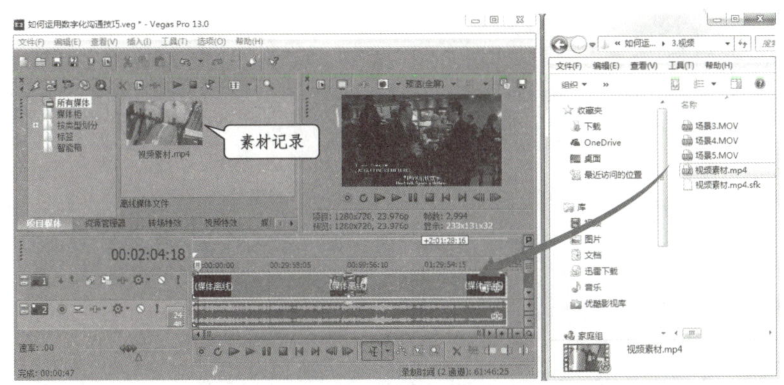

从文件夹中把素材导入

3. 预览视频与停止预览。

素材导入进去以后，我们就可以来预览视频了，预览视频的操作方法如下表、下图所示：

预览视频	功能	停止预览	功能
空格键	时间指针开始运动	空格键	时间指针停止运动，并返回起始位置
回车键	时间指针开始运动	回车键	时间指针停止运动，并停在当前位置

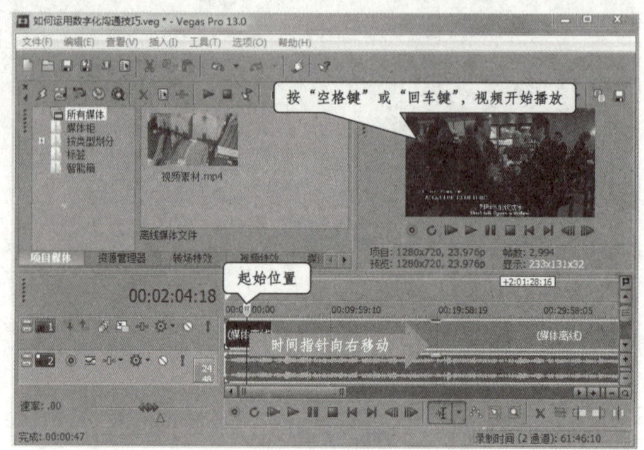

预览视频

4. 切割素材。

切割素材是以时间指针为切割点将素材一分为二，快捷键是“S(Split)”。如下图所示：

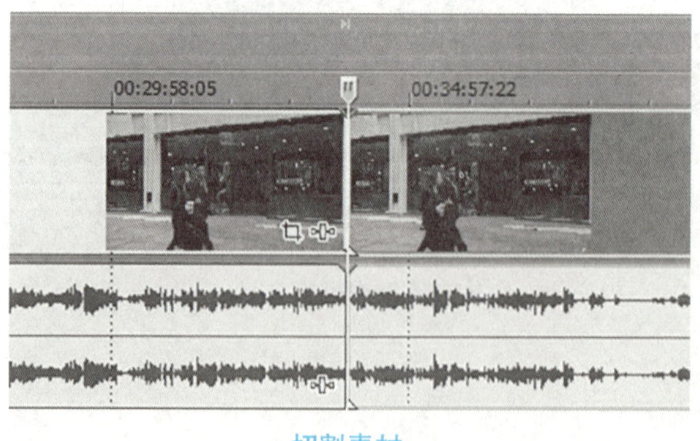

切割素材

切割素材的操作有一个关键点，就是通过预览找到切割点，并以时间指针精确定位。这个操作说起来容易，但由于使用的技巧较多，对于初学者来说有一定难度，需要多次练习才能熟练运用。以下是精确定位切割点的操作步骤分解：

第一步，粗略定位。按“空格键”预览视频，当时间指针达到切割点附近时，按“回车键”停止预览，时间指针停在当前位置。

第二步，精确定位。使用键盘“箭头”向右移动时间指针，临近切割点时，向上推动鼠标滚轮放大素材，然后，再次通过“箭头”左右微调时间指针位置，直至精确定位切割点。

5. 移动素材。

以视频素材为例，视频素材画面在视轨上，波形在音轨上，同时，画面和波形是捆绑在一起的。

（1）向左、向右移动素材。

鼠标单击素材中间任意部位，按住不放，向左或向右拖动即可左右移动素材。如下图所示：

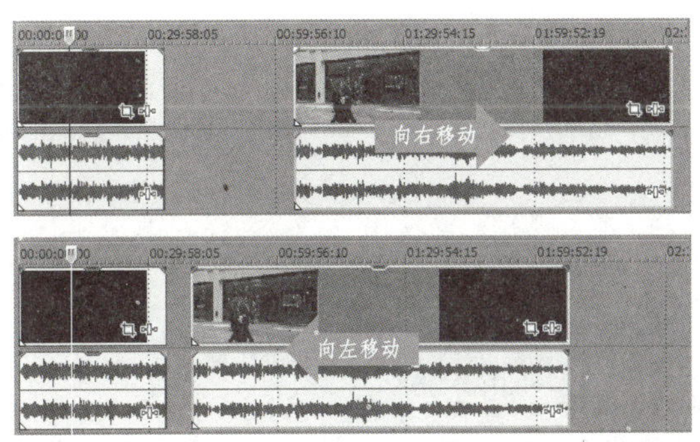

左右移动素材

左右移动素材时，无须增加新的轨道；上下移动素材时，则需要增加新的轨道。

（2）向上、向下移动素材。

先使用“Ctrl 键 + 鼠标”同时选中画面和波形，再用鼠标单击素材中间任意部位，按住不放，向上或向下拖动即可上下移动素材。如下图所示：

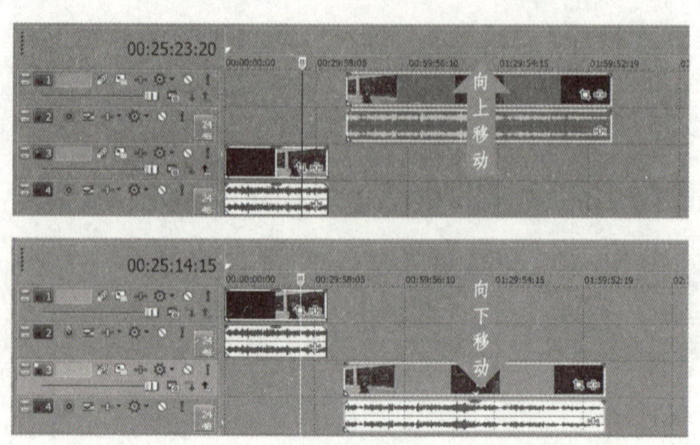

上下移动素材

如何判断画面和波形是否被同时选中呢？查看两者外框颜色就可知道，当两个素材同时被选中时，其外框颜色都是黄色的，否则，被选中的外框是黄色的，未被选中的外框是蓝色的。

上下移动素材时，如果不同时选中，则只有被选中的素材移动，另一个素材保持原地不动。

6. 删除素材。

删除素材的操作有两步，第一步，单击选中素材；第二步，按 Delete 键删除。如下图所示：

删除素材

删除素材前，一定要先单击素材以选中它，否则就有可能删除了其他有用的素材。假如不小心错误地删除了素材，想恢复，可以按“Ctrl+Z”快捷键撤销删除。

7. 扩展素材。

在删除了某个素材的一段之后，又做了很多其他的操作，此时发现这个素材被删多了，需要恢复一部分，使用“Ctrl+Z”要撤销很多操作动作，这些操作就白做了，所以不可行。如果需要恢复素材的一段内容，我们可以使用扩展操作。

扩展素材的操作步骤：

第一步，将鼠标光标放置于素材结尾位置（下方右图是开始位置），会出现一个矩形框和左右箭头。如下图所示：

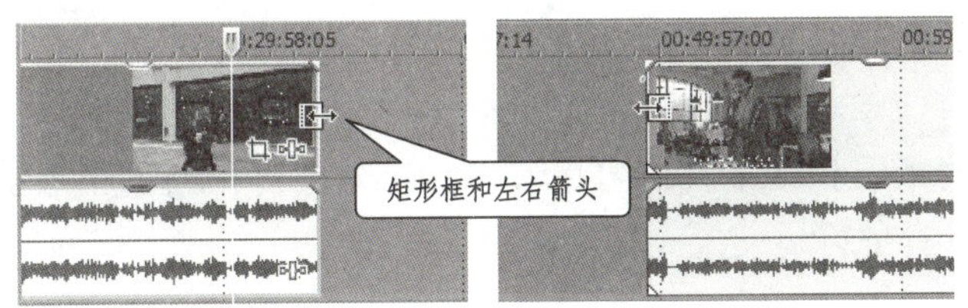

光标放置于素材结尾处

第二步，按住鼠标不放松，向右移动（上方右图是开始位置，则向左移动），即可扩展素材。如下图所示：

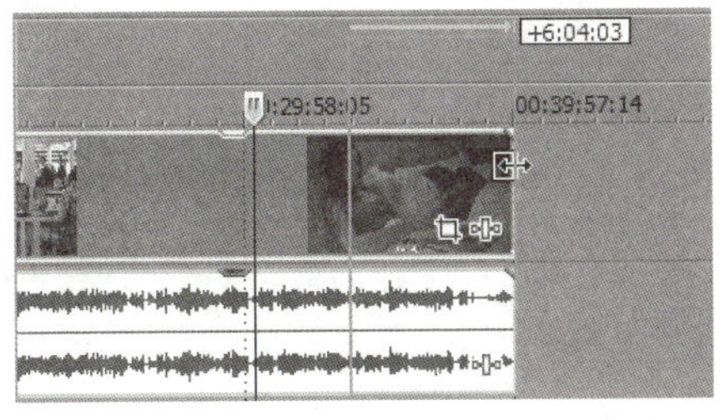

扩展素材

上图中，红框中的素材就是扩展出来的，长度为 6 分 4 秒，在标记区上部有蓝色右箭头标记扩展痕迹。

8. 收缩素材。

收缩素材与扩展素材正好相反，先将时间指针精确定位于想要删除的位置点上，不用“S”键切割，而是将鼠标光标放置于该素材开始或结尾位置（下图为结尾位置），在出现矩形框和左右箭头后，按住鼠标不放，向左或向右移动（下图向左移动），即可收缩素材。如下图所示：

收缩素材

从上面的操作和结果我们可以看出，收缩素材相当于删除素材，两者具有同等效果，只不过收缩操作更快捷而已。

小贴士

初学者容易混淆左、右移动素材和扩展、收缩素材，两者的区别在于两点。第一，左、右移动素材时鼠标光标单击素材中间部位，按住不放，而非首尾两端；扩展、收缩素材正好相反，鼠标光标单击素材首尾两端，按住不放，而非中间部位。第二，左、右移动素材时，素材做整体运动，位置改变，但长度不变；扩展、收缩素材时，素材一端不动，另一端运动，位置不变，但长度改变。

收缩素材操作时使用时间指针精确定位有两个好处：第一，当收缩达到时间指针位置时，矩形框和左右箭头会自动吸附到时间指针上去，非常方便；第二，先定位再收缩，素材删除无比精准。

9. 分离与组合素材。

视频素材加载到轨道上时，画面和波形占用两条轨道，画面占用视轨，波形占用音轨，画面和波形是组合（捆绑）状态。如何判断两个素材是组合状态呢？单击其中一个素材，该素材出现黄色外框，如果另一个素材出现蓝色外框，即表示两者处于组合状态，反之，则处于分离状态。如下图所示：

左侧素材处于组合状态

右侧素材处于分离状态

处于组合状态的素材，不能单独操作，比如删除其中一个，就会删除所有的，分离之后就可单独操作，只编辑其中某一个。

分离素材操作步骤 单击素材中间任意部位，按“U(Ungroup)”键即可分离。

组合素材操作步骤：用“Ctrl+ 鼠标”选中需要组合的所有素材，按“G（Group）”键即可组合。

10. 交叉淡化。

交叉淡化可以用在以下两个地方：

第一，转换场景。从上一个场景过渡到下一个场景，比如从课程目标场景过渡到提出问题场景。如下图所示：

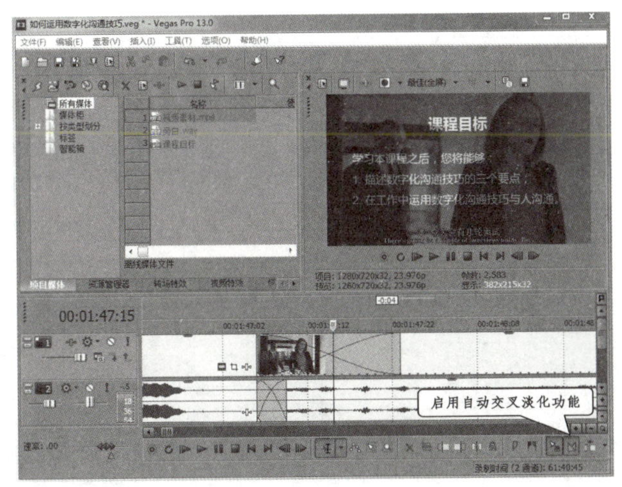

转换场景

第二，处理跳帧问题。当把素材中间的一段删除后，前后素材衔接时使用交叉淡化来弱化跳帧现象，相关图片前文已有显示，此处不再重复。

使用交叉淡化的步骤：第一，启用自动交叉淡化功能；第二，移动素材，使之与其他素材相互交叉，并出现“X”形状。

11. 自动跟进。

素材在剪辑的过程中会变成碎片，素材碎片的同步移动是个问题，自动跟进就是为解决素材同步移动问题而设计的。

> **小贴士**
>
> 需要注意的是，对于新手来说自动跟进是把双刃剑，在同步移动素材方面带来了很大的便利，但在向轨道添加素材或删除素材时，也会导致原来剪好的素材位置发生偏移。所以，我们的建议是：只在需要移动素材时，启用自动跟进功能，用完就关闭。

自动跟进有三个子选项：①受影响的轨道；②受影响的轨道、总线轨道、标记和区域；③所有轨道、标记和区域。一般用得比较多的是第一项和第三项，当同一根轨道上的素材需要整体移动时，选择第一项“受影响的轨道”；当所有轨道的素材需要同步移动时选择第三项“所有轨道、标记和区域”。

自动跟进功能的规则是：移动某个素材时，其右边的素材跟随移动，左边的素材不动。如下图所示：

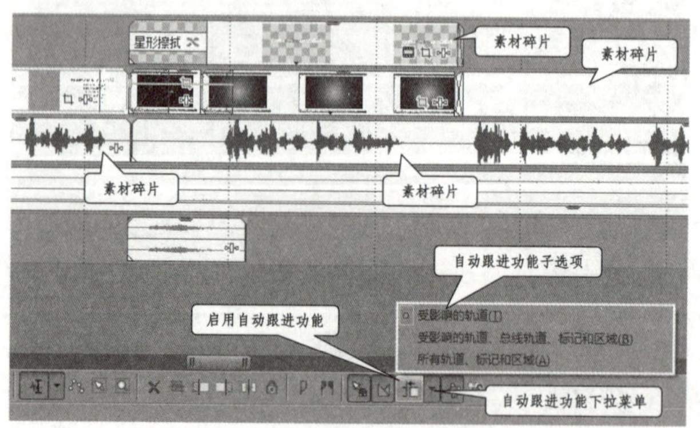

素材碎片和自动跟进功能

以下为自动跟进第一项“受影响的轨道”模式：

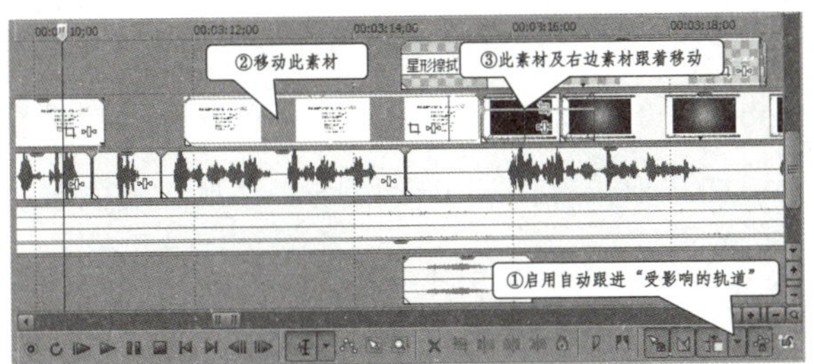

自动跟进“受影响的轨道”模式

以下为自动跟进第三项“所有轨道、标记和区域”模式：

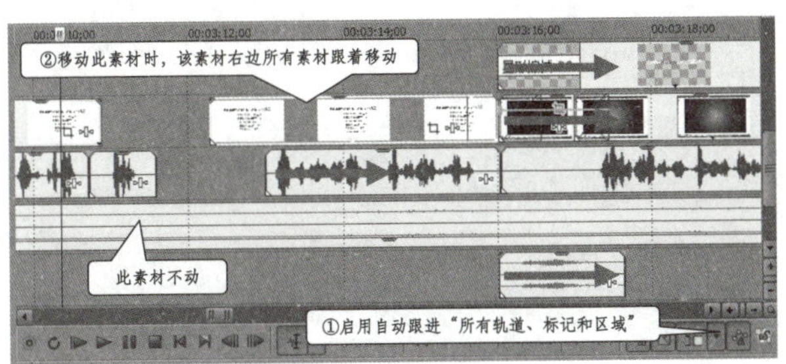

自动跟进“所有轨道、标记和区域”模式

12. 调节音量。

> **小贴士**
>
> 剪辑微课时，将旁白、视频素材载入轨道之后的第一件事不是切割，而是调节音量，将弱小的音量调大，然后再切割。此时，素材片段不多，调节音量的操作次数较少，工作量不大。反之，如果先切割再调音量，那么切成多少片段，后续调节音量就要操作多少次，大大增加了工作量。

微课的音频素材，有的是使用 iPhone 录制的旁白，有的是拍摄情景剧视频同步录制的对白。录旁白时，嘴巴离手机麦克风很近，所以音量较大；拍视频时，演员离手机麦克风很远，所以音量较小。一个微课的音量从头至尾应该尽量保持一致，这就需要对音量进行调节，将音量偏小的地方调大。

调节音量大小常用的方法有两种，第一是使用音量包络线调节，第二是使用第三方软件调节。二者有什么区别呢？音量包络线可以直接在 Vegas 中使用，简单方便，但只能增大音量，不能增加波形幅度，调节效果不够直观；第三方软件（Adobe Audition）需要在 Vegas 之外调用，稍显麻烦，但既能增大音量，又能增加波形幅度，调节效果非常直观。我们可以根据自己的需要选择使用哪一种方法，如果只是增大音量，那就使用音量包络线，如果需要两条音频对波形，那就只能使用第三方软件。

方法 1：使用音量包络线调节音量大小。

第一步，单击需要调节音量的音轨标签或音频素材，按“V”键调出音量包络线。如下图所示：

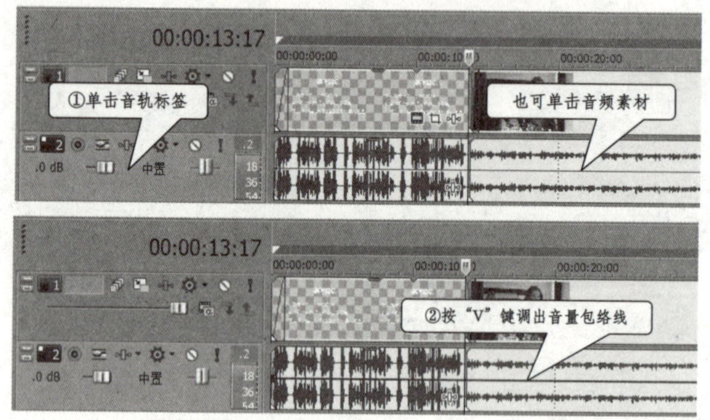

调出音量包络线

第二步，在两个音频素材交叉点的左、右两边，各双击一下蓝色的音量包络线，生成两个节点，然后按住右边的节点向上拖动，右边的蓝线位置偏移变高，音量增大。如下图所示：

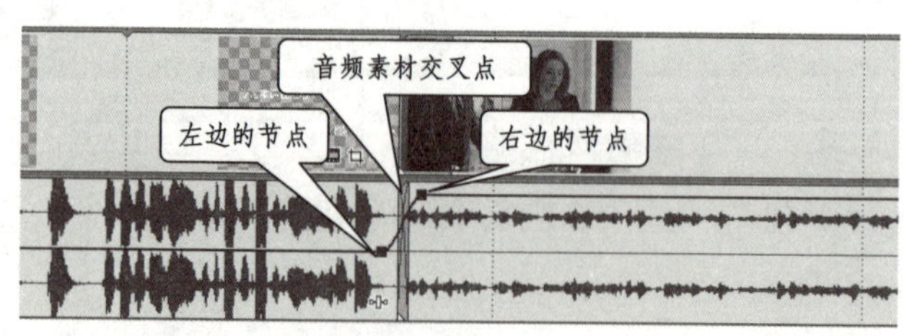

调节音量

方法 2：使用第三方软件调节音量大小。

第一步，将 Audition 设置为 Vegas 的音频编辑软件。这种方法需要提前安装 Adobe Audition 软件。单击“选项”菜单，单击“参数选择”子菜单，调出“参数选择”控制面板，单击“音频”页面，单击“首选音频编辑软件”右边的“浏览”弹出资源管理器，在桌面上找到“Adobe Audition CS5.5”快捷方式，单击“打开”，回到“音频”面板，依次单击“Apply”和“OK”即可。如下图所示：

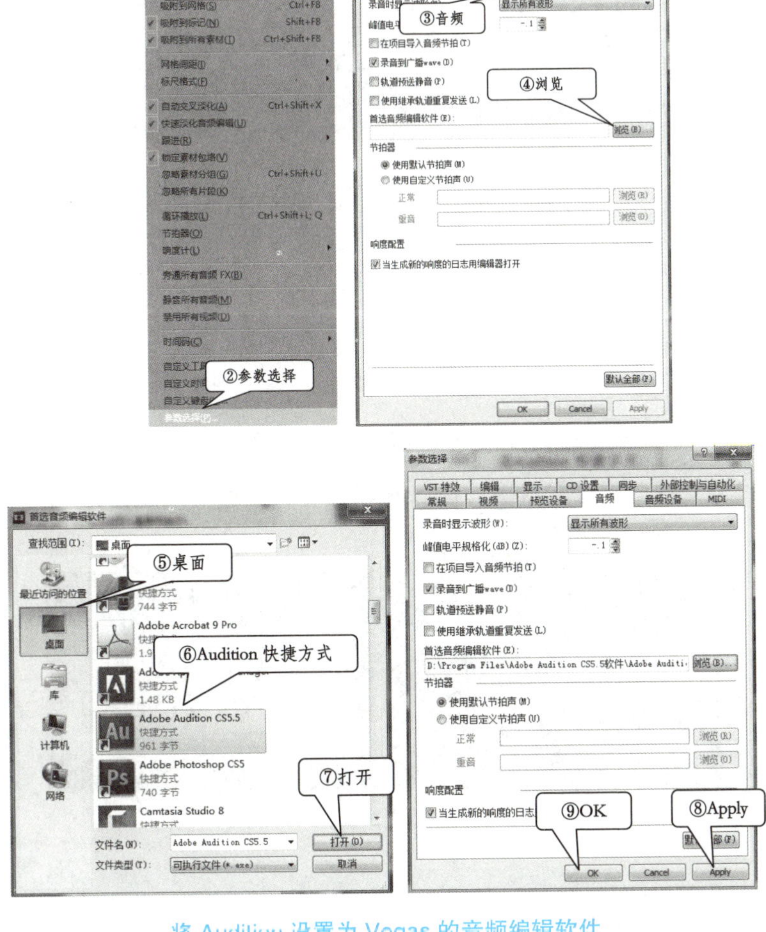

将 Audition 设置为 Vegas 的音频编辑软件

第二步，在 Vegas 中调用 Adobe Audition 打开音频素材。右键单击需要调节音量的音频素材，弹出菜单，单击“在音频编辑软件中打开副本”，启动音频软件 Adobe Audition。如下图所示：

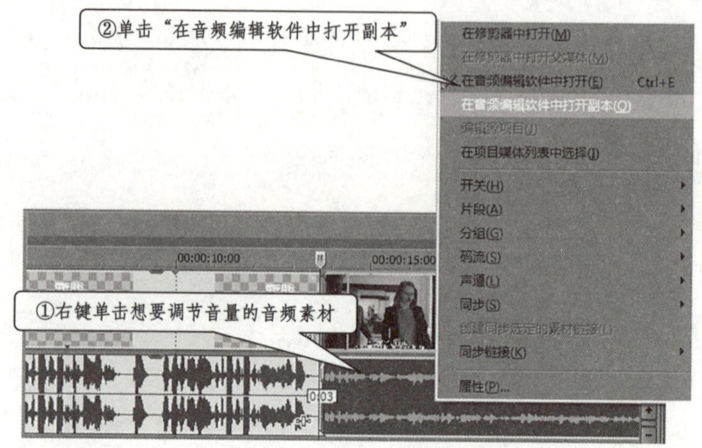

启动 Audition 软件

第三步，在 Adobe Audition 中调节音量。在 Adobe Audition 界面中找到“调节振幅”浮动工具，将鼠标放在类似表盘的工具上，出现“手和左右箭头”，按住不放向右上角拖动，波形振幅增大，音量随之增大。

注意，调节波形振幅时不要看数值，而是当波形压着左右声道分割线即可，如果超过分割线，则音量过大，噪音也随之变大。如下图所示：

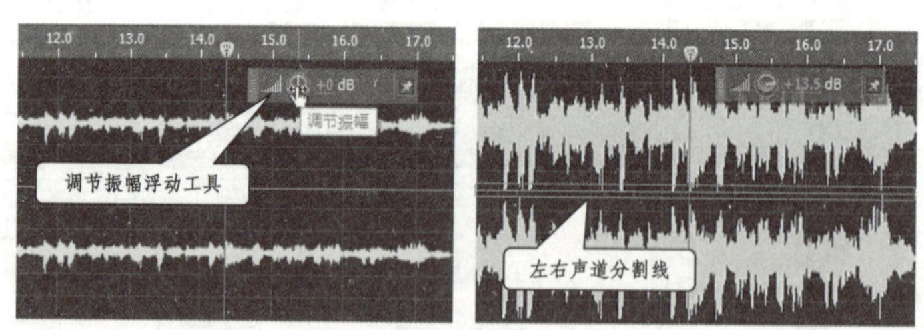

调节音量

第四步，关闭 Adobe Audition，完成音量调节。单击 Audition 右上角“×”，弹出保存对话框，询问是否存储对音频的修改，单击“是”，返回 Vegas 界面，可以发现右边音频素材的波形幅度、音量大小，基本与左边一致。如下图所示：

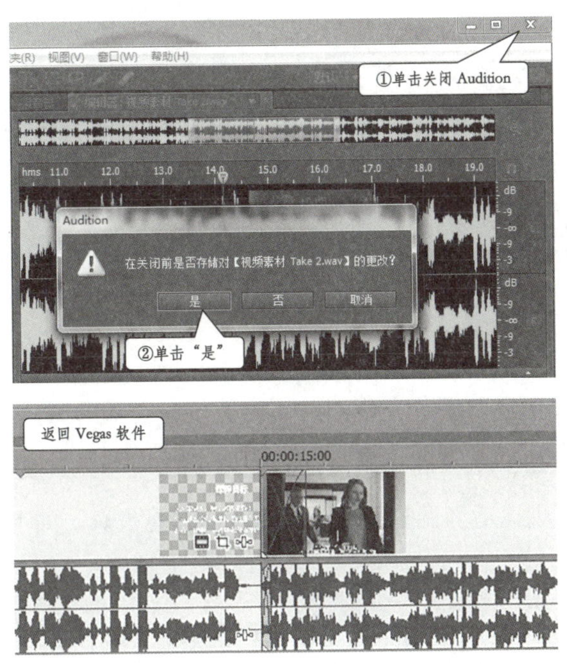

关闭 Audition，完成音量调节

13. 调节亮度和对比度。

在室内或天黑时拍摄视频，如果光线不好，视频素材的亮度就会比较暗，看不清楚，要是重新拍摄的话可能费时费力。Vegas 有亮度和对比度调节插件，我们可以直接在软件中将视频画面调得更亮一些。

> **小贴士**
>
> 视频素材特效除了调整画面的亮度、对比度外，还可以使用“Sony 彩色平衡”调整画面色彩，“Sony 高斯模糊”制作模糊画面作为动态背景，“Sony 黑白效果”将画面做旧成黑白片风格，有兴趣的可以尝试一二。

第一步，调出素材特效工具。在视频画面素材结尾处单击“素材特效”按钮，弹出“插件选择器—视频素材特效”对话框，单击“Sony 亮度和对比度”，单击“确定”弹出“视频素材特效”工具。如下图所示：

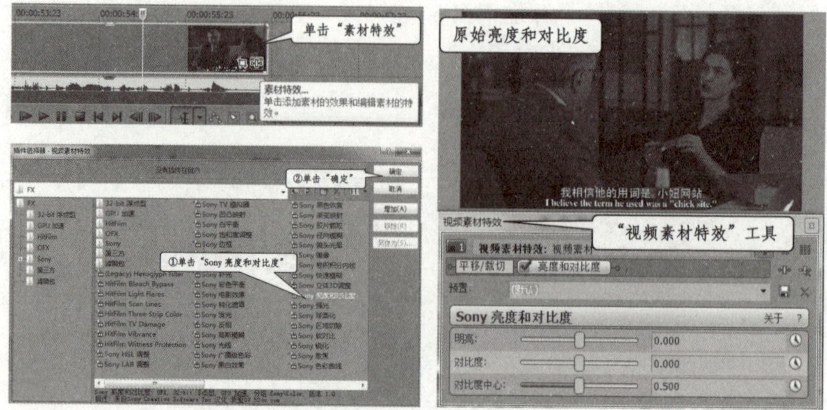

调出素材特效工具

第二步，根据需要调节亮度和对比度数值。在调节时，需要注意：亮度值增加，对比度值一定要随之增加，否则画面出现曝光过度；亮度值和对比度值调节不能过大，适当调整即可，否则画面严重失真。如下图所示：

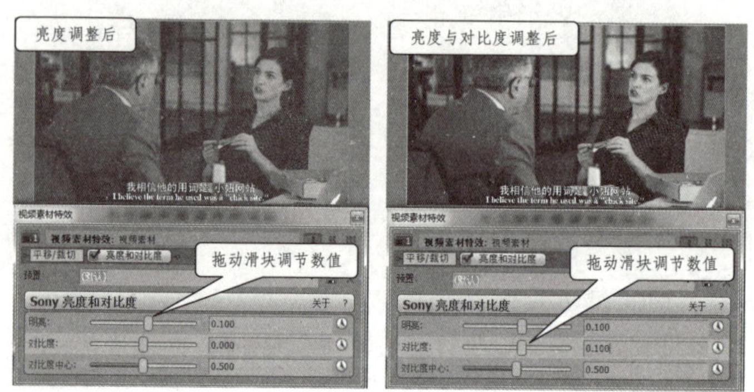

调节亮度和对比度数值

14. 添加文字。

文字、图片和视频素材都是放在视频轨道上，但如果我们要在视频素材上添加文字，作为字幕，或作为对画面内容的说明，这时文字素材所在的轨道要放在视频素材所在的轨道之上，否则，文字内容就会被视频画面遮挡。如下图所示：

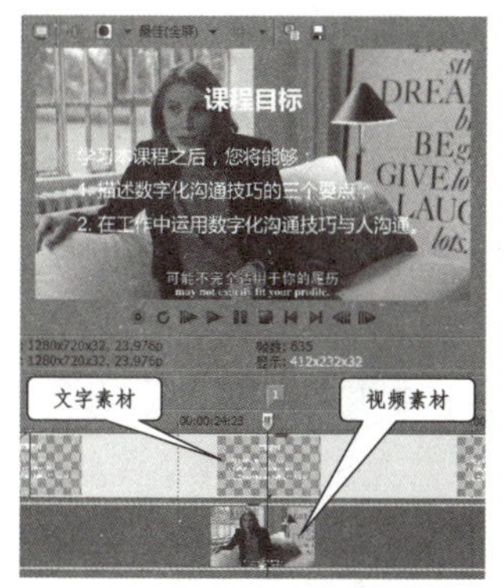

视频素材轨道和文字素材轨道

第一步，添加 PTT 字幕。单击“媒体发生器”，单击“PTT 字幕”，单击“空白”字幕模板，按住不放拖拽至下方视频轨道，这就添加了一个文字素材，同时，会自动弹出“视频媒体发生器”面板。如下图所示：

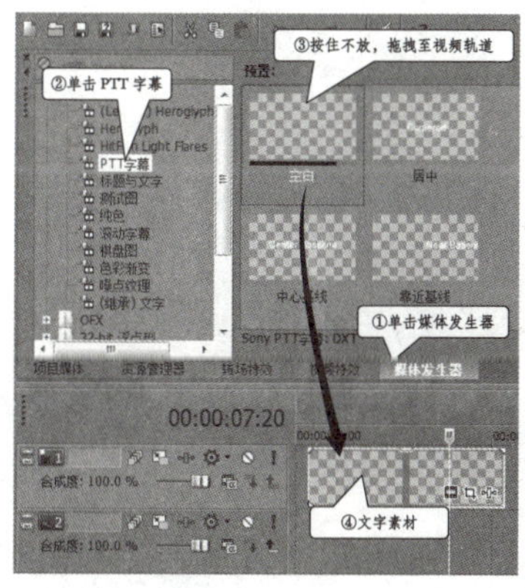

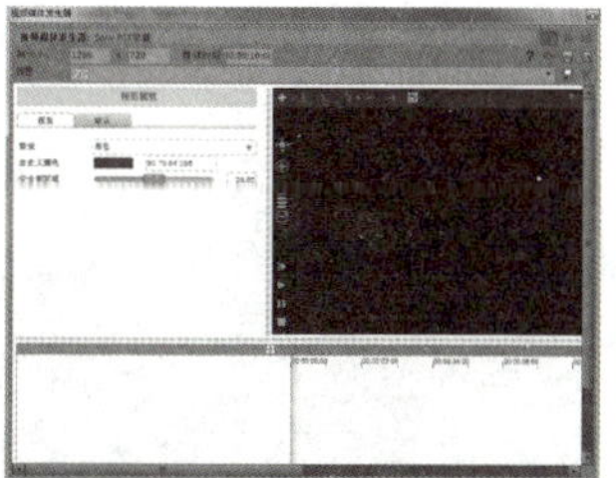

添加 PPT 字幕

视频媒体发生器介绍：

（1）主要分为左右两个部分，左边是控制面板，右边黑色区域是文字输入区。

（2）通过鼠标滚轮可以控制文字输入区放大、缩小，缩小文字输入区可以显示“回”字框，如上图所示。

（3）文字只有输入在“回”字框中，才能被看见，超过外框就不显示，一般建议在内框中添加文字，这样比较美观。

（4）在“回”字框中双击鼠标可生成“示例文本”框，必须在“示例文本”框中才能输入文字，如下图所示。

（5）左侧控制面板会自动随着右侧文字输入区的变化而变化：①当鼠标光标在“示例文本”框中闪动时，左侧是“格式面板”，可在“文本”页面修改文字的字体、大小、样式、粗细等，在“风格”页面通过“填充颜色”修改文字颜色，如下图所示；②当退出文字编辑状态后，文本框自动被选中，左侧面板变成“本文区块属性”，可通过偏移量 X 值调整文本框在“回”字框中的水平位置，通过 Y 值调整垂直位置，其中 0 值表示居中，如下图所示；③当鼠标单击空白处时，左侧面板变成“预览属性”，可通过“背景”修改左侧文字输入区背景颜色，如下图所示：

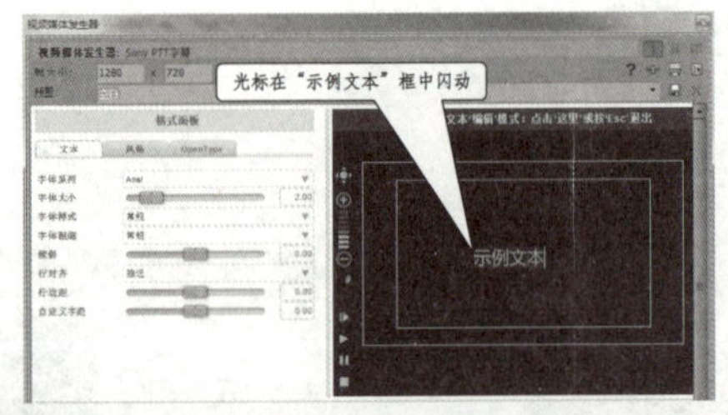

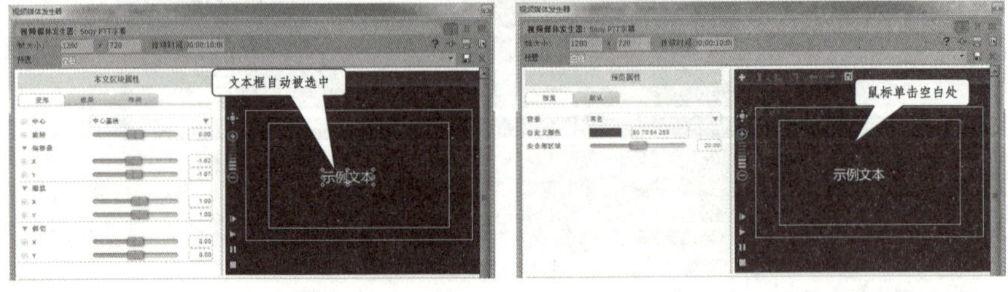

示例文本框

第二步，添加文字内容。在“回”字框双击生成“示例文本”，输入文字“课程目标”，“Ctrl+A”全选文字，在左侧“格式面板”设置文字大小为 2.00，粗细为“粗体”，按键盘“Esc”键，或者鼠标单击“回”字框上部暗红色区域退出文本编辑状态。如下图所示：

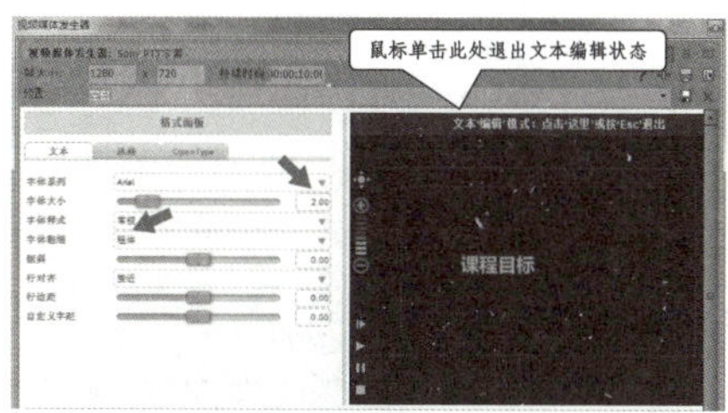

添加文字内容

第三步，设置文本框位置。退出文本编辑状态后，文本框自动被选中，通过左侧“本文区块属性”面板设置文本框偏移量 X 值为 0，Y 值为 6。如下图所示：

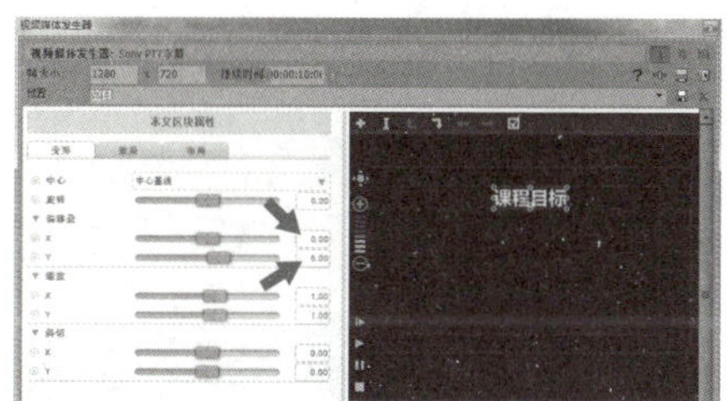

设置文本框位置

第四步，再次输入文字内容。在“回”字框内双击鼠标，生成“示例文本”，输入文字内容（如输入法不出现，请尝试“Ctrl+>”），“Ctrl+A”全选文字，设置字体大小为 1.50，粗细为常规，行边距为 1.00。如下图所示：

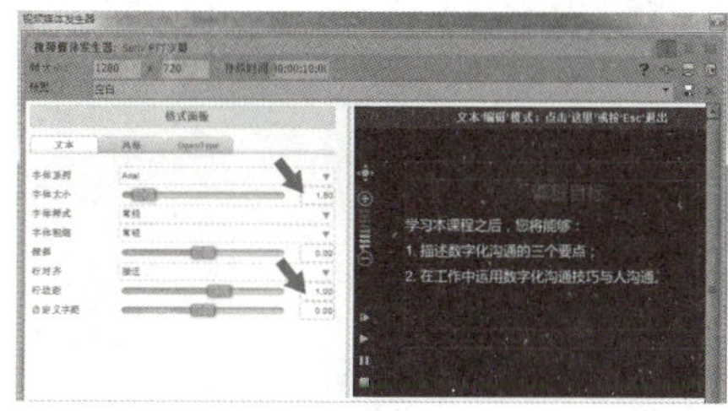

再次输入文字内容

第五步，设置文字颜色。只选中需要变色的文字部分，单击左侧“格式面板”的“风格”页面，单击“填充颜色”后面的白色矩形色块，弹出调色工具，将蓝色滑块从右拉至最左侧，白色变为黄色，按“Esc”键退出文本编辑状态。如下图所示：

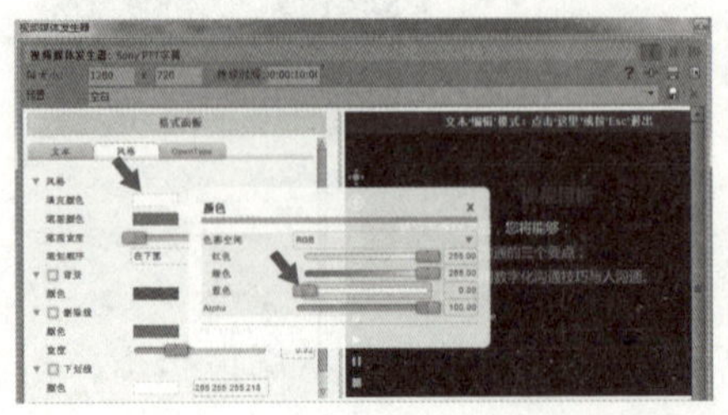

设置文字颜色

第六步，设置文本框位置。设置文本框偏移量 X 值为 0，Y 值为 1。如下图所示：

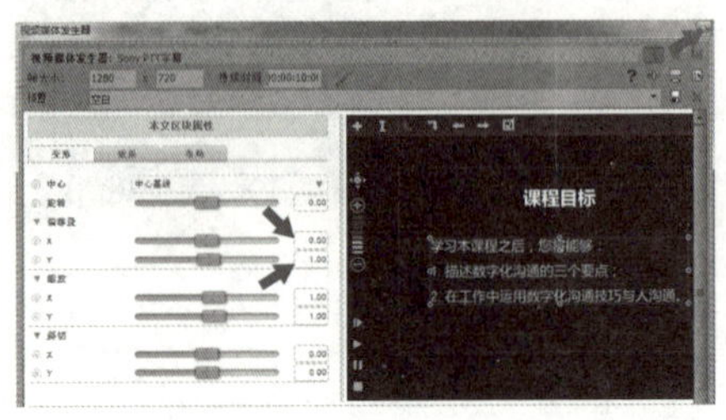

设置文本框位置

单击右上角“×”关闭“视频媒体发生器”，返回 Vegas 主界面。如需再次编辑文字，可单击文字素材尾端下方第一个按钮“生成的媒体...”工具。如下图所示：

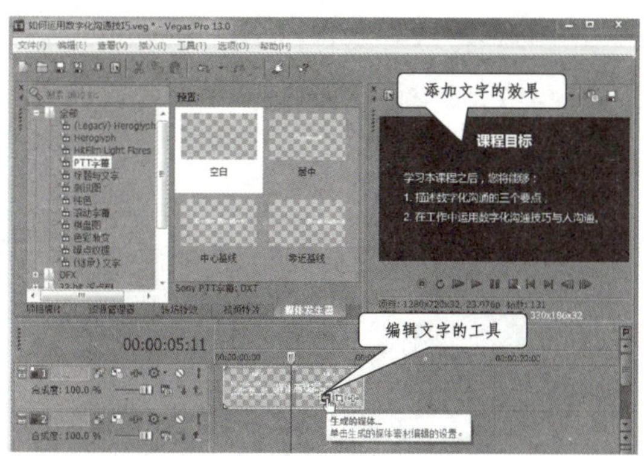

再次编辑文字

15. 音字同步。

单纯的文字或声音，都是单媒体，只有将文字和声音同步起来形成音字同步，才是多媒体。当然，将画面和声音同步起来形成音画同步也是多媒体。

第一步，导入音频素材。直接将“旁白.wav”从文件夹拖拽进入 Vegas 音频轨道。如下图所示：

> **小贴士**
>
> 视频素材和音频素材为动态素材，内容不断变化，并且有一定的原始时间长度。通过扩展操作可以使内容超过原始时长重复出现，但对于动态素材来说，重复出现大多数情况下是没有意义的。图片、文字、形状等素材为静态素材，内容静止不变，无论扩展多长都是一样的，长度不够的时候可以扩展，过长的时候可以收缩。无论是视频素材还是音频素材，超过原始长度重复出现时，都会在原始长度的末端和重复出现的开端产生一个“V”字型的重复标记，大家可以凭标记判断素材是否有重复。

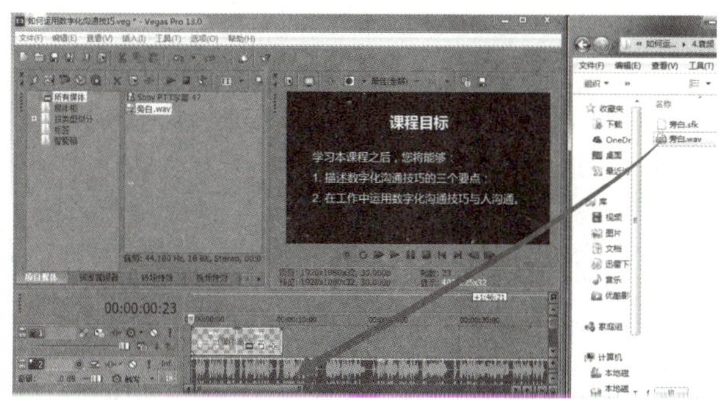

导入音频素材

第二步，分离出所需要的音频素材。空格键预览（播放）旁白素材，找到“课程目标”的部分，并用切割法分离出来，其他素材向后移动留着备用。如下图所示：

分离出所需要的音频素材

第三步，文字素材与音频素材同步。文字素材的时间长度默认是5秒，很难正好与音频素材同等时长，所以，需要根据音频素材的长度来收缩或扩展文字素材长度。如下图所示：

收缩或扩展文字素材长度

16. 制作片头。

微课片头需要展示微课的主题，片头有两种做法，一种是标准版的，一种是简化版的。标准版片头包含一段动画视频和微课主题，简化版的只有主题，不含视频。

（1）简化版的片头就是时长5秒的文字，如下图所示：

小贴士

视频片头素材可从很多渠道获得，比如专门的素材网站，有兴趣可以网上搜索“片头”。简化版片头一般长度为5秒，标准版片头一般10秒左右，如果采用标准片头，微课主题通常出现在后半段，而非从一开始就出现，并且每一个经过设计的片头都有一个适合主题出现的时间节点，我们在使用这些片头素材时一定要多看几遍，找准这个节点。

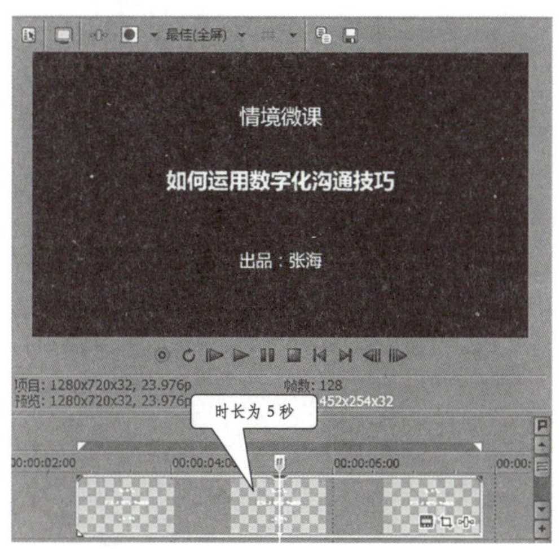

简化版的片头

（2）标准版片头的制作步骤：

第一步，导入片头视频素材。将准备好的片头素材导入 Vegas 第二根视频轨道（第一根留着添加微课主题文字），视频素材自带音频文件，Vegas 会自动增加一根音频轨道，从而形成两根视轨、一根音轨。如下图所示：

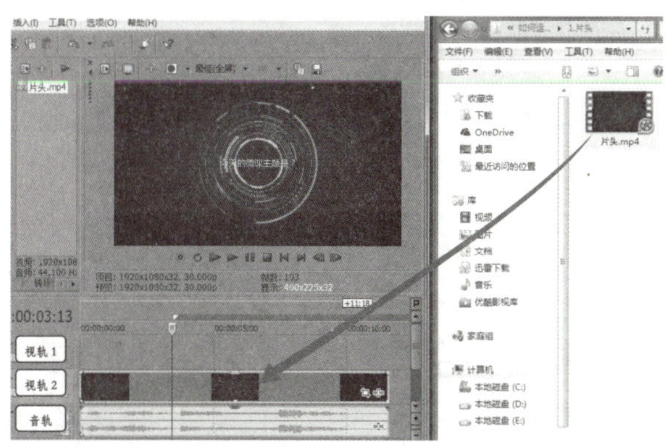

导入片头视频素材

第二步，添加文字素材。在视频素材的后半段确定一个位置，从“媒体发生器”中拖拽 PTT 字幕的空白模板到第一根视频轨道。如下图所示：

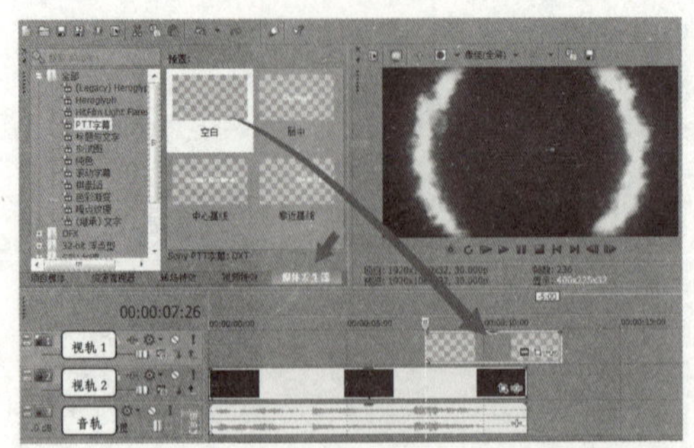

添加文字素材

第三步，输入微课主题文字。在文字素材右下方单击“生成的媒体……”弹出“视频媒体发生器”，输入微课主题文字内容。如下图所示：

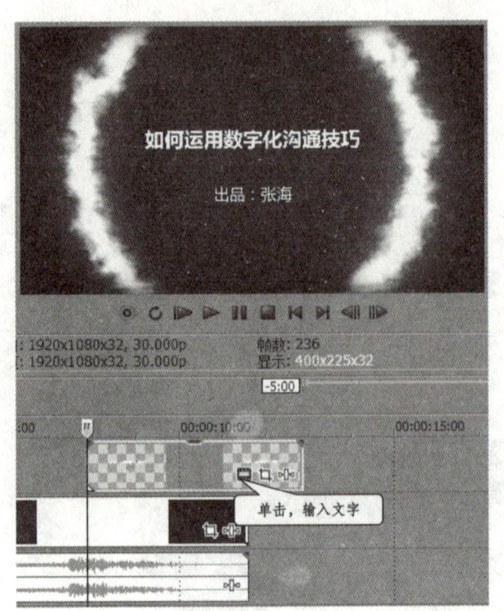

输入微课主题文字

第四步，修剪微课主题文字素材长度，与片头视频素材右对齐。在文字素材位于视频素材结尾处单击鼠标，时间指针自动跟随至此，使用收缩法（鼠标置于文字素材末端，出现矩形框和左右箭头后按住不放，向左拖动）删除文字素材多余的时间长度。如下图所示：

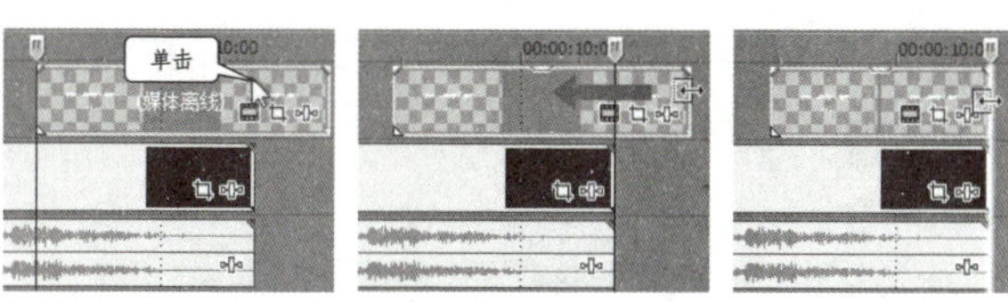

修剪微课主题文字素材长度

17. 渲染视频。

微课剪辑制作好以后，需要将已成为碎片化的各种素材压合成为一段完整的、某种格式的视频，这个过程就叫作渲染。

> **小贴士**
>
> 对于渲染模板的选择，Sony Tablet 1080p、Sony Tablet 720p、Internet HD 1080p、Internet HD 720p，其实都差不多，都需要设置编码模式为“仅使用 CPU 渲染”。否则，很有可能因为显卡本身、驱动及设置问题导致渲染失败。另外，帧率选择 25.000（PAL）和 29.970（NTSC）对渲染后视频大小影响不大。

第一步，关闭 GPU 加速视频处理功能。单击“选项”菜单，单击“参数选择”子菜单，弹出“参数选择”控制面板，单击“视频”页面，在“GPU 加速视频处理”右边单击下拉菜单，选择“关闭”选项（如果本身处于关闭状态，则跳过此步骤，直接单击“Cancel”退出），单击“Apply”，单击“OK”返回主界面。如下图所示：

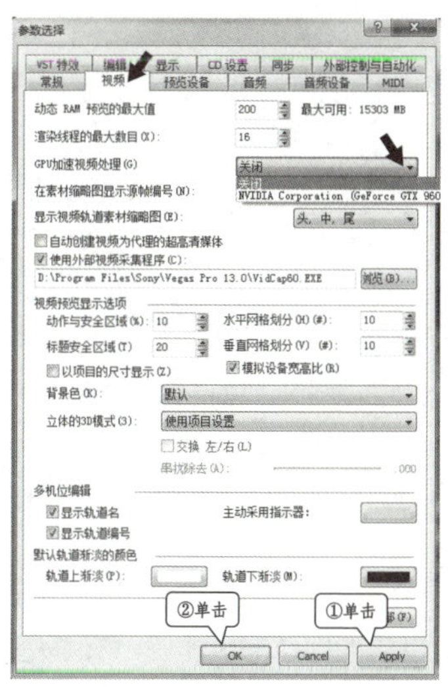

关闭 GPU 加速视频处理功能

第二步，选择渲染区间。在标记区内，素材起始位置单击鼠标，按住不放拖拽至素材结束位置。如下图所示：

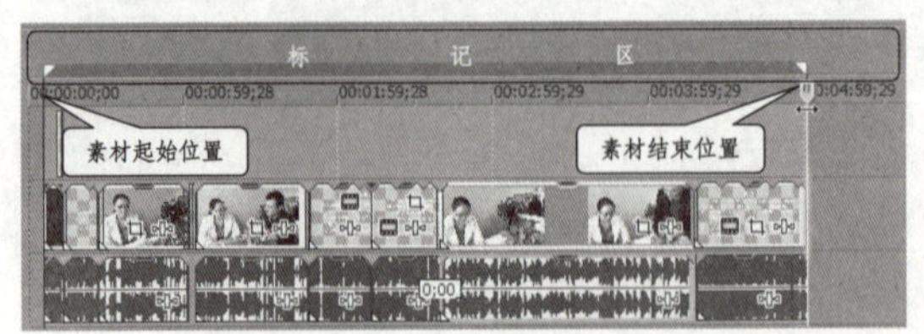

选择渲染区间

第三步，选择渲染模板。单击“渲染为”工具弹出“渲染为”控制面板，单击“浏览”设定渲染文件输出路径，并修改渲染文件名称（注：文件后缀名默认为.mxf，此处不必手工修改为mp4，后面渲染模板选好后会自动修改为.mp4），在“输出格式”下方的渲染格式中找到并单击“MainConcept AVC/AAC（*.mp4;*.avc）”，展开所有模板，单击“Internet HD 1080p”渲染模板，使之变蓝，单击“自定义模板”弹出“自定义设置”面板。如下图所示：

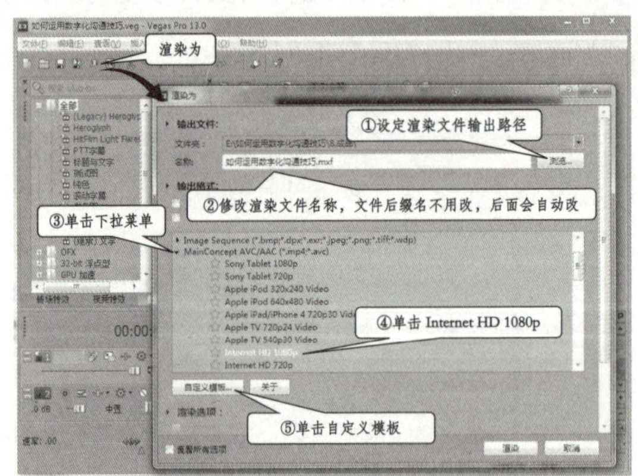

选择渲染模版

第四步，设置渲染参数。在“自定义设置”面板修改模板名称，从原始名称改为“1920×1080”，以方便识别和查找，帧率选择25.000(PAL)，取消“允许根据源来调整帧率”，编码模式选择“仅使用CPU渲染”，单击右上角“保存”

按钮保存模板，单击右下角“确定”返回“渲染为”控制面板。如下图所示：

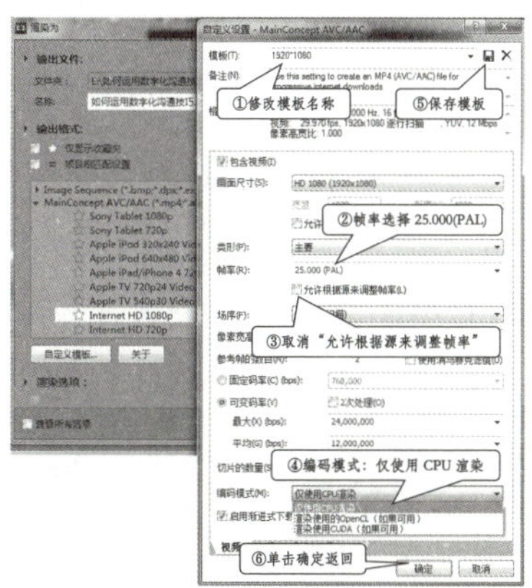

设置渲染参数

第五步，渲染视频。单击“1920×1080”模板左边的五角星，使之变成黄色，在“输出格式”下方“仅显示收藏夹”左边的方框打√，此时下方仅显示五角星为黄色的模板，单击右下方“渲染”按钮，开始渲染视频，同时弹出渲染对话框，在“当渲染完成时关闭此对话框”左侧方框打√。渲染完成后，可到输出文件路径下找到渲染结果。如下图所示：

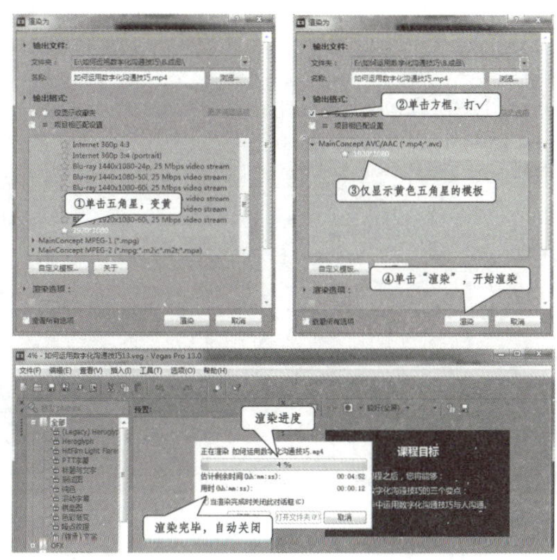

渲染视频

二、使用会声会影剪辑视频素材

（一）会声会影介绍

会声会影是加拿大 Corel 公司的一款功能强大的视频编辑软件，提供超过 100 种的编制功能与效果，可导出多种常见的视频格式。编辑模式包括捕获、剪接、转场、特效、覆叠、字幕、配乐等，能够剪辑出好莱坞级的家庭电影。

会声会影主要特点是界面简洁明快、操作简单易懂、素材丰富多样。随着版本的不断升级，会声会影加入了很多专业功能，不仅能满足家庭或个人剪辑视频的需求，甚至可以挑战专业级的影视后期剪辑软件。

由于会声会影简单实用，1 个小时左右就可以基本学会，所以，在国内的普及度非常高，是深受视频制作爱好者喜欢的软件之一。

因为本书篇幅有限，在这里只能重点介绍视频剪辑的常用操作技巧，满足微课视频剪辑的需求。如想系统学习影视剪辑技术，敬请参考相关专业书籍。

（二）会声会影 X7 界面介绍

会声会影有三个工作区：捕获工作区、编辑工作区、共享（输出）工作区。这三个工作区以视频编辑流程中的步骤为基础，其中编辑工作区所含的时间轴面板是最核心的功能区。

1. 捕获工作区。如下图所示：

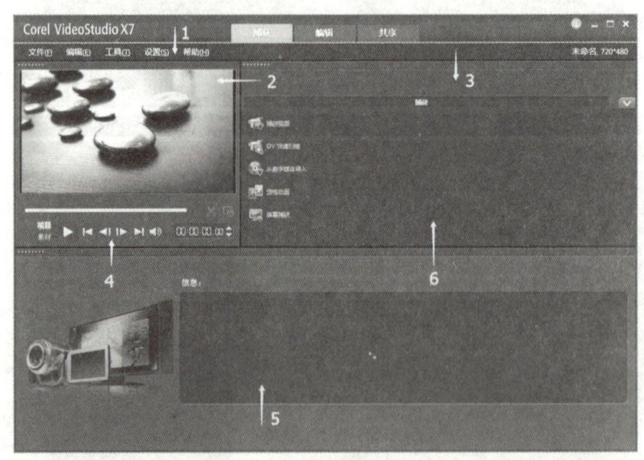

捕获工作区

捕获工作区包含下列元件：

（1）菜单列——提供多种指令来自定义 Corel 会声会影 Pro、打开并保存影片项目、使用个别的素材等等。

（2）预览视窗——显示播放机面板中目前正在播放的视频。

（3）素材库面板——存放所捕获媒体素材的保存区域。

（4）浏览区域——在播放机面板中提供播放和精确修剪的按钮。

（5）信息面板——可让您查看正在处理的文件相关信息。

（6）捕获选项——显示不同的媒体捕获和导入方法。

2. 编辑工作区。

编辑工作区是会声会影的主要工作区，您可在此处排列、编辑、修剪和添加特效到视频素材。如下图所示：

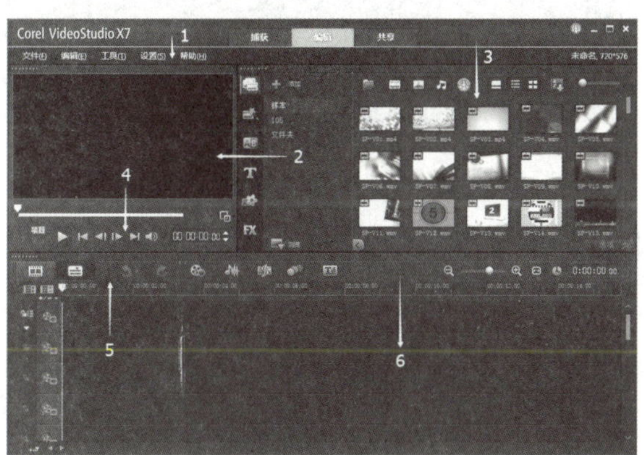

编辑工作区

编辑工作区包含下列元件：

（1）菜单列——提供多种指令来自定义 Corel 会声会影 Pro、打开并保存影片项目、使用个别的素材等等。

（2）预览视窗——显示播放机面板中目前正在播放的视频。

（3）素材库面板——是一个保存区域，可让您放置创建影片需要的所有资料，包括范例视频、相片和音乐素材，以及您导入的素材。此外也包括模板、转场、标题、图形、滤镜和路径。选项区域会在素材库面板中打开。

（4）浏览区域——在播放机面板中提供播放和精确修剪的按钮。

（5）工具列——可让您选择时间轴中与内容相关的各种功能。

（6）时间轴面板——时间轴是组织视频项目媒体素材的地方。

3. 时间轴面板。

时间轴面板非常重要，是会声会影核心功能区，所以这里单独介绍。如下图所示：

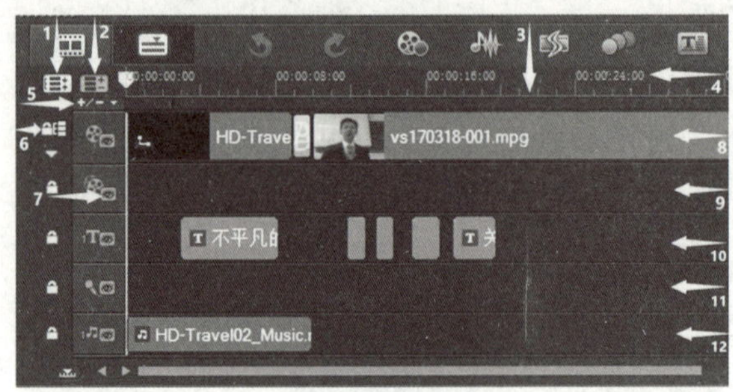

时间轴面板

时间轴面板包含下列元件：

（1）显示所有轨道——显示项目中的所有轨道。

（2）轨道管理器——可让您管理时间轴中显示的轨道。

（3）选取的范围——代表项目的修剪或选定部分的时间长度。

（4）时间轴尺规——以时：分：秒：帧的格式显示项目的时间码间隔，帮助您判断素材和项目长度。

（5）新增 / 移除章节或提示点——可让您在影片中设置章节或提示点。

（6）启用 / 停止连续编辑——启用时，将素材加到轨中时，素材会保持其相对位置。

（7）轨按钮——显示 / 隐藏个别轨。

（8）视频轨——包含视频、相片、图形和转场。

（9）覆叠轨——包含覆叠素材，例如视频、相片、图形或色彩素材。

（10）标题轨——包含标题素材。

（11）声音轨——包含旁白素材。

（12）音乐轨——包含音频文件的音乐素材。

4. 共享（输出）工作区。

共享（输出）工作区可让您保存并输出完成的微课。如下图所示：

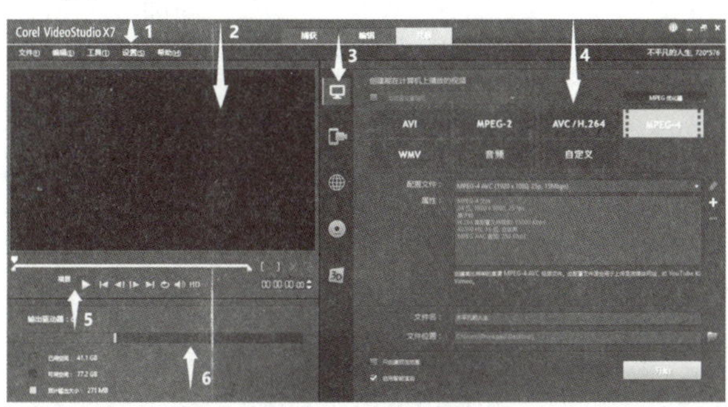

共享（输出）工作区

共享（输出）工作区包含下列元件：

（1）菜单列——提供多种指令来自定义会声会影、打开并保存影片项目。

（2）预览视窗——显示播放机面板中目前正在播放的视频。

（3）类别选取区域——可选择电脑、设备、光盘和 3D 影片输出类别。

（4）格式区域——提供可供选取的文件格式、配置文件和描述。

（5）浏览区域——在播放机面板中提供播放和精确修剪的按钮。

（6）信息区域——可查看输出位置的信息，并提供文件大小的估计值。

（三）会声会影 X7 操作技巧

接下来介绍使用会声会影 X7 剪辑制作微课所需要用到的相关技巧。

1. 导入视频的三种方法。

方法 1：在素材库上按鼠标右键，然后选取插入到“视频轨”或者“覆叠轨”。如下图所示：

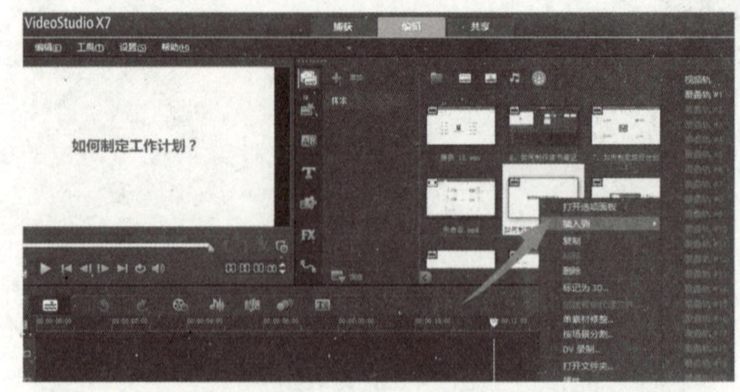

导入视频方法 1

方法 2：在素材库内选取素材，然后拖曳到“视频轨”或“覆叠轨”。如下图所示：

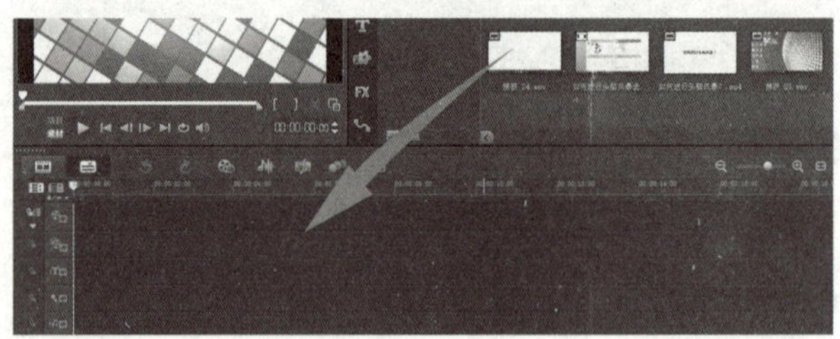

导入视频方法 2

方法 3：若要将素材直接从文件文件夹插入视频轨或覆叠轨，请以鼠标右键按一下时间轴，选取插入视频，然后找到要使用的视频。如下图所示：

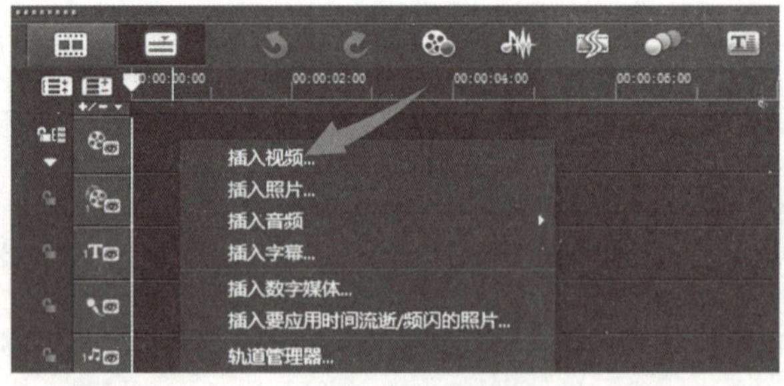

导入视频方法 3

当我们把视频或者照片插入到轨道之后，就可以对视频和照片进行编辑，下面认识一下编辑区的选项面板和各个功能。

编辑工作区中的选项面板可让您修改添加到时间轴的媒体、转场、标题、图形、动画和滤镜。标签和控制项的多寡取决于所选的媒体类型。例如，如果选取视频素材，按一下素材库面板中的选项，将会显示两个标签：视频和照片。

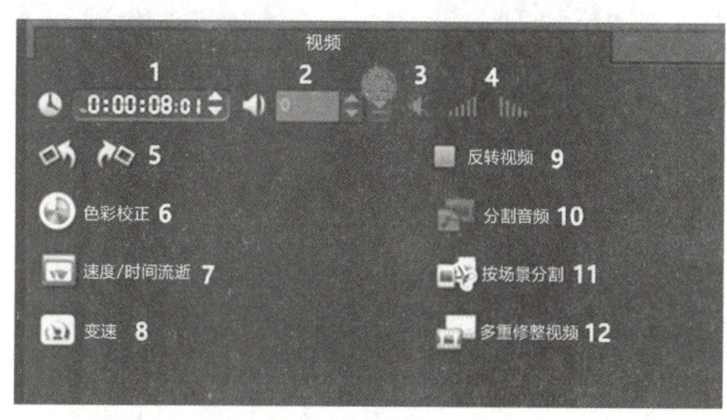

视频标签

视频标签包含下列元件：

（1）视频时间长度以「时：分：秒：帧」的格式显示选定素材的时间长度。

（2）素材音量：可让您调整视频音量大小。

（3）静音：将视频的音量调至静音，而不必将声音移除。

（4）淡入 / 淡出：逐渐地增减素材的音量，以产生平滑的转场。

（5）旋转：旋转视频素材。

（6）色彩校正：可让您调整视频素材的色相、饱和度、亮度、对比和 Gamma 值。您也可以调整视频或相片素材的白平衡，或进行自动色调调整。

（7）速度 / 时间流逝：可让您调整素材的播放速度，并套用缩时摄影和抽格效果。

（8）变速：可让您以不同的间隔调整素材的播放速度。

（9）反转视频：翻转播放视频。

（10）分割音频：可让您把音频从视频文件中分割，再将它置于声音轨。

（11）按场景分割：分割捕获的DV、AVI 文件，您可按照拍摄的日期与时间，或是视频属性的变化（即动作变化、镜头转移、亮度变化等等）来分割。

（12）多重修剪视频：可让您从视频文件选择需要的片段，然后加以修剪。

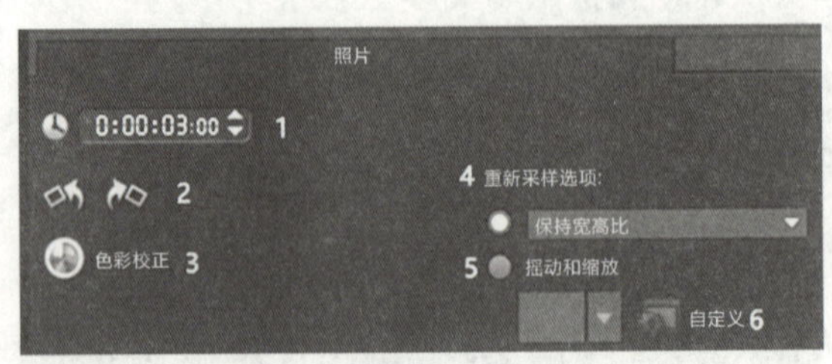

照片标签

照片标签包含下列元件：

（1）时间长度：设置选取影像素材的时间长度。

（2）旋转：旋转影像素材。

（3）色彩校正：可让您调整影像的色相、饱和度、亮度、对比和Gamma值。您也可以调整视频或影像素材的白平衡，或进行自动色调调整。

（4）重新取样选项：让您在套用转场或特效时，修改相片的宽高比。

（5）摇动和缩放：将平移和缩放特效套用在目前的影像上。

（6）自定义：可让您定义目前影像的平移和缩放方式。

2. 翻转视频。

有时候我们导入的视频是反着的，我们可以通过视频旋转把视频放正。如下图所示：

翻转视频

3. 剪切视频。

有些视频素材需要对其进行剪切，选取有用的片段。

第一步，把时间指针拖动到需要剪切的时间点，然后选中素材。如下图所示：

时间指针拖动到需要剪切的时间点

第二步，单击剪刀，剪断视频，删除不需要的片段即可。如下图所示：

单击剪刀，剪断视频

4. 视频调色。

如果我们拍摄的视频颜色暗淡，可以对视频颜色进行校正。

第一步，选择素材，点击色彩校正。如下图所示：

色彩校正

第二步，根据自己需要调整白平衡、色度、饱和度、亮度、对比度或者可以选择自动调整色调。如下图所示：

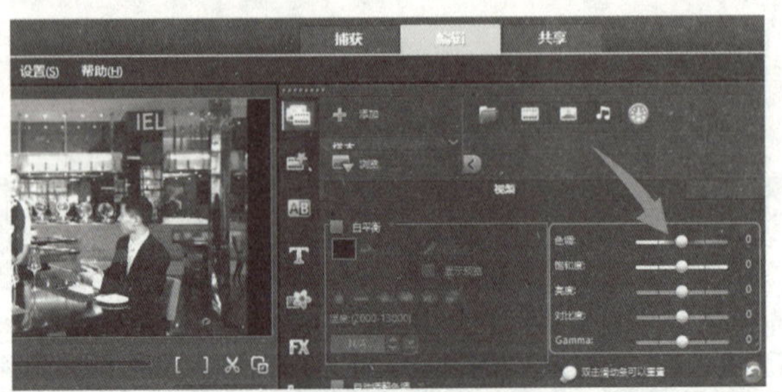

调整白平衡、色度、饱和度、亮度、对比度

5. 快进慢进。

您可以修改视频的速度，设成慢动作，可强调某个动作；设成快进速度，可赋予影片喜剧味道。

第一步，在编辑工作区中按一下选项，接着按「选项」面板中的速度/时间流逝。如下图所示：

点击“速度 / 时间流逝”

第二步，依个人偏好（即慢、正常、快）拖曳速度滑竿，或输入值。设置的值越高，播放的速度越快（值范围为 10 ～ 1000%）。如下图所示：

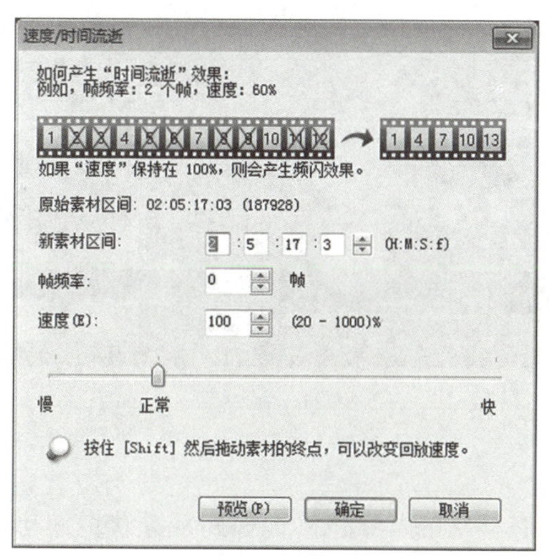

设置播放速度

第三步，按预览来查看您的设置结果，如果可以按确定即可。

6. 插入画板和文字。

有时候我们需要在两段视频中间插入字幕（对后面剧情进行文字解释），

这时我们需要插入一个画板来书写文字。

第一步，点一下图形。如下图所示：

点击图形

第二步，单击色彩。如下图所示：

单击色彩

第三步，选择您喜欢的背景色，拖拽到视频轨道您想插入的位置。如下图所示：

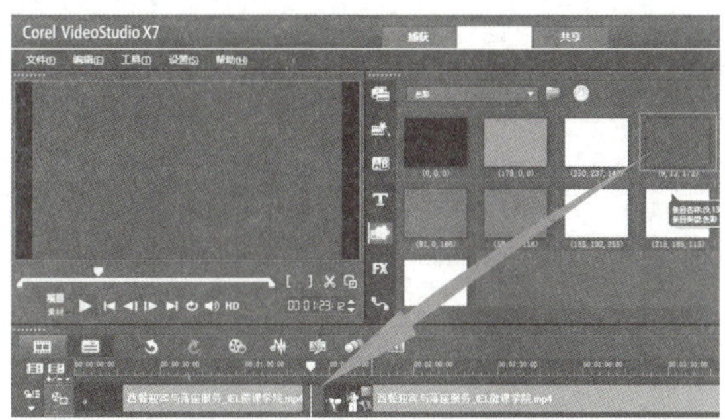

选择背景色并插入视频轨道

第四步，单击标题。如下图所示：

单击标题

第五步，单击预览窗口的背景，输入文字，然后可以在选项区对文字大小、颜色等进行修改，直到自己满意为止。如下图所示：

输入文字

7. 插入动画。

有时候我们希望在主视频的一个位置加入动画，此时我们需要把动画插入覆叠轨，然后进行两个素材的重叠，调整动画大小即可。

第一步，把时间指针拖动到需要插入动画的时间点，单击图形，单击flash动画。如下图所示：

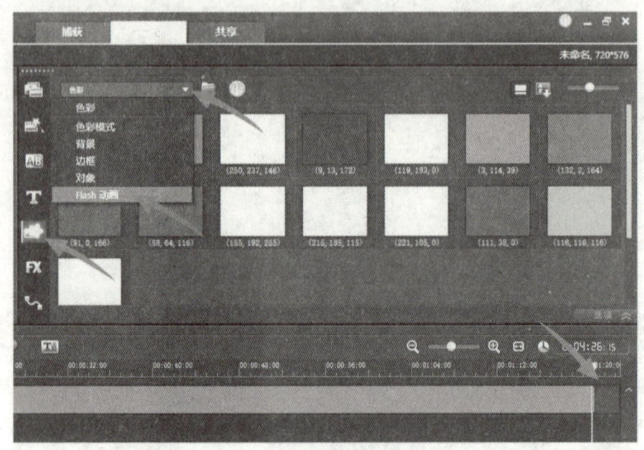
单击flash动画

第二步，拖拽动画到覆叠轨，调整时间、大小和位置即可。如果动画在文件夹不在素材库，可以单击覆叠轨插入动画即可。如下图所示：

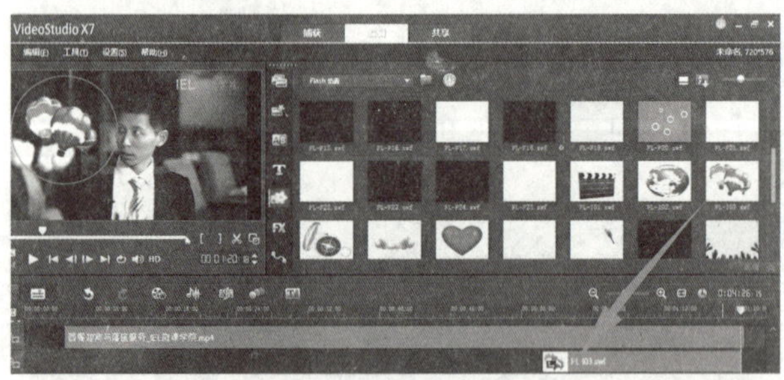
拖拽动画到覆叠轨

8. 转场效果。

转场是两个素材之间的过渡，可以根据自己的需求进行自由选择。

第一步，点击转场按钮。如下图所示：

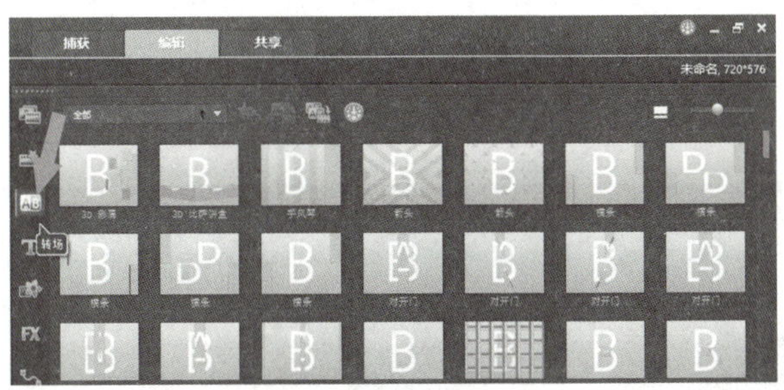

点击转场按钮

第二步，把转场效果拖拽至轨道上的两个素材之间即可。如下图所示：

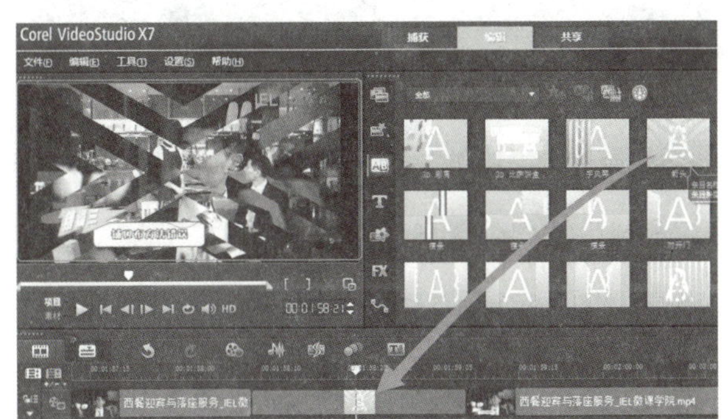

拖拽转场效果

9. 插入字幕。

第一步，点击字幕编辑器。如下图所示：

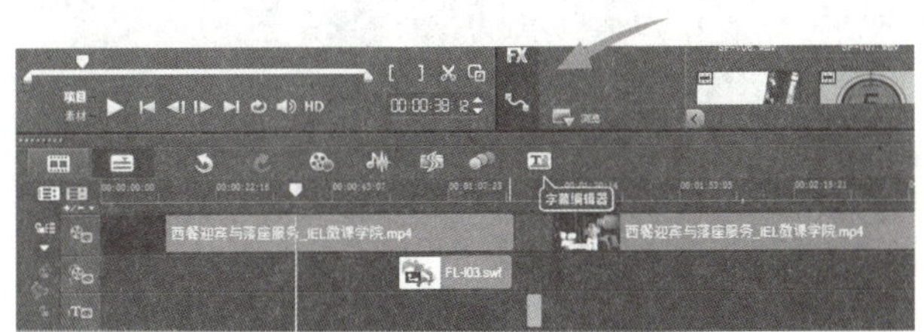

点击字幕编辑器

第二步，单击扫描。字幕编辑器会帮助您自动识别素材中有多少句话，如果声音清晰流利，识别效果会很好，如果声音不清晰，识别效果就会很差，所以建议大家选择声音较好的素材进行字幕编辑。如下图所示：

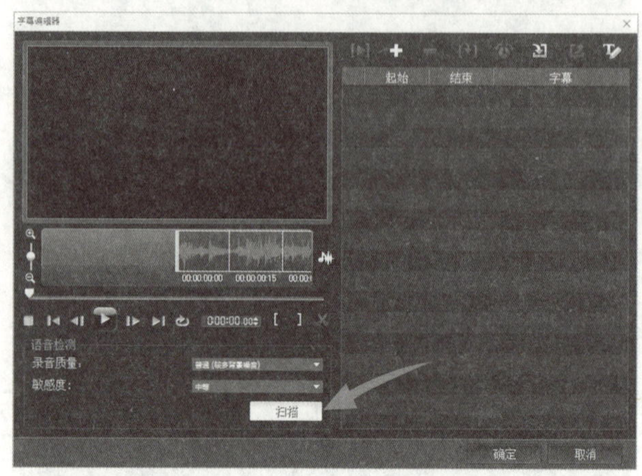

单击扫描

第三步，当扫描完成后，可以单击每句话进行添加文字，输入完成后，点击确定，字幕会自动添加到字幕轨道。如下图所示：

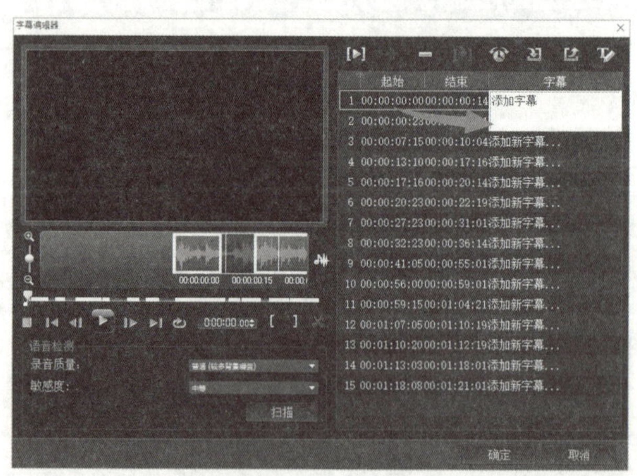

添加字幕

第四步，对字幕进行个性化编辑。如下图所示：

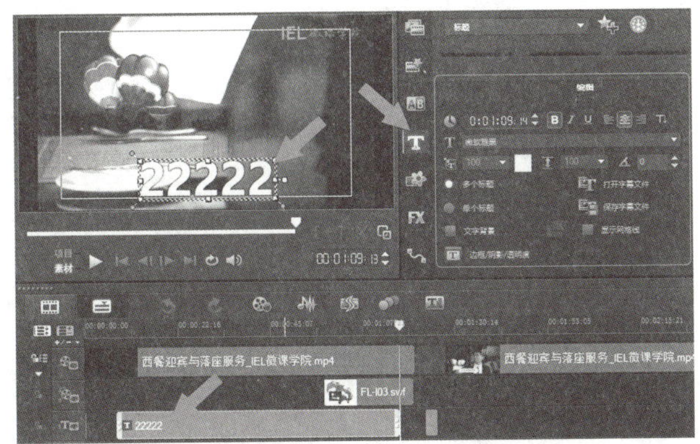

编辑字幕

10. 插入配音。

如果我们需要对视频素材进行配音，有两种方法，第一种，用录音笔或者手机录好后导入声音轨道；第二种，使用会声会影自带的画外音功能进行录音，下面介绍第二种方法。

第一步，把时间指针拖动到需要录音的时间点，单击录制 / 捕获选项，再单击画外音。如下图所示：

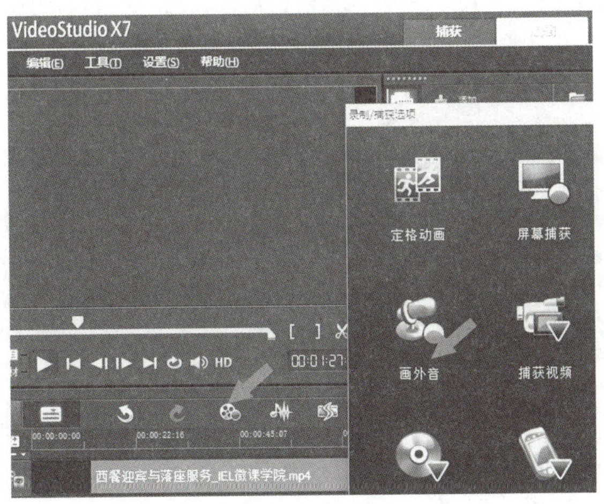

单击画外音

第二步，点击开始按钮。如下图所示：

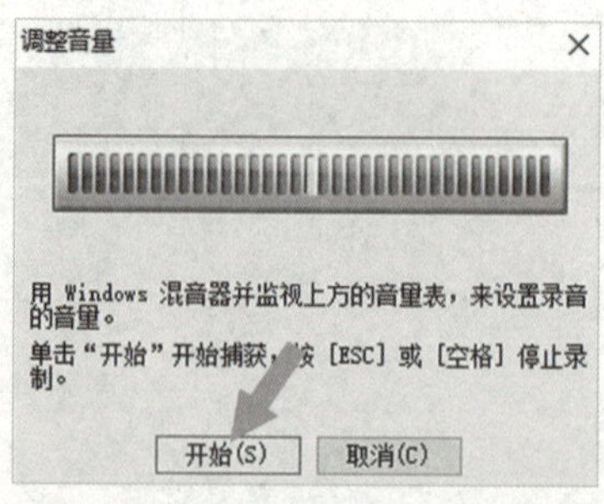

单击开始

第三步，开始对着电脑说话（笔记本自带录音功能，如果是台式机需要连接耳麦），如果想结束按空格键即可停止，这时可以看到录好的声音已在音频轨道上。如下图所示：

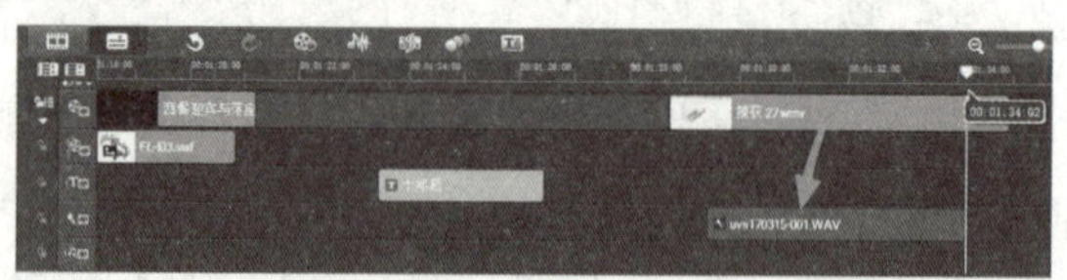

开始录音

第四步，双击声音，可以对音频进行淡入淡出、声音大小、快进慢进处理。如下图所示：

音频处理

11. 插入配乐。

对视频插入背景音乐，有两种方法。

第一种，直接从素材库里面选择，拖拽之音乐轨。

第二种，在轨道功能区点击右键选择插入音频到音乐轨，然后双击音乐进行剪切和编辑，可以调整音量（默认为 100，最低为 0，最高为 500）和淡入淡出等。如下图所示：

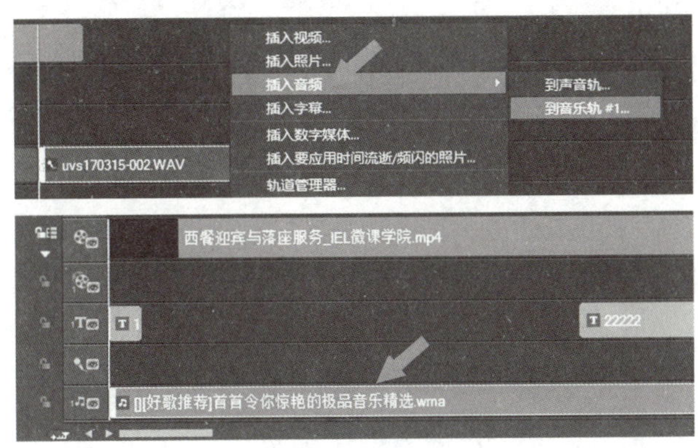

插入音频

12. 制作片头。

第一步，选择合适的片头，点击即时项目按钮，从素材库中进行预览并选择。如下图所示：

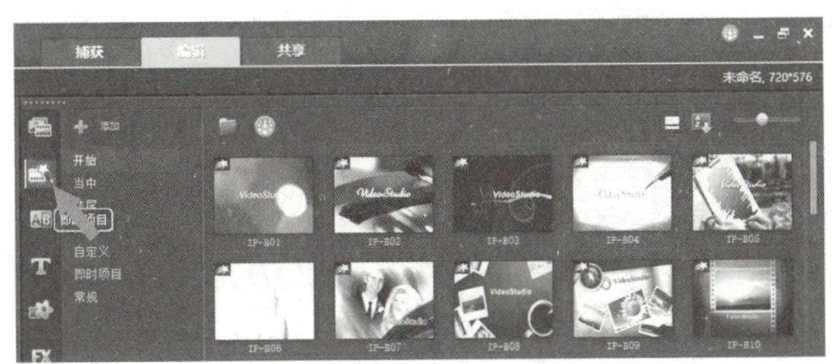

选择片头

第二步，选中目标素材，单击右键，在开始处添加。如下图所示：

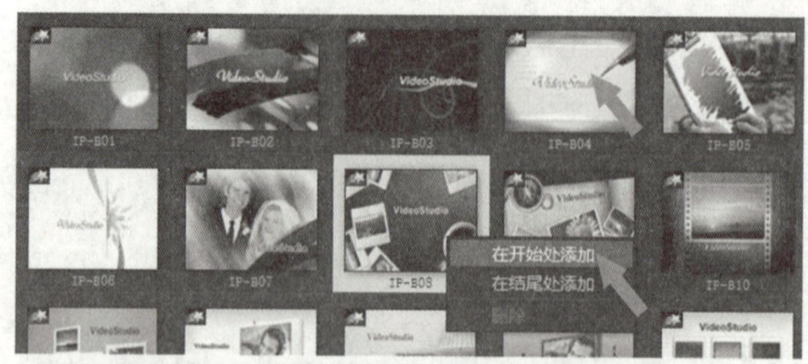

添加片头

第三步，对片头进行编辑，可以修改文字、背景音乐等。如下图所示：

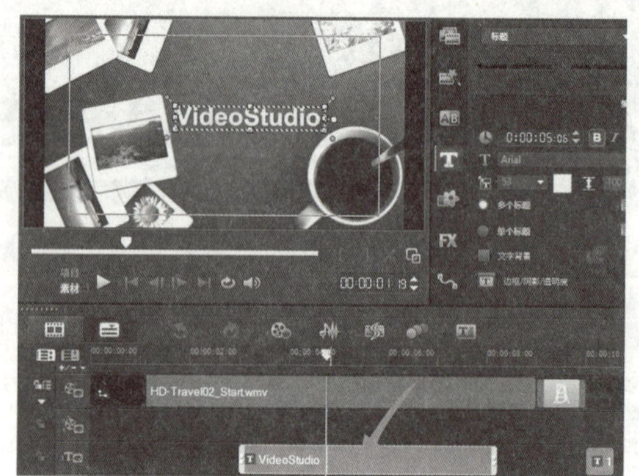

修改片头

13. 制作片尾。

片尾制作方法有两种，一种是和制作片头一样的方法制作片尾，在这里不做介绍，另外一种是用会声会影自己制作，下面和大家介绍一种常用的片尾制作法。

第一步，把时间指针移动到片尾时间点，点击标题按钮，选择合适的文字模板（一般选择第五个字幕滚动），拖拽到视频轨道或者字幕轨道。如下图所示：

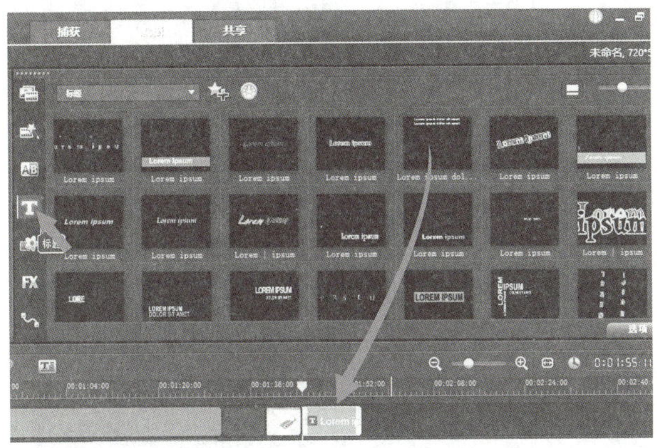

选择文字模板，拖拽到视频轨道或者字幕轨道

第二步，双击字幕文件，然后在预览窗口双击文字，添加文字。如下图所示：

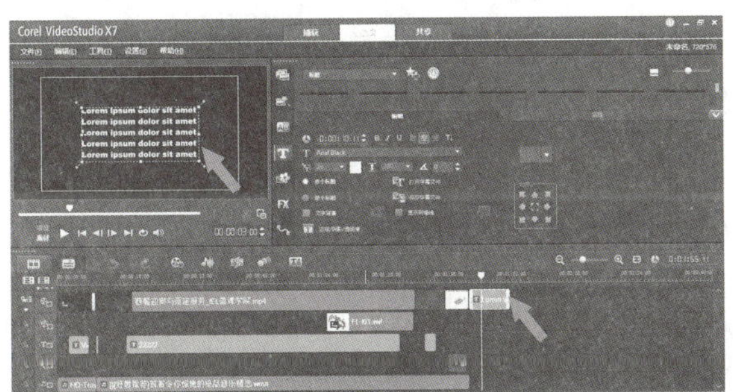

添加文字

第三步，调整文字的位置、字体、字号、颜色等属性。如下图所示：

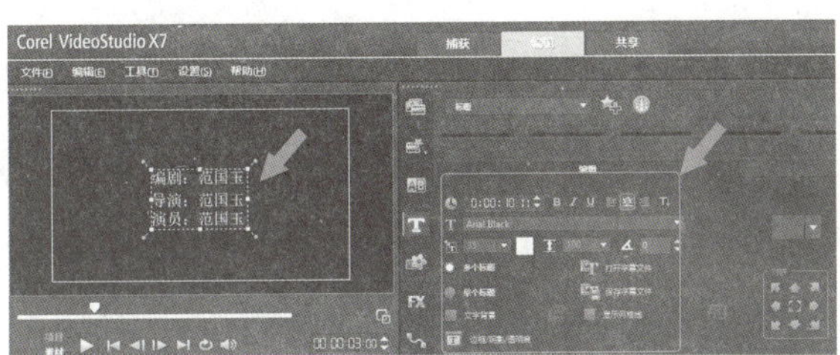

编辑文字

第四步，插入背景音乐和花絮（插入覆叠轨，调整画面大小和位置，可以根据自己情况确定是否添加，这里不进行细述）等。如下图所示：

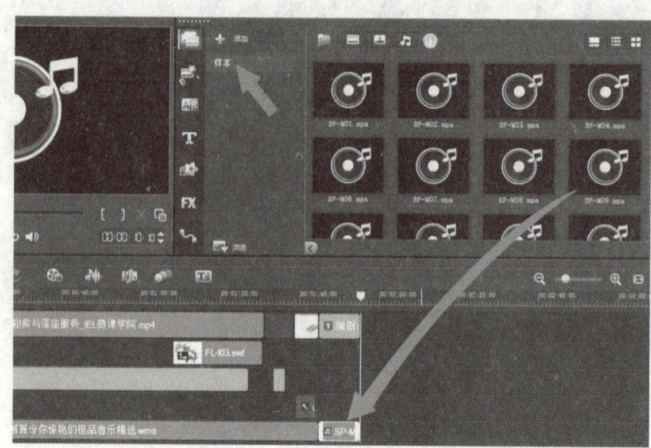

插入背景音乐和花絮等

14. 保存工程文件。

第一种方法，直接保存为本地工程文件（后缀为vsp）。

工程文件必须使用会声会影软件才能打开，同时微课的素材如果有移动，可能会出现打不开的情况。如果只拷贝工程文件到其他电脑上是打不开的（因为其中的音频和视频等素材还在原来的位置）。

> **小贴士**
>
> 微课开发的过程中，我们应将宝贵的时间和精力放在内容的教学设计上，工具、软件等只是实现内容的手段，千万不能本末倒置，片面追求呈现效果。本章分享的Sony Vegas Pro 13和会声会影X7剪辑制作技巧对于开发视频微课来说已经足够。如果不能满足您的需求，或者今后在操作中遇到问题，请上网搜索解决方案，相信通过您不断地学习和努力，一定能做出高品质的微课。

第二种方法，使用智能包保存项目。

如果您要备份工作或传送文件，以在笔记本电脑或其他电脑上分享或编辑，我们可以使用WinZip的文件压缩技术，将项目打包为压缩文件夹，或上传到线上保存区，WinZip整合在「智能包」功能中。您必须先保存项目，再使用「智能包」方法如下：

第一步，单击文件菜单，单击智能包子菜单，然后选择将项目压缩成文件夹或 Zip 文件。

第二步，指定文件夹路径、项目文件夹名称和项目文件名称。

第三步，单击确定。

15. 导出视频文件。

第一步，点击共享工作区面板，选择需要导出的文件格式和分辨率，一般常用的 mp4 格式，分辨率为 1920×1080p。如下图所示：

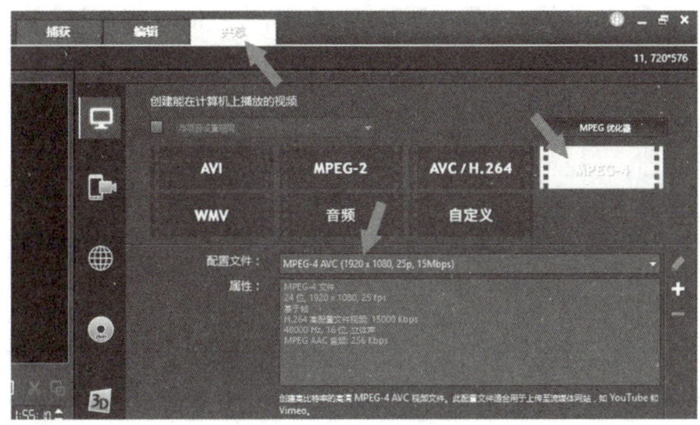

选择导出文件

第二步，输入文件名，选择文件位置，点击开始，会出现文件渲染进度条，等待渲染成功后即可。如下图所示：

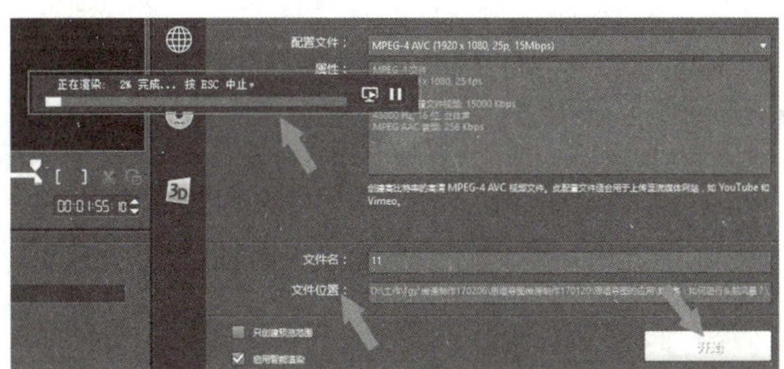

输入文件名，开始渲染

微课内容与表现形式的平衡

一个微课是由片头（主题）、目标、问题、对策、总结等部分构成，包含视频、音频、图片、文字、形状等表现形式。有的形式成本低，容易制作，有的形式生动形象，拍摄困难。在内容和形式之间，我们需要做好平衡，并非投入越高效果越好，每种形式都有其优缺点，每种微课也都有其独特亮点。

微课如果不能量产就不能形成规模，没有规模就只能解决一个个孤立的点状问题，无法满足岗位能力的系统化学习要求。而微课内容和形式的平衡，才能达成开发效率和受欢迎程度的平衡。比如，情境微课全部采用真人视频的方式开发，效果最好，但是投入太大，成本高，效率低，而将其中一些不太关键的部分改成“文字＋旁白”的形式，只在提出问题和呈现对策环节使用情境视频，成本降低了很多，效率也大大提高，这就是平衡。

那么，各种类型的微课，其内容与表现形式应该怎样搭配，才是比较平衡的开发策略呢？

> **小贴士**
>
> 情境微课和案例微课的亮点是真实、生动，其余的用文字＋旁白即可，就不要喧宾夺主了；有声图文微课的亮点就是图文声并茂，制作相对容易，可以贯穿始终；实操微课的亮点是操作视频，手把手示范；影视微课的亮点是影视素材片段，有吸引力。俗话说：好花也得绿叶配。开发微课应该突出每种微课的亮点，所谓突出亮点是指一两个优秀素材搭配一些普通素材，这样才能突出，才能找到平衡。

一、情境微课的内容与形式

微课内容	推荐形式	可选形式
片头（主题）	片头视频＋文字	纯文字
课程目标	文字＋旁白	纯文字

（续表）

提出问题	情境视频	
分析问题	文字 + 旁白	真人讲解
呈现对策	情境视频	
解读对策	文字 + 旁白	真人讲解
总结	文字 + 旁白	

二、有声图文微课的内容与形式

微课内容	推荐形式	可选形式
片头（主题）	片头视频 + 文字	纯文字
课程目标	文字 + 旁白	纯文字
提出问题	图片 + 文字 + 旁白	情境视频
分析问题	图片 + 文字 + 旁白	
呈现对策	图片 + 文字 + 旁白	
解读对策	图片 + 文字 + 旁白	
总结	图片 + 文字 + 旁白	

三、实操微课的内容与形式

微课内容	推荐形式	可选形式
片头（主题）	片头视频 + 文字	纯文字
课程目标	文字 + 旁白	纯文字
意义	文字 + 旁白	真人讲解
第一步	操作视频	
第二步	操作视频	
第三步	操作视频	
总结	文字 + 旁白	

四、案例微课的内容与形式

微课内容	推荐形式	可选形式
片头（主题）	片头视频 + 文字	纯文字
课程目标	文字 + 旁白	纯文字
结果	文字 + 旁白	真人讲解
过程	情境视频	真人讲解
启示	文字 + 旁白	

五、影视微课的内容与形式

微课内容	推荐形式	可选形式
片头（主题）	片头视频 + 文字	纯文字
课程目标	文字 + 旁白	纯文字
提出问题	文字 + 旁白	影视片段
分析问题	文字 + 旁白	
呈现对策	影视片段	
解读对策	图片 + 文字 + 旁白	
总结	文字 + 旁白	

第7章 微课在企业培训中的应用

微课虽好，但也要用得其所才能发挥其作用，体现其价值。在移动互联网时代，对于企业来说，利用微课实施移动式、碎片化学习，既是大势所趋，也是一件企业、员工、经销商和客户多赢的事，可以说正是由于微课的兴起和移动互联网时代的到来，大家首次在培训这件事儿上达成共识：能落地，能解决问题。

那么，微课能够应用在哪些培训中，我们又该如何利用微课实施移动学习呢？

利用微课实施培训

微课可以应用在企业几乎所有类型的培训中，只是有些领域应用比较广泛，有的领域应用起来有一定的限制。总的来说，微课主要可以用于企业内部员工培训、经销商培训和客户培训等三个方面。

一、对企业员工进行培训

（一）研发培训

研发领域应用微课培训有一定的限制，对于基础性、概念性的知识和技能，可以开发成微课，对新入职研发员工实施培训。但是，对于涉及企业机密的内容，则不宜制作成微课，也不宜用微课培训。这是因为相对于面授课程而言，微课的保密性较差，很容易被翻拍、翻录，而且传播速度极快，范围极广。

（二）生产培训

1. 生产流程培训。

一般把生产过程的操作流程，按照步骤分解，转化为微课，形成系列微课，方便新入职员工，快速掌握生产过程的关键节点，并按照正确的步骤去操作。

2. 问题解决培训。

梳理生产过程中容易出现错误的问题，将解决问题的方法、步骤转化为微课，方便员工在遇到问题时，快速进行查看和学习。

（三）销售培训

销售人员经常出差，组织一次集中培训非常不易，需要花费不菲的时间和差旅成本，使用微课培训就能颠覆传统的学习方式，达到既及时有效传播知识、技能，又节约时间和差旅费用的双重目的。

1. 产品知识培训。

可以把公司的产品按类别从产品特点、产品优点、产品卖点（给顾客带来的好处）等角度进行解说，制作成微课，帮助销售人员更深刻地理解产品，以更有说服力的语言向客户介绍产品，赢得客户，达成销售。

2. 销售技巧培训。

销售过程包含建立信任、探询需求、推荐产品、试用体验、处理异议、达成销售和售后服务等七大环节，把每一个环节中销售人员经常遇到的问题，按照问题、对策、总结的方式开发成微课。

员工在掌握全面的产品知识和有针对性的销售技巧之后，自然会增加销售信心，在此基础上，如能再组织实战演练，就能让销售人员的销售能力稳步提升，业绩不断增长。

3. 案例 & 经验分享培训。

公司可以组织销售精英，提炼优秀销售案例，拍摄成视频微课，通过公司移动学习平台传播，这样我们的销售人员可以通过手机随时随地的观看。

【案例分享】

有一次，我在给一家服装企业做微课培训，他们在全国有几百家门店。培训期间，企业领导向我抱怨：公司培训一下，业绩马上提升，不培训业绩就不达标，所以，我们一定要培养一批专业的内训师，可是我们的内训师都是销售精英，分布在全国各地，组织一次不容易啊！

我当时就建议他，要运用微课进行培训，他听了之后非常认同。我建议他把产品知识、销售技巧和优秀的销售案例，开发成有声图文和情境微课，发到移动学习平台上，全国各地的销售人员都可以在第一时间看到，学到，甚至用到最新的、有针对性的、能解决问题的课程内容。

在培训现场有一位北京的销售精英，创造了一个顾客单次购买金额 30 万的销售纪录，简直就像神话。很多人都想知道她究竟是怎么做到的，但如果请她到全国巡讲一遍，可能需要大半年时间，企业等不起。我就利用这次培训的机会，辅导这位销售精英上台用 10 分钟时间做了《一单如何销售 30 万》的案例分享，拍摄成案例微课，发布到企业内网上。第二天培训还没结束，这个微课就在企业内部传遍了，引起了销售员工的热烈反响。

如果有系统地将产品知识、营销技巧和销售案例制作成系列微课，相信这将是一笔巨大的知识财富，对销售业绩增长有着不可估量的促进作用。

（四）管理培训

管理能力属于企业的软实力，对企业的发展非常重要，我们可以从四个方面运用微课进行培训。

1. 管理知识培训。

将管理的基本概念、管理发展的三个阶段、各阶段的主要管理思想，以及在企业生产经营活动中的应用等一些基础性的管理知识，制作成有声图文微课，作为新任主管或经理认识管理的第一堂课。

2. 管理工具培训。

对于新任管理者来说，很多管理工具以前都没有接触过，所以急需管理工具使用方法的培训。我们可以把时间管理、PDCA、5W2H、二八法则、SMART原则、SWORT分析、平衡计分卡、波士顿矩阵等常用管理工具制作成有声图文微课和情境微课，帮助新任管理者快速成长。

3. 管理技能培训。

结合企业实际情况，按缺什么补什么的原则，将计划、组织、授权、控制、沟通、辅导、团队建设等管理技能拆分成一个一个的微课主题，开发成影视微课和情境微课，让新任主管或经理的管理能力再上一层楼。

4. 管理案例培训。

管理案例是管理知识、管理方法和管理工具的载体，是管理技能综合运用的典范。就像普通人对法律条文理解起来比较困难，但对于判例法却很好理解一样，管理案例是管理者学习和提升管理水平的最佳教材，因此，企业应该建立自己的管理案例库。

很多企业已经建立了案例库，但基本都是以Word、PPT等电子文档为主，学习起来相对比较枯燥。如果能把这些案例转化为生动、形象的视频微课，那么，企业优秀的经营智慧和管理经验就会得到广泛的传播，对管理者产生巨大的影响。

（五）入职培训

新员工入职培训主要包括应知、应会、企业文化、团队建设等几方面的课程，其中基本的应知、应会部分可以通过微课进行培训，但企业文化和团队建设还是面授培训效果更好。

应知、应会课程还可以细分为公共课程和专业课程，前者一般包括公司介绍。公共课程是所有新员工都需要学习的必修课，专业课程则依据新员工的岗位来针对性的安排。

有关微课在新员工入职培训中的应用和新员工入职培训微课地图，已经在本书第一章和第二章有详细表述，此处不再赘述。

二、对经销商进行培训

有一家汽车制造企业，每年都要对公司的内训师进行授课技巧和课程开发方面的培训，培养了很多内训师，也开发了很多标准面授课程。其中有一批内训师是专门给汽车 4S 店培训产品知识、公司政策和销售技巧，另外一批内训师专门给 4S 店的维修技师培训维修技能。如果有新车型上市，他们就忙得不可开交，经常出差和加班，尽管有很多面授课程已经外包给外部培训机构，但是依然很忙，毕竟有些课程是无法外包的。

最近，在移动互联网浪潮的影响下，该企业将针对经销商培训的课程进行了二次设计与开发，制作成了微课，并用微课进行培训。

（一）产品知识培训

针对新款车型从动力输出、油耗表现、时尚外观、智能科技、内饰、路况适应性、安全性等多个维度进行内容分解，制作成 15 集系列微课。

（二）销售技巧培训

整理销售过程中客户常问的问题，筛选出客户最关心的 30 个问题，将正确的应对话术制作成 30 集系列微课。

（三）公司政策培训

公司在销售过程中给予经销商和消费者的各种优惠政策，把其中关键的、重要的内容制作成 15 个微课，以帮助销售代表更准确、更专业地向客户解释说明。

（四）销售案例培训

搜集成功和失败的销售案例，进行复盘，将其中蕴含的方法、技巧、经验和启示萃取出来，制作成销售案例微课。有的销售代表一天能卖 10 辆车，请他们现身说法分享经验，特别有说服力。

（五）技术维修培训

公司技术部专门组织一个团队，对 4S 店维修工作的重点、难点进行梳理，以一个问题一个微课为原则，开发出“维修百问”系列微课，很多技师如获至宝，遇到问题马上查阅观看，及时解决客户问题。

三、对客户进行培训

多年前，我从网上买了一辆自行车，我按照说明书去安装，发现有几个地方怎么也装不好（可能是我的技术太差），后来打电话给客服，在客服的指导下终于安装成功。当时我就问客服，为什么不做个安装视频放到网上，我看一下照着安装就好了，害得我浪费了这么多时间，她说会向上面反映的。

现在，我们在网上买一些产品，发现很多产品说明书上都有二维码，用手机扫描可以观看安装视频，边看边安装，客户体验极好。

视频比文字更直观、形象，在移动互联网时代视频的传播极为方便、快捷。可是，汽车使用说明书仍然还是厚厚一本文字介绍，阅读起来十分枯燥、乏味。尤其是汽车越来越智能化，出现了许多新的功能，新用户对汽车的很多功能根本不知道怎么使用。另外，与国外消费者在使用一个产品前认真研究说明书不一样，中国消费者一般都是直接使用产品，不会用再看说明书，甚至从来不看，所以，一遇到问题就打电话找客服。如果车企能把汽车使用说明做成微课，客户就可以自主学习使用各种功能，根本不用打电话去询问客服了。

对客户进行培训，目的是帮助客户更好地使用产品，获得更好的使用体验。

利用微课实施移动学习

移动学习是从在线学习发展而来的，我从 2008 年开始开发电子课件，搭建在线学习平台，2009 年建成企业个性化的学习管理系统（Learning Management System），自有课件 50 门；2011 年至 2013 年再次搭建企业网络学院，带领团队开发电子课件 200 门；2013 年参与 100 门精品微课开发项目，亲自导演精品微课 50 门；2014 年为企业建设基于微信的移动学习平台和学习生态圈，开发 250 门微课，建设微信学习平台，创新学习管理制度。从这些工作经历之中，我总结出如果企业要实施移动学习，必须要做好三方面的工作。

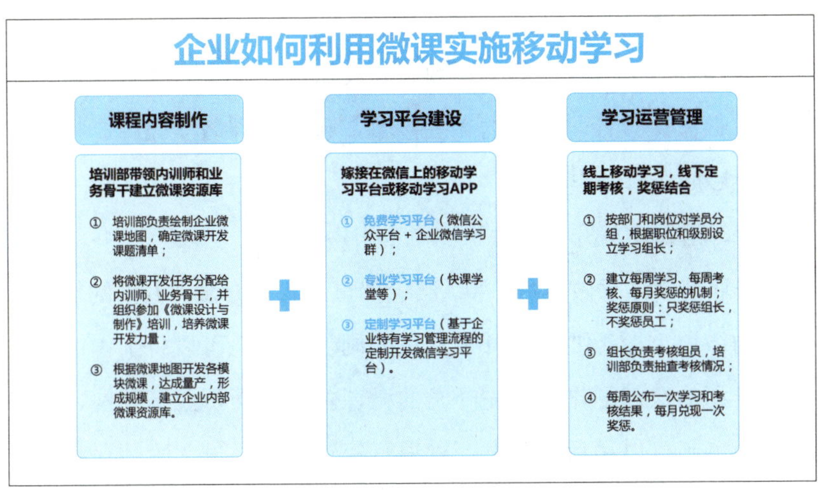

企业利用微课实施移动学习

一、课程内容制作

开发微课从而形成内部微课资源仓库，为实施移动学习打下基础，这是第一阶段工作的目的，这项工作又可以分为六个步骤。

第一，选拔微课开发人员。

要开发微课首先需要人，企业内部有两种人最适合学习微课开发技术，并且持续不断地开发微课。第一种是内部培训师，他们的职责就是萃取经验、分享经验和传播经验；第二种是各部门业务骨干，他们是先进知识、技能和优秀经验的拥有者，培训部门有责任激励他们分享给其他人。

第二步，绘制微课地图。

培训部门或人资部门组织内训师和各部门业务骨干，根据岗位工作流程梳理知识、技能，形成由一级工作流程分类和二级知识点、技能点、问题点分类组成的岗位微课主题树状结构图，也就是微课地图或称微课课程体系。

当然，一级分类方式还可以以岗位能力素质为基准。

第三步，分配微课开发任务。

将微课主题按岗位分配给内训师和业务骨干，作为未来一项长期开发任务。

第四步，实施微课培训。

工欲善其事，必先利其器，要顺利开发微课，首先要让内训师和业务骨干学习和掌握微课设计与制作的相关技术，包括微课教学设计、视频拍摄、音频录制及后期剪辑制作等。

第五步，组织实施开发。

在这个环节要注意做好两件事，第一件事是安排好微课开发的优先顺序，并非所有的微课主题都要优先开发，更非同步开发。可以将工作中的重点、难点、痛点和热点问题作为优先开发的微课主题，而那些基础性、常识性的知识和技能，则可以稍后再开发。以银行柜员岗位举例，吸纳存款是重点，理财业务是难点，客户服务是痛点，电信诈骗是热点，这些主题可以优先开发。

第二件事是举办微课大赛，微课大赛能够极大地激发员工的参赛热情，掀起内部微课开发与分享的热潮。借助微课大赛，不仅能普及全员对微课的认知，引起管理层的关注，更重要的是促进开发人员熟练使用微课开发技术，同时也产生一批优秀微课作品。我们给银行、通信、烟草、电力、家居等多个行业的客户举办过微课大赛，微课大赛的基本流程如下：

1. 成立微课评审委员会。由企业相关领导、培训部、授课老师等组成，人数 5 ～ 10 人不等。

2. 发布微课评价标准。由授课老师提供通用评价要素，培训部结合企业自身情况酌情调整。

3. 学员一次提交参赛作品。培训后学员运用所学的微课开发技术，在三周内开发一个微课作品，提交微课评审委员会，评选出前 60 强，由老师点评并给出反馈建议。

4. 学员二次提交参赛作品。学员在接下来两周内按反馈建议将微课修改完善，并二次提交，评审委员会评选出前 30 强，参加决赛。

5. 微课大赛决赛。决赛为 30 进 10，邀请授课老师作为决赛专业评委，大赛时间 1 天，上、下午各评审 15 个作品，按照“观看作品→评委打分→专家点评→观看下一个作品”的流程进行。评审期间助理统计评分表，根据评委权重计算每个微课最终得分，排出名次，并提交评审委员会合议出前 10 名。

6. 微课大赛颁奖。奖项设置一等奖 1 名、二等奖 2 名、三等奖 3 名、最佳教学设计 1 名、最佳创意奖 1 名、最佳视觉效果奖 1 名、最佳内容奖 1 名、优胜奖 20 名，各奖项可酌情设置奖金。

第六步，验收微课作品。

评价一个微课的好坏，目前没有一个统一的标准，我在开发微课，讲授微课，以及举办微课大赛的过程中，参考各行各业评价微课的实际情况，再结合我自身的经验总结出一套微课评价的基本要素。如下表所示：

<table>
<tr><th colspan="2">评价要素</th><th>说明</th></tr>
<tr><td rowspan="3">教学设计</td><td>课程主题</td><td>命名规范、有吸引力，如采用疑问式微课主题名称，能够体现出只讲一个知识点、技能点或问题点</td></tr>
<tr><td>教学目标</td><td>两个目标，一个知识型目标，一个技能型目标，并都使用了具体可衡量的显性行为动词</td></tr>
<tr><td>教学策略</td><td>整体能看出明显的逻辑顺序，如问题求解顺序（问题、对策、总结）、时间顺序（意义、步骤、总结）、要点顺序（意义、要点、总结）、因果顺序（结果、过程、启示）等；开篇以问题、意义或结果导入，并运用了视频、图片、数据、故事、案例等手段；能在一定程度上吸引观众兴趣，激发学习动机</td></tr>
<tr><td rowspan="4">教学内容</td><td>合理性</td><td>内容只讲了一个点，并且紧扣主题，脉络清晰，详略得当，重点突出</td></tr>
<tr><td>实用性</td><td>能够帮助学员解决问题，并达成教学目标</td></tr>
<tr><td>正确性</td><td>所涉及的知识、技能、方法、技巧均经过验证正确无误</td></tr>
<tr><td>时间长度</td><td>5 分钟左右</td></tr>
<tr><td rowspan="6">教学呈现</td><td>画面</td><td>播放流畅，画面清晰，适当加入了转场效果</td></tr>
<tr><td>声音</td><td>声音洪亮，吐字清楚，快慢得当，无错无漏</td></tr>
<tr><td>音画一致</td><td>文字与旁白音字同步，画面与旁白音画同步</td></tr>
<tr><td>情景剧</td><td>剧情合理，演绎自然、真实</td></tr>
<tr><td>PPT 页面</td><td>图文并茂，排版合理；对比用色，增强视效；动画简约，少用特效</td></tr>
<tr><td>字幕</td><td>为情景剧或其他必要画面配备了字幕，便于准确理解内容</td></tr>
</table>

以上是较为全面的微课评价要素，大家在使用时可结合自身情况加以调整。

二、学习平台建设

过去我们通过 PC 互联网在线学习，现在则是手机互联网移动学习。我使用移动学习平台经历了三个发展阶段。

第一阶段，免费学习平台。

2013 年我们开始建立微信学习群，每天在群里分享一些工作方法、技巧、心得、经验等等，有时候也转发视频学习资料。

后来，我们大量开发微课，并按照部门建立了销售学习群、技术学习群、财务学习群、人资学习群等很多学习社区。接着，我们将微课上传至腾讯视频，再开通微信公众平台，通过公众平台编辑图文消息，把微课视频地址插入消息中，然后配上图片和文字说明，最后转发到学习群中供大家学习。

这种移动学习平台的优点是没有成本，而且易上手，缺点是课件不保密，同行和竞争对手知道了马上就能找到我们的微课观看。所以，后来我们就引入了专业的学习平台。

第二阶段，第三方专业学习平台。

2014 年我们开发微课的数量越来越多，涉及企业的信息也越来越多，这时我们发现免费平台越来越不适用了。首要的问题是课件不保密；其次是课件没法管理，微信群里聊天多了课件就不好找，而且每次进来新员工都得重新发一遍。所以，我们决定引入快课学堂专业移动学习平台。

专业平台使用起来就方便多了，满足了我们对移动学习的主要需求：

1. 移动学习。快课学堂建立在微信企业号或服务号上，非常方便通过手机移动学习。

2. 课件保密。快课学堂使用业内知名的专业视频托管服务商——保利威视存储课件，可以做到完全加密，绝不泄露。

3. 课件管理。快课学堂可以通过电脑后台管理课件，包括上传、命名、删除等。

4. 学员管理。企业学员可以通过Excel批量导入系统，可以包含集团名称、组织名称、部门名称、岗位名称、学员姓名、工号等信息。同时，也支持批量冻结、修改和删除操作。

5. 课程与岗位挂钩。将课程与岗位挂钩，就能够实现特定岗位的学员学习特定的课程。

6. 标签管理。可以对课件、学员等添加标签，具有相同标签的对象可以视为一类，课件学习的权限、学员管理的权限可以授权给某个标签，这增加了平台管理的灵活性。

那么，专业的学习平台学员的学习体验又如何呢？

1. 进入企业公众号，输入自己的手机号和密码即可登录，如无变化以后都是自动登录，不用再次输入账号密码。

2. 一眼就可以看见自己能学习的课件，无需费时查找。

3. 课件在手机上显示清晰度较高，体积不大，无论wifi还是4G播放都很流畅。

4. 随需学习，随时学习，随地学习，学习与工作从此紧密连接。

5. 充分利用碎片化时间学习，每天学一课，无需占用大量时间参加培训。

第三阶段，定制化学习平台。

在使用了第三方专业学习平台以后，2014年下半年我们又萌生了开发定制化移动学习平台的想法，这是因为我们有自己独特的学习管理制度和流程，而这是第三方平台无法实现的。

经过半年的联合开发，当年年底定制化学习平台——微学堂APP上线，除了保留原平台的一些优点外，新平台主要增加了在线考核功能，这是为了贯彻执行公司的学习管理制度。

我们的学习管理制度在管理思维上有一定程度的创新。比如，销售部和技术部各分成3个团队，每个团队由一名经理负责，每个员工每天学习1个微课，一周学5个，周末考核，全部合格奖励经理200元，只要有人不合格

> 小贴士
>
> 关于移动学习平台，我以实际经验建议大家先从免费平台开始使用，逐步明确企业需要什么，再确定引入第三方平台，还是定制开发。第三方平台能够满足企业 80% 以上的移动学习需求，如果没有创新性、颠覆性的培训管理制度，使用第三方平台足矣。另外，定制开发移动学习平台存在一定的风险，主要问题是企业对平台的需求不够明确。
>
> 还有，在实施移动学习的过程中，如何避免出现有平台，有内容，但是缺少学习行为的尴尬局面，这是移动学习热潮退却后，培训管理者必须要面对的问题。

则惩罚经理 200 元，每周统计，每月兑现。

这个制度开始实施的时候，偶有员工不合格，经理受罚。但由于平台上管理层能够适时看到考核完成进度与合格率，所以后来每个团队成员都力争通过考核。我从事培训工作十多年，这是第一次将培训考核的职责落实到直线经理头上，第一次实现碎片化学习，也是第一次引入学习竞赛机制。

当然，平台、制度都不是万能的，培训部门必须做好制度完善、平台运维及考核监督等工作，防控风险。

三、学习运营管理

长期以来，由于各种原因企业内部逐渐形成了一种被动学习的氛围，造成这种局面的原因有很多。比如，培训形式比较枯燥，课程内容不够实用，学习占用工作时间等。除此之外，还有一种现象就是企业花了不菲的成本购买了 E-Learning 学习平台，除了刚开始上线的时候热闹过一阵子，半年以后往往就没有多少员工关注了。究其原因，无非是外部的课程多，自有的课程少，通用的课程多，专业的课程少。

这说明我们的培训工作没有满足广大员工的学习需求，还有很多地方需要改进。要想改变员工被动学习的局面，使培训变成一件人人主动参与，甚至乐于参与的事，我们就必须转变思想，创新制度，重塑形象，持续做好学习生态圈的运营管理。要做到这些，我们需要一个契机，而在移动互联网时代实施移动学习、微课学习、碎片化学习就为我们提供了这样一个机会。

第一，转变培训管理思想。

过去有一种说法：培训是一种福利，其实培训不是福利，也不应该当福利来做。企业的一切经营活动都是为了盈利，只有盈利企业才能生存和发展，员工才有好的工作和待遇。培训是为企业经营活动服务的，理所当然应该围绕“盈利”这一终极目标实施培训活动。所以，培训要考虑投入产出，可做可不做的培训不做，不重要的培训不做，不紧急的培训少做，能自主学习的就不要集中；能拓展员工专业知识，提升员工工作技能，解决员工实际问题，促进员工绩效改善的培训多做。

还有种说法，说学习是员工个人的事，这么说不全对。组织要发展，就要求员工通过学习不断提升工作能力，不断改善工作绩效。所以，学习既是员工个人的事，也是组织要求的事。

再看看我们的培训工作是怎么做的，是不是年复一年地制定培训计划，实施培训项目，评估培训效果，提交培训报告？这样的培训工作实际对企业有多少价值，对员工有什么作用，这个问题我们有没有深思熟虑过？培训不是重复、机械地执行培训计划，更不是得过且过，而是始终要把帮助员工解决绩效问题放在培训工作的首位，任何时候都要审视培训活动的价值和意义。

第二，创新培训管理制度。

一直以来，业务部门认为培训是培训部门的事，所以，直线经理在员工培训这件事上不怎么上心，也很少参与，这导致培训部门在组织培训活动时都是直接对口员工个人。从管理的角度来讲，这样的培训活动很难保证其有效性。

培训工作如果没有直线经理的参与，没有直线经理承担一定的培训管理职责，无论培训部门怎么努力都是事倍功半，尤其是在推行移动学习、碎片学习的过程中，没有直线经理的参与更将寸步难行。因此，创新培训管理制度势在必行，我们要试着将直线经理纳入到培训管理的体系中来。

2007 年，我们制定的培训“学分制”是针对员工个人的，根据职务级别为每位员工设定年度学分，员工通过参加线上、线下、内部、外部等培训课程积累学分，年底考核，没有修满学分的会影响年终绩效奖金。

2014年，我们再次制定培训制度时，让直线经理承担本部门员工的培训管理职责，并在培训工作方面对其进行考核和奖惩。当然，这么做的前提是培训真正对员工有用，并获得业务部门的认可和管理层的支持。

第三，重塑培训部门形象。

培训部门在业务部门心中是什么形象，不外乎课程采购者、培训组织者、后勤服务者，我们知道这严重低估了培训部门的价值和作用，可问题不是低不低估，而是如何改变。

作为培训工作者，我们应该重塑培训部门的形象，在开发课程时，无论是面授课程还是电子课程，都要以实际问题为开发需求，以解决问题为开发目标；在培养讲师时，要侧重内训师的示范、辅导、点评和带教能力，而不是把内训师训练成职业讲师。在帮助业务部门分析绩效问题，定位培训需求，寻求解决方案的过程中获得他们的认可，在通过一个个内部课程解决业务部门的问题后，成为他们值得信赖的合作伙伴。是的，培训部门的新形象就应该是业务部门的亲密合作伙伴。

2013年，我曾经参与了一家服装企业的微课开发咨询项目。是企业的培训部门提出来的，培训部门非常关注业务部门的问题。早在2012年就与销售部梳理出来终端门店导购人员面临的四大难题，这四大难题制约着销售业绩的增长。所以，培训部门请我们参与寻求解决方案，并将方案制作成四个情境微课。我们和培训部、销售部一起查阅了企业的案例库，访谈了十多名优秀的一线员工，咨询了服装行业的营销专家，翻看了相关服装导购书籍，最后为四个难题一一敲定了解决方案，并获得了客户的认可。在此基础上，我们将问题和方案在企业自己的门店，拍摄、制作成了四个真实场景、真人演绎的情境微课。可想而知，这样既接地气，又能解决问题的课程有多么受欢迎，销售部门主动要求所有销售人员都必须认真学习一遍。这个项目使培训部门赢得了公司上下，尤其是业务部门的认可。

只要培训部门想业务部门之所想，急业务部门之所急，就不难获得认可，重塑形象。

第四，持续维护学习平台。

要实施移动学习，我们还需要对移动学习平台进行持续性地维护，这项工作看似简单，我们很多系统维护人员也确实按照简单的方式在做，但其实很多事项需要注意。

1. 关注学员的使用体验。使用体验主要包括课件的清晰度、播放的流畅性、系统反应的灵敏度、查找课程的便利性等。这些体验做得好，可能也不会令学员喜欢平台，但做得不好却能令学员不喜欢平台。

2. 课程的分类管理和规范命名。分类管理和规范命名符合人们寻找事物的一般习惯，便于学员快速、准确地找到需要学习的课程，因为这本身就是一种无形的、自然的导航。

3. 信息的及时更新和经常发布。信息包括员工信息和课程信息，新入职员工要提前开通账号，离职员工要及时冻结账号；新课程要及时上传系统，并第一时间把课程介绍发布到平台首页和微信学习群。这项工作的关键在于及时性和经常性，及时更新以保证系统信息的正确性，经常发布以保持移动学习的关注度和热度。

4. 平台的不断改进与完善。没有哪一家的移动学习平台是完美无缺的，总会有这样那样设计不周和使用不便的地方，系统维护人员要主动发现，主动搜集学员反馈的系统缺陷问题，并通过正式渠道向平台供应商反映，督促及时改进。

此外，企业实施移动学习还必须获得企业管理层的支持。任何事情如果没有管理层的支持，就很难持续推进下去，培训活动也是一样。

有的企业培训负责人本身就是公司副总级别，那么只要他 / 她支持，想要实施移动学习并不困难。但是，大多数企业的培训负责人只是中层管理者，此时，就要先获得主管培训的副总的支持，然后通过微课大赛、少量微课作品或其他企业的成功案例，争取到业务部门的支持。

有了业务部门的支持，下一步就是准备一份详尽的移动学习方案书递交给管理层审批。如果方案书对微课的作用与价值，移动学习的优势和趋势讲得比较透彻，再加上业务部门确实有需求，相信管理层会非常支持。甚至在有些企业，是管理层提出要实施移动学习。

后记

写这本书的初衷只是想将自己过去从事电子课件开发、微课开发、学习平台搭建的经验和大家做一个分享，以便广大朋友在设计微课、制作微课，以及搭建移动学习平台时，有个较为系统的、可靠的参考。

由于是第一次写书，不足之处甚多，比如，全书遣词用句专业性有余，趣味性不足，对此我深表歉意。如若有幸写第二本书必当字斟句酌，以图改进。所幸的是，由于分享的内容是自己的真实经历，所以书的内容还算比较系统，结构逻辑也还比较清晰，不至于让广大朋友读不懂。

由于篇幅的限制，无法将微课设计与制作的理念、方法、工具等尽数容纳于书中，只能将最关键、最重要的部分奉献给大家。关于微课教学设计，书中列举大量案例，但出于对客户资料保密的目的，一些精彩、经典的微课脚本无法公之于众，颇为遗憾。对于这两点，请朋友们理解和包涵。

书中所分享的内容是我和范国玉老师的实践经验，仅代表我们一家之言，如有不妥之处，请朋友们海涵，并请批评斧正，我们二人必会洗耳恭听。同时，也衷心希望和广大朋友就微课话题进行交流探讨，共同进步。

移动互联网时代，微课学习、移动学习是大势所趋，愿此书能为此尽一份绵薄之力！

致谢

这一路走来，要感谢很多对我有帮助的良师益友。尊敬的金美兰女士，在她的领导下，2007 年我走上了培训管理的岗位，积累了很多内部讲师培养、标准课程开发、网络课件开发、E-Learning 平台建设等方面的经验，这些成为我今后职业发展的基石。前老板 Alex Xu，他在 2011 年要求我们开发 200 门 10 分钟一个的网络课件，任务虽然很艰巨，但也促使我从传统 E-Learning 课件开发向微课开发转型。刘位先生，2013 年在他的指导下我负责 8 分钟精品微课的教学设计工作，这段时期与行业专家、影视公司的合作让我开阔了眼界。原来知识、技能还可以像电影、电视剧一样，以如此生动、形象的形式来呈现。王欢和飞飞，她们两位在 2014 年协助我整理了微课开发的经验，并形成了我现在微课设计与制作的版权课程。汪建锋先生，也曾是我的老板，他对移动互联网给企业带来的变化有着非凡的洞察力，2014 年在他的支持下我得以在企业内部成功推行移动学习和碎片化学习。快课企业学堂的张启东老师，得益于他的大力帮助，我逐步走上了微课培训师的道路。范国玉老师，我们关于微课设计的理念惊人一致，早在 2013 年我们就开始探讨微课开发的话题，范老师更是不遗余力地帮我宣传和推广。陆丽亚女士，在写书和校对的过程中，她给了我很多有益的建议。智读汇的柏宏军先生，他是本书的伯乐，没有他持续两年的跟进和督促，这本书不可能面世；孙帅老师，他是本书的责任人，为了书的排版可谓殚精竭虑。

感谢我提供过培训和咨询服务的客户和学员们，你们不仅让我积累了丰富的实战经验，更是我写书的动力源泉。感谢北京正略博学、深圳傲举、无锡意派、上海臻一、深圳东方大成、上海久速、石家庄人众合等合作伙伴，还有陆萍、王悦（Lucy）、马坤三位老师，大家一起推动微课在企业移动学习中广泛应用。

特别感谢刘子熙老师，在百忙之中抽出时间阅读样稿，不仅提出中肯意见，还欣然为本书作推荐序。

最后，要感谢家人的支持，特别是我太太纪凯歌女士，没有她照顾家庭，我不可能有时间写完这本书。

对于以上给我帮助和支持的诸位，由衷地表示感谢！

参考文献

[1] R.M. 加涅 . 教学设计原理 [M]. 上海：华东师范大学出版社，2007.

[2] L.W. 安德森 . 学习、教学和评估的分类学 [M]. 上海：华东师范大学出版社，2007.

[3] W. 迪克 . 系统化教学设计 [M]. 上海：华东师范大学出版社，2007.

[4] M. 戴维・梅里尔 . 首要教学原理 [M]. 福建：福建教育出版社，2016.

[5] 斯蒂文・E. 卢卡斯 . 演讲的艺术 [M]. 北京：外语教学与研究出版社，2010.

好书是俊杰之士的心血，智读汇为您精选上品好书

亲爱的读者朋友：

我们倡导学以致用、知行合一，特别推出互联网时代学习与成长的“三个一工程”——一书一课一社群。

1. 关注智读汇书友订阅号，回复试读本编号，即可阅读试读本。

2. 所有“智读汇 · 名师书苑”的精品图书背后，都有老师精品课程值得关注。希望到课堂现场聆听作者的智慧分享，请与我们联系。愿我们共同分享阅读、学习和成长的乐趣！

试读本编号	书名	作者	简介	定价（元）
008	我看见你了：都市身心灵觉知课	杨新明	本书是第一本对电影《阿凡达》的权威解读。詹姆斯 · 卡梅隆将他自己觉悟的灵性思想告诉全世界。	38.00
009	有料：舌尖上的智慧，魅力领袖的说话之道	杨　斌	本书通过三篇教你如何成为口才达人：第一篇“取料”，第二篇“倒料”，第三篇“加料”。	39.00
010	花开的感觉	王莲宇	本书分三卷，是作者对生命意义的一些领悟，以期给读者的心灵带去引导和教益，在生命修行的路途中共同绽放。	48.00
011	教导型组织（最新版）	侯志奎	本书根据“教导模式”课程而来，至今已风靡近十年，影响波及东南亚，改变了数十万人的命运。	39.00
012	赢在薪酬	郑指梁 范　平	从战略、匹配、绩效、实操和工具五个层次，全面解读成功企业高效率薪酬体系设计！	45.00
013	这样开店赚翻天	刘俭文 杨　敬	书中每一个案例都源自于终端门店的第一线，每一种方法都经过门店一线员工的亲身检验，可谓是经营连锁裤装品牌必读宝典。	38.00
014	精英：未曾选择的路	星　辰	吹糠见米，为你详尽解读精英阶层走向成功的思维力、关系力和行动力！	39.80
015	解密 HRBP 发展与体系构建	徐升华	中国 HRBP 界第一本书，国际人力资源顶级大师 Dave Ulrich 鼎力推荐！	49.80
016	绩效增长：向绩效管理要利润的中国实践	江竹兵	本书已有 5000 多家企业学习，400000 名学员见证，解读行动成功王牌课程“绩效增长模式”！	49.80
017	让生命绽放	侯志奎	作者谈人生、谈事业、谈成功，向我们展示了一个充满灵性的生命旅程，具有思想启迪与行动指导意义。	45.00
018	成交宝典	汪　明	本书共 5 章，作者将为大家破解成为公众行销成交高手的秘密。书后附有学员见证和成交宝典 50 条语录。	39.80
019	走在梦想的路上	王鹏程	本书以小说生动细腻的笔触 + 专业的职业生涯指导，写就一部毕业十年最感人职场与爱情双丰收励志小说！	39.80
020	南聊：南柏智慧箴言	南　柏	央视百家讲坛大咖鲍鹏山、韩田鹿、郦波联袂推荐，已使成千上万企业家学员受益！	45.00
021	支点 撬动企业快速成长的黄金法则	李　骁	作者系统研究和借鉴现代管理营销，创新地提炼出了“支点理论”，并系统地阐述了其方法和运用法则！	45.00
022	培训进化论	张立志	本书融合 5 家企业大学案例，凝练 10 个学习设计模型，归纳 80 个实战工具图表。最实效的培训必读书！	49.90
023	精解 HRBP 实战案例 · 工具与方案	徐升华	《解密 HRBP 发展与体系构建》姊妹篇，更多实战案例、工具与方案，传统 HR 向 HRBP 转型必备工具书！	49.80
024	好预算定乾坤	方　岚	以对小说细节精益求精刻画的匠心及作者二十多年的专业和权威，详解全面预算管理基本理论、实操细节、执行要点！	45.00
025	新三板市值管理	施淇丰 王　凯	新三板市值管理第一本书！已（拟）挂牌企业、券商、投资公司、基金公司、中小企业局新三板市值管理必备书！	68.00
026	全景营销	潘多英	本书大量实操性的工具、方法，都来源于一线实践，可以帮助系统思考、掌握工具，全面提升理论和操作素养。	49.90
027	掘金母婴店	王　同	本书为母婴店开店选址、组货、与供应商合作、门店业绩等方方面面提供了翔实而有效的指导。	49.90

“智读汇·名师书苑”系列精品图书诚征优质书稿

智读汇创意出版中心以“内容 +”为核心理念的教育图书出版平台，与出版社及社会各界强强联手，整合一流的内容资源，多年来在业内享有良好的信誉和口碑。现为《培训》杂志理事单位，《中国培训》2017 年“我是好讲师”“我有好课程”活动图书出版支持单位。

向致力于为中国企业发展奉献智慧，提供培训与咨询的培训师、咨询师诚征优质书稿。同时兼顾讲师品牌及课程价值塑造相关的音像光盘、微电影、电视讲座等。

咨询热线：021-61175958　13816981508（兼微信）

试读本编号	书名	作者	简介	定价（元）
028	培训的力量	许盛华	培训为何以需求为导向，以及如何进行量化管理，本书有答案、有工具。这是互联网 + 时代培训管理与创新必备指南。	58.00
029	秒懂逻辑	李伟希	本书从逻辑的起点开始，到形式逻辑的三大基本规律、三大基本推理，再到 19 种逻辑谬误等概念浅近直白地呈现出来。	49.90
030	案例即本质：工业品营销实战案例精解	丁兴良	本书所表述的是实际营销工作中攻与守的应对之策，对营销工作的日后开展具有一定的启迪和借鉴意义。	59.00
031	营销总监成长记	闫治民	本书从业绩、管理方面，阐述了营销人如何从菜鸟到高手，展示了营销人的成长风采。	49.90
032	掘金网络大电影	林　凯 谌秀峰	爱奇艺创始人、CEO 龚宇隆重推荐！一本书读懂网络大电影创意策划、融资建组、拍摄剪辑、宣发上线的秘籍。	42.00
033	搞定不确定：行动学习给你答案	石　鑫	通过案例和理论相结合的方式进行全景式的深度解剖和分析。案例丰富，分析透彻。	49.90
034	横渡，不一样的人生	史振钧等	一本描写那些徒手横渡琼州海峡的牛人们的励志书，是献给横渡爱好者、游泳爱好者、运动爱好者们的礼物。	49.90
035	灵魂有血性的男人	徐利伟	他的卓越，让他成为世界第一名的销售大师乔·吉拉德唯一亲自颁发自己随身佩戴的 NO.1 勋章的顶尖销售大师！	49.90
036	地产喧嚣十八年	曹春尧	编年体房地产当代史书，历史泼墨中面和点、线勾勒，翔实、简洁共容，人物与政策、事件联通，缘由、经过和结果贯穿。	68.00
037	向 3M 学创新	梁家广 甘德林	这是一本向 3M 光辉创新历史致敬的书，也是作者为回归创新初心而写的作品。	49.90
038	为自己代言：魅力演说的终极心法	杨　林	本书通过演说智慧、销讲智慧、导师智慧、领袖智慧帮助企业家提高演讲水平，更好地“为自己代言”。	45.00
040	赢销特种兵	萧金城	精心提炼 19 条业绩倍增实战宝典，营销本质一看就懂；匠心设计 19 道业绩倍增思考练习，能力提升一学就会。	49.80
041	阿米巴经营领先之道	宗英涛	本书是一个阿米巴经营顾问的咨询感悟，一本中国企业阿米巴经营落地教材，一把打开阿米巴经营宝库的金钥匙。	59.90
042	金融战争的奥秘	田　凯	金融爱好者的知乎宝典，金融从业者的头条秘籍，一本书读懂金融战争背后的金融学。	59.90
043	翟杰论说鬼谷子	翟　杰	“翟杰国学智慧三部曲”系列丛书之一，全面详解《鬼谷子》智慧，中国教育艺术泰斗、国学大师李燕杰教授倾力推荐。	45.00
044	世界 500 强绩效管理你学得会	姚　琼	全球绩效管理的新实践、新理论、新工具，独家精解 Google 等硅谷公司 OKRs 的成功秘籍。	49.90

* 更多试读本尽在智读汇书友订阅号。